나는 아동 학대에서 아이를 구하는
케이스워커입니다

나는 아동 학대에서 아이를 구하는 케이스워커입니다

초판 1쇄 발행 2020년 11월 5일
초판 2쇄 발행 2022년 1월 17일
지은이 안도 사토시
옮긴이 강물결
펴낸이 김명희
책임편집 김윤정 디자인 신병근
펴낸곳 다봄
등록 2011년 1월 15일 제2021-000136호
주소 서울시 마포구 토정로 222 한국출판콘텐츠센터 305호
전화 02-446-0120
팩스 0303-0948-0120
전자우편 dabombook@hanmail.net
인스타그램 instagram.com/dabom_books
ISBN 979-11-85018-75-1 03300

이 도서의 국립중앙도서관 출판예정도서목록(CIP)은 서지정보유통지원시스템 홈페이지(http://seoji,nl.go,kr)와
국가자료종합목록 구축시스템(http://kolis-net,nl.go,kr)에서 이용하실 수 있습니다.
(CIP제어번호 : CIP2020040744)

HASHIRE! JIDOSODANSHO by Ando Satoshi
Copyright © 2016 by Ando Satoshi
All rights reserved.

Originally published in Japan by ISN Inc., Publishers Korean translation
rights arranged with ISN Inc., Publishers through WAVE AGENCY
Korean translation rights © 2020 Dabom Publishing Co.

• 책값은 뒤표지에 있습니다.
• 잘못 만든 책은 구입하신 곳에서 교환해 드립니다.

나는 아동 학대에서 아이를 구하는 케이스워커입니다

안도 사토시 지음 | 강물결 옮김

다봄.

이 이야기는 전국의 아동 상담소(아동보호전문기관)에서 매일같이 어린이와 가족을 돕기 위해 최선을 다하고 있는 케이스워커(사회 복지 활동 전문가)와 아동 심리사를 위해 쓴 글이다. 그들이 일하는 곳 '아동 상담소'는 참혹한 아동 학대 뉴스가 매스컴에서 흘러나올 때마다 등장하는 이름이다. 하지만 아동 상담소가 어떤 기관인지, 어떤 일을 하는지 제대로 아는 사람은 거의 없다.

아동 상담소 직원들은 몸을 아끼지 않고 일에 몰두하며 수많은 경험을 통해 특유의 상담 기술을 쌓아 왔다. 그뿐만 아니라 어떤 어려운 상황에도 굴하지 않고 상담자를 돕고자 하는 신념까지 어우러져 저마다 마음속에 자부심이 가득 차 있다. 그들은 그런 애정을 바탕으로 현실과 싸우고 있다.

그러나 아동 상담소 직원들은 계속해서 늘어나는 학대 신고 때문에 고통을 겪고 있다. 상담소가 감당하지 못할 만큼 엄청난

양의 학대 신고가 들어와 클라이언트와 제대로 마주할 수조차 없기 때문이다. 그럴 때마다 직원들을 짓누르는 건 육체적 피로가 아니다. 안타까움으로 묵직해진 마음의 무게다.

나는 그들이 힘겨워하는 모습을 보고 나서 진짜 케이스워커의 이야기를 써야겠다고 생각했다. 바쁜 일과에 쫓기면서도 어떻게든 지키고 싶어 하는, 케이스워커 본래의 정신을 떠올리게 하고 싶었다. 그것만이 현실의 어려움을 이겨 낼 수 있는 가장 좋은 방법이라고 생각했기 때문이다.

아무쪼록 이 이야기가 전국의 아동 상담소 직원에게 용기를 주고, 아동 학대가 조금이라도 줄어드는 데 도움이 되기를 간절히 바란다.

안도 사토시

차례

등장인물 소개

사토자키 소타로 일반 현청(한국의 도청에 해당)에서 근무했으나 인사이동으로 복지 전문직을 중심으로 하는 아동 상담소에서 일하게 된다. 뜨거운 열정만 가지고 덤빈 이 직장에서 케이스워커로, 그리고 한 인간으로 성장해 간다.

다마루 마리코 사토자키와 입사 동기다. 강직하고 따뜻한 마음을 가졌다. 현재 아동 상담소를 관할하는 본청의 아동 가정과에서 근무하고 있다. 사토자키의 좋은 상담사이다.

미도리카와 기리코 아동 상담소에 근무한다. 다마루에게 훈련받은 실력 있는 케이스워커로, 사토자키와는 천적 관계이다.

고토 사쿠라코 미도리카와의 동기이고, 역시 다마루에게 훈련받았다. 느긋한 말투와는 달리 실력파이다. 미도리카와와 함께 사토자키의 천적 2호!

하세베 과장 어떤 상황에서도 결코 당황하지 않는다. 대범함의 대명사. 사토자키를 따뜻하게 지켜봐 주는 인물이다.

시마 계장 아동 상담소에서 이론적 지주와 같은 임상 심리사다. 시니컬한 태도와 말투를 지녔지만 가슴은 누구보다도 뜨겁다.

나가야마 계장 아동 상담소의 젊은 케이스워커를 지휘하는 역할을 한다. 클라이언트의 상황을 꿰뚫어 보는 날카로운 통찰력의 소유자다. 하세베의 오른팔 같은 존재다.

마에야마 차장 아동 상담소 경력만 30년째인 전문가이자 여러 케이스를 경험한 아동 상담소의 만물박사다.

히가시무라 소장 사토자키처럼 일반 행정직으로 일하다 아동 상담소로 왔다. 침착하면서도 단단하다. 아동 상담소라는 조직이 하는 모든 활동을 자신이 책임지겠다고 생각할 만큼 듬직한 사람이다.

인사이동

"사토자키, 이동 신청했어? 옮기나 보네."

"옮긴다고요? 제가요? 농담하지 마세요, 요시다 선배."

현청에서는 매년 3월 말쯤 새해 인사이동을 한꺼번에 발표한다.(일본에서는 일반적으로 3월에 한 해의 업무가 종료되고 4월에 새해 업무가 시작된다.) 일반적으로 현청 사무직은 2년에서 4년 사이에 한 번씩 인사이동이 이루어진다. 따라서 다른 직장에 배치되는 4월 1일부터는 인사이동을 하는 모든 직원이 전날까지 한 업무와는 전혀 다른 업무를 군말 없이 해야 한다.

"능청 떨기는. 요즘 젊은 것들은 조금만 바쁘면 금방 본청에서 도망간다니까. 지부에서 한가하게 지내고 싶다는 거지."

"인사이동 신청 같은 거 안 했어요! 진짜 발령이 났다고요? 저

관광과에 온 지 이제 2년차예요. 게다가 요즘 렌게산에 외국인 여행자를 유치하는 사업에 집중하고 있었는데……. 요시다 선배도 제가 이 사업을 얼마나 애써서 진행해 왔는지 아시잖아요."

"그래, 알지. 어쨌든 인사이동은 틀림없는 것 같으니까 업무 인수인계서 제대로 써 둬."

"그나저나 제가 근무할 곳이 대체 어디예요?"

"어디냐……. 뭐야 여기, 들어 본 적도 없는 곳이네. 삼와현 중앙 어린이 가정 센터라는데."

"중앙 어린이 가정 센터? 무슨 일을 하는 곳인데요?"

"멍청하긴, 처음 들어 보는 지부에서 뭘 하는지 알 리가 있냐. 뭐, 어린이 가정 센터니까 어린이하고 가정에 관련된 일을 하는 센터 아냐?"

"그건 이름을 그대로 읽은 거잖아요. 선배, 곧 주임급이 될 텐데 진짜 몰라요? '중앙'이라는 건 같은 센터가 현 내에 몇 개가 있다는 건가?"

"글쎄, 그냥 이름으로만 봐서는 보건 복지부 같은 느낌인데. 어린이 가정 센터니까 아동 가정과 지부라거나. 이건 좀 너무 막던졌나. 하하하."

대체 내가 왜 인사이동 대상이냐고. 옮기고 싶다고 단 한 번도 말한 적 없는데. 과장님도 그렇지, 요전번 인사 사정 청취 때 내가 관광과 일에 얼마나 열의를 가지고 있는지 그렇게 강력하게 전달했는데! 게다가 어린이 가정 센터라니, 아무도 들어 본 적도 없는 곳에……. 인사과도 정신이 어떻게 된 거 아냐!

사토자키는 억지스러운 인사이동에 분통을 터뜨렸다.

"사토자키 씨, 아동 가정과에 있는 다마루 씨한테 전화가 왔어요. 그쪽으로 돌릴게요."

다마루는 사토자키와 입사 동기다. 배짱이 있고 지기 싫어하는 성격에 뭐든 솔직하게 말하는 타입이다. 사토자키와는 마음이 잘 맞아서 입사한 뒤로 쭉 친구로 지내고 있다.

"네, 사토자……"

"야, 어떻게 된 거야! 사무직 엘리트가 왜 아상에 배치된 거야. 아상이 어떤 데인지 알고 가는 거야? 우리 같은 복지 전문직도 각오를 하고 가야 하는 직장이라고. 복지 업무 쪽에도 관심이 있다고 듣긴 했지만, 왜 하필 아상을 신청한 거야!"

기관총에서 총알이 마구 튀어나오는 것처럼 다마루의 화난 말들이 수화기를 뚫고 나왔다.

"다마루, 다마루! 진정해. 잠깐, 잠깐만 내 말부터 들어 봐."

"뭔데, 빨리 말해 봐."

"다마루, 그러니까, 아까부터 아상, 아상 그러는데 도대체 '아상'이 무슨 말이야?"

"아상이 뭐냐고? 바보 아냐! 아동 상담소를 말하는 거지! 자기가 신청해 놓고 그런 것도 몰라?"

"다마루, 잠깐만. 부탁이니까 진정하라고. 우선, 내가 인사이 동 하는 곳은 삼와현 중앙 어린이 가정 센터라는 곳이야. 그러니까 지금 네가 흥분해서 말하는 아동 상담소로 이동하는 게 아니란 걸 먼저 알았으면 좋겠어. 그리고 내가 신청한 게 아니야. 내가 인사이동 한다는 사실에 나도 놀랐다고. 그러니까 내가 원하는 인사이동이 아니라는 것도 좀 알아줘. 알겠어? 알겠냐고."

"아니, 뭐라는 거야. 중앙 어린이 가정 센터가 아동 상담소를 말하는 거잖아. 너 진짜 아무것도 몰라? 이동 신청도 안 했다고 했지, 지금······. 아 맞다, 이상에도 서무는 있지. 아하하하······. 미안, 미안. 나도 참 마음대로 넘겨짚었네. 미아안. 내가 좀 무서웠지? 그게 사무직 주제에 이상에 인사이동 신청한 줄 알고 너무 놀라서. 네가 좀 특이한 데가 있잖아. 후후후. 미안하다, 미안해. 내가 한 말들은 잊어버려. 그럼, 서무 힘내!"

"······."

잊어버리라니······. 그렇게 흥분해서 전화해 놓고, 자기 마음대로 결론 내리고 잊어버리라니. 그런데 다마루가 안절부절못하는 모습이 심상치 않았다. 평소 냉정한 다마루가 많이 놀란 듯했다. 날 걱정해서 하는 말인 것 같긴 했지만······.

사토자키는 다마루답지 않게 혼란스러워하는 모습이 수상쩍었다.

그러니까 내가 어린이 가정 센터에서 서무 이외의 일을 할까

봐 걱정이 돼서 전화했다는 건가. 반대로 생각하면, 어린이 가정 센터에서 사무직인 내가 서무 이외에 일을 하게 될 거라고 생각하기는 어렵다는 건데. 그래서 다마루가 마음대로 결론을 낸 것일 테고……. 뭐, 아무려면 어떤가. 어차피 지금은 알 길이 없는데. 대단한 일을 시킬 것 같지도 않고, 의욕이 생길지도 모르겠고. 무엇보다도 지금 더 이상 이것저것 복잡하게 생각하는 건 의미도 없고 시간도 아깝다. 어린이 가정 센터 업무에 대한 구체적인 정보도 별로 없으니까.

사토자키는 다마루의 전화가 마음에 걸렸지만, 정보도 얼마 없는 상황에서 더 이상 고민하는 건 의미가 없다고 결론 내렸다.

사실 인사과에서 사토자키를 아동 상담소에 배치한 이유는 사토자키의 이런 성격을 눈여겨봤기 때문이다. 사토자키는 복잡하고도 까다로운 성격을 가진 사람이다. 느긋하고 무심해 보이지만 뜨거운 가슴을 지녀 쉽게 감동한다. 반면에 어려운 상황에 부딪히면 상황을 논리적으로 판단해 냉정함을 유지하며 일을 해결하기도 한다. 적당히 자신의 감정을 분출할 줄 알고, 어려운 상황을 논리적으로 바라볼 줄 아는 그의 성격은 스트레스에 매우 강하다는 특장점이 있었다.

보통 사람이라면 다마루한테 온 이상한 전화에 금세 불안해졌을 것이다. 아동 상담소가 대체 어떤 일을 하는 곳인지 누구든 붙잡고 물어봤을 것이다. 그러나 사토자키는 자기 나름대로 상황을 분석해서 충분한 정보가 없다고 판단하자 더 이상 깊이 고민하지 않고 과도한 걱정도 하지 않았다.

이 인사이동으로 인해 사토자키는 그동안 인생에서 경험하지 못한 엄청난 스트레스와 거대한 감동 사이를 오가는 새로운 생활을 시작하게 된다. 지금까지는 전혀 알 수 없던 아동 상담소라는, 지방 공무원에게는 더없이 특수하고 이질적인 세계 안에서.

말로 할 수 없는 슬픔

드디어 4월 1일. 사토자키가 새로 배정된 삼와현 중앙 어린이 가정 센터, 즉 아동 상담소에 처음 출근하는 날이다.

아파트 문을 열자 신선한 봄바람이 사토자키의 볼을 어루만졌다. 맞은편 둑에 있는 큰 벚나무의 벚꽃은 막 절정에 이르렀다. 부드러운 아침 햇살 아래 연분홍색 꽃잎이 좌우로 흩날리는 모습은 마음까지 온화해지는 아름다운 풍경이었다. 좋은 아침이다. 사토자키는 그렇게 생각하면서 차의 시동을 걸었다.

아동 상담소는 현청에서 북쪽으로 8킬로미터 정도 떨어진 조용한 교외에 위치해 있었다. 사토자키는 아파트를 나선 지 30분 만에 새로운 직장에 도착했다.

아동 상담소는 철근 콘크리트로 된 2층 건물로, 벽은 연녹색으로 칠해져 있었다. 건물은 지은 지 얼마 안 되었는지 칠이 벗겨지거나 균열이 간 곳은 보이지 않았다.

자동문으로 된 정문 앞에서 사토자키는 크게 한번 심호흡을 했다. 인사이동 첫날은 누구나 조금은 긴장을 하는 법이니까. 어떤 직장인지 어떤 사람들이 일하고 있는지 직접 보기 전까진 알 수가 없으니 당연한 일이었다.

그저 지부에서 서무만 보겠지만 첫날이라 긴장되네. 좋은 직장이었으면 좋겠다. 사토자키는 마음속으로 중얼거렸다.

하지만 사토자키의 예상은 곧 빗나갔다.

"안녕하세요? 4월부터 함께할 사토자키라고 합니다."

"아아, 사토자키 씨. 2층으로 가세요. 상담 과장님이 소장님과 차장님께 소개해 주실 겁니다."

"상담 과장님이요? 저는 총무과 소속 아닌가요?"

"아닙니다. 사토자키 씨는 상담과에 배치돼 있어요. 2층으로 가세요."

총무과 중년 여성은 굉장히 사무적인 말투로 이 말만 전하고는 서둘러 부실 안으로 들어가 버렸다.

이상하다. 다마루 말로는 나는 총무과에서 서무를 볼 거라고 했는데. 상담과에도 사무직 일이 있다는 건가……. 뭐, 2층에 가 보면 알겠지.

사토자키는 미심쩍어하면서 어둑한 계단을 올라갔다.

"안녕하십니까? 사토자키라고 합니다. 상담 과장님 계십니까?"

"아아, 잠깐만 기다리세요. 과장님! 사토자키 씨가 도착했어요."

부실 안쪽에 앉아 있던 한 여자가 그 말에 반응해 일어섰다. 대략 쉰 살 전후로 보이는 여자는 세련된 빨간 테 안경을 걸치고 아주 사람 좋아 보이는 얼굴을 하고 있었다.

사토자키를 본 그녀는 해바라기처럼 환하게 웃는 얼굴로 다가왔다.

"어머, 사토자키 씨 왔어요? 만나서 반가워요. 상담 과장 하세베라고 해요. 그나저나 사토자키 씨는 키도 크고 몸도 단단해 보여 좋다. 잘됐어, 남자 직원이 적어서 여러모로 곤란했거든. 다행이야. 소장님하고 차장님께 소개할게요. 소장실로 갈까요?"

"아, 네."

왜 몸이 크면 좋다는 거지? 그다지 육체노동을 하는 분위기도 아닌 것 같은데. 그러고 보니 과장님까지 해서 여자 직원이 꽤 많구나. 남자는 계장 직급이 한 명, 그리고 직원 두 명까지 세 명인가. 여자는 과장, 계장 직급까지 해서 열네 명, 여자 직원들이 많네. 그렇다는 건, 여기 일은 여자들이 중심이라는 건가. 그럼 다마루는 왜 그렇게 걱정하면서 나한테 전화까지 한 거시? 알 수가 없네⋯⋯. 뭐, 그럴 수도 있지.

사토자키는 또다시 다마루에게 온 전화 내용을 떠올렸지만 잘 이해되지 않았다.

소장실에는 두 사람이 기다리고 있었다. 한 사람은 흰머리에 눈이 따뜻해 보이고 몸집이 작은 남자였다. 옛날이야기에 나올 법한 착한 할아버지 같은 인상이었다. 또 한 사람은 산적을 떠올리게 하는 날카로운 눈빛과 커다란 몸집을 가진 남자였다.

"사토자키 씨, 처음 뵙겠습니다. 소장인 히가시무라라고 합니다. 사토자키 씨는 사무직이었죠? 익숙해질 때까지 여러모로 어려울 거예요. 나도 전엔 사무직이었답니다. 그런 나도 이 일을 지금까지 해 왔으니 사토자키 씨도 열심히 해 보세요. 어려운 일이 있으면 마에야마 차장한테 상담하시고요. 마에야마 씨는 아동 상담소 경력 30년이 넘는 전문가니까."

착한 할아버지 뒤에 서 있던 산적이 한 발 앞으로 나왔다.

"안녕하십니까. 차장 마에야마입니다. 인사과에 요청한 대로 체격이 좋은 분이 오셔서 기쁩니다. 뭐, 힘든 직장이지만 사토자키 씨라면 잘할 수 있을 거라고 생각합니다. 힘내세요. 업무 내용은 하세베 과장님한테 물어보시고요. 그럼 기대하겠습니다. 잘 부탁합니다."

"네, 열심히 하겠습니다."

굉장히 상냥해 보이는 소장님과 꽤 고집 있어 보이지만 순박

하게 웃는 차장님. 이 두 사람은 믿고 의지할 수 있을 것 같다. 마에아마 차장님은 힘든 일이라고 했지만 그렇다고 하기에 하세베 과장님은 이상할 정도로 밝고 정말 즐겁게 웃고 있었다. 어떤 일을 담당하는지 모르겠지만 과장님도 좋은 분 같고, 괜찮은 직장인 것 같다.

새 직장 사람들의 따뜻한 분위기는 사토자키가 안고 있던 막연한 불안감을 진정시켜 주었다.

"그럼 사토자키 씨, 직원들한테 소개할게. 이쪽으로 와요."

"네."

사토자키는 하세베 과장을 따라 소장실을 나왔다. 소장실 문이 다 닫히기도 전에 하세베 과장은 직원들을 향해 사토자키를 소개하기 시작했다.

"여러분, 관광과에서 우리 센터로 부임한 사토자키 씨입니다. 사토자키 씨는 사무직이라서 여기 일은 잘 모를 테니까 다들 많이 도와주세요."

"사토자키라고 합니다. 열심히 최선을 다하겠습니다. 잘 부탁드립니다."

어쩐지 다들 엄청나게 반기는 얼굴이다. 억지웃음을 짓는 사람이 한 명도 없으니 오히려 너무나 낯설다. 보통 어른이 저렇게 환하게 웃나. 어쩐지 지금까지의 직장과는 분위기가 다른 것 같은데.

묘하게 낯선 기분을 느끼던 사토자키 모습에 아랑곳하지 않고, 하세베 과장은 자기 마음대로 사토자키를 끌고 다녔다.

"그럼, 사토자키 씨. 이쪽으로 와요. 업무 설명할 테니까."

"네, 알겠습니다."

하세베 과장은 사토자키를 사무실 안쪽에 있는 회의용 책상으로 데리고 가서는 바로 실무적인 이야기를 시작했다.

"아, 맞다. 사토자키 씨는 사무직이니까 먼저 아동 복지사 면허를 따야 해요."

"아·동·복·지·사·요?"

"아동 복지사는 클라이언트의 상담을 들어 주는 사람인데, 올해는 2개월에 한 번 리포트를 쓰고 마지막 달에 1주일 동안 출석 수업을 받은 다음 시험을 보게 되어 있어요. 시험에 통과하면 당당한 아동 복지사가 되는 거지. 그러니까 우선 통신 교육 신청서부터 써 줄래요?"

사토자키는 조금씩 불안해졌다.

"저, 하세베 과장님. 여기에서 제가 할 일 말인데요. 사무직인 제가 그냥은 할 수 없는 일인가요?"

"아, 괜찮아, 괜찮아. 다들 똑같은 일을 하고 있으니까 누구한테 물어봐도 가르쳐 줄 거야. 걱정할 거 없어. 걱정할 거 없다니까."

"그렇지만 아·동·복·지·사 면허가 없으면 안 되는 일 아닌가요?"

"그거, 그냥 형식일 뿐이니까. 실제 업무는 관계없어. 신경 쓰지 마. 신경 안 써도 돼요."

엄청나게 신경 쓰이는데.

사토자키는 하세베 과장의 가벼움 아니, 과도하게 가벼운 말투가 너무나 신경이 쓰였다. 뭔가 숨기고 있는 것 같았다.

"그럼, 업무 설명을 할까?"

"저, 과장님. 과장님이 직접 설명해 주시는 건가요? 전임자가 인수인계서로 전달해 주는 거 아닌가요?"

"아, 그렇지. 사토자키 씨는 사무직이니까 계속 그렇게 인수인계 받았겠네. 우리는 인수인계서 같은 거 없어요. 전임자도 남부 어린이 가정 센터로 이동해서 여기로 출근은 못 하고. 인수인계서 대신 클라이언트별로 만든 케이스 파일을 보면 되는데 그건 이따가 설명해 줄게요. 됐나요?"

"네, 알겠습니다."

"사토자키 씨는, 아동 상담소 업무에 대해 조금이라도 아는 게 있나요?"

"죄송합니다. 전혀 모릅니다. 관광과 동료들한테도 물어봤는데 아무도 몰라서……."

"아, 그래요? 같은 현청 소속인데. 우리도 인지도를 좀 높여야지 안 되겠네. 안 그래도 사람이 부족한데 아무도 몰라서야 신청

자도 없을 거 아니야? 뭐, 그건 그렇고. 한마디로 말하면 아동 상
담소에서 하는 일은 만 18세 미만의 어린이와 관련된 모든 상담
을 하는 거예요."

꽹장히 막연한 일이라고 사토자키는 생각했다.

"어린이에 관련된 모든 상담이요?"

"그렇지. 어린이 상담에는 여러 가지가 있는데, 예를 들면 신체
장애가 있는 어린이 상담이라거나 지적 발달 장애가 있는 어린
이 상담도 있고요. 최근에는 아동 상담소라고 하면 거의 '학대'만
관련된 줄 아는데, 발달 장애 어린이, 등교 거부, 비행 등도 다루
고 있어요. 어쨌거나 만 18세 미만 어린이하고 그 어린이의 부모
와 관련된 다양한 문제를 상담하는 게 일인 거지. 알겠어요?"

"네, 그럭저럭요. 저, 지적 발달 장애가 있는 어린이하고, 발달
장애가 있는 어린이는 다른가요?"

"오, 날카롭네. 다르다고 이게. 지적 발달 장애가 있다는 건 발
달 지체가 있다는 거고, 발달 장애라는 건 자폐 스펙트럼 장애나
LD(학습 장애), ADHD(주의력 결핍 과잉 행동 장애) 같은 건데 뇌의
구조상 일부분에 문제가 있어서 생기는 장애를 말하는 거지."

"우, 우선 다르다는 건 알겠습니다."

"뭐, 별로 들어 본 적 없는 말이라 낯설겠지만 이쪽으로는 판정
계장이 잘 아니까 앞으로 천천히 배우면 되고. 판정 계장은 시마
씨라고……. 저기 저쪽에 앉아 있는 안경 쓴 남자예요."

25

하세베 과장이 쳐다보는 쪽으로 시선을 옮기자 흰머리가 듬성듬성 나고 짙은 초록색 테 안경을 쓴 남자가 지적인 분위기를 풍기며 서류를 보고 있는 게 보였다.

"척 봐도 학자 같은 느낌이 들죠? 이 업계에서는 의외로 유명한 사람이라고. 책 같은 것도 쓰고."

"아, 그렇군요. 앞으로 잘 배우겠습니다. 낯선 말이 많아서 어렵네요. 그런데 그 상담이라는 건 전화로 상담하는 건가요?"

"물론 처음에는 전화가 오는데 전화로는 예약만 받고 실제 상담은 센터로 오라고 해서 면담실에서 하지. 저기 복도 끝 양쪽에 방이 있는 거 보이죠? 거기가 면담실이에요. 우리 센터는 면담실이 일곱 개가 있는데 대체로 꽉 차 있지."

면담? 면담이라니 무슨 말이지? 사토자키는 예상치 못한 업무 내용에 당황했다.

"저, 면담이라는 거…… 저도 하나요?"

"당연하지!"

당연한 게 어디 있어!

사토자키는 마음속으로 외쳤다.

"면담 같은 거 해 본 적이 없는데 괜찮을까요?"

"괜찮아, 괜찮아. 연수 체제도 갖추어져 있으니까. 면담에 관해서는 연수할 때 역할 연기도 할 테니까, 금방 잘할 수 있어. 게다가 처음 반년 정도는 아까 말한 안경 쓴 판정 계장이나 이쪽에

26

있는 상담 계장 나카야마 씨가 같이 들어갈 거니까 걱정할 거 없어요. 커피라도 마실래요? 과자 같은 것도 먹나?"

"네, 먹겠습니다. 감사합니다."

"단 거 좋아해요? 케이크 같은 거."

"네, 엄청 좋아합니다."

"진짜? 사토자키 씨, 우리 업무에 딱이네."

"단 걸 좋아하면 아동 상담소에 잘 맞나요?"

"그렇지."

"왜 그런가요?"

"어쨌든 그래."

"……."

"커피 타 올 테니까 잠시만 기다려요."

"네."

큰 회의용 책상에 홀로 남겨진 사토자키는 조금 마음이 진정됐는지 조용히 커피를 기다리는 동안 주위 상황을 살필 여유가 생겼다. 냉정하게 살펴보니 이 사무실은 계속 전화가 울리고 있었다. 줄곧 전화가 오는 것 같았다.

게다가 저 사람은 내가 왔을 때부터 계속 전화로 이야기하고 있네. 이래저래 한 시간 가까이 지난 것 같은데 무슨 이야기 중인 거지?

사토자키는 신경 쓰이는 긴 전화 내용에 귀를 기울여 보았다.

"그러니까 교장 선생님, 아까부터 말씀 드린 대로 이상에 다닌 전력도 없는 어린이를 유리를 깼다고 해서 갑자기 일시 보호를 할 수는 없어요. 본인도 부모도 이상에 상담할 마음이 없잖아요. 그러니까 어떻게든 그렇게 하고 싶으시면 학교가 기물 파손 피해 신고서를 경찰에 접수를 하세요. 그러면 여기 이상에 연락이 올 테니까요. 그럼 여기서 지도할게요. 직권 일시 정지가 가능할 리가 없잖아요. 학대가 아니니까……."

"네, 네. 그러시구나. 그럼, 어머니는 아이가 학교에서 자리에 못 앉아 있을 정도로 활발한 게 걱정이신 거네요. 알겠습니다. 여기 센터에서 발달 검사를 받을 수 있는데 어떻게 하시겠어요? 받으시겠어요? 그러면 검사 일정을 잡게 어머니 괜찮은 시간을 가르쳐 주시겠어요?"

"응, 응. 그래서 어머니, 오늘은 왜 손목을 그은 거야? 요즘 안 그랬잖아. 뭐 힘든 거 있었어? 아아, 그랬어. 아르바이트 하는 데서 인간관계가 힘들구나. 그렇구나. 지금 애들은 근처에 없는 거지? 애들 앞에서 그은 건 아니지? 어머니 잘했네. 그렇게 애들이 안 보게 신경도 쓰고 진짜 대단하다. 깊게 그은 건 아니지? 응, 괜찮은 거지? 스트레스 쌓이면 손목 긋는 건 누구나 하는 거니까 그렇게 침울해할 필요 없어. 그럼 애들 들어오기 전에 깔끔하게 잘 치우자. 그래서 어떤 게 고민인데? 응, 응……."

사토자키는 들려오는 통화 내용에 귀를 의심했다. 전화를 하면서 때때로 따뜻하게 웃는 모습도 사토자키 눈에는 이상하게 보였다.

손목을 그었다고 하잖아. 자살하려고 하는 거 아냐? 이런 위험한 이야기를 하면서 저 사람은 왜 저렇게 밝게 받아 주고 있는 거야. 손목을 그은 사람한테 "잘했네."라니, 칭찬을 해서 어쩌자는 거지. 전화로 상담하기 전에 구급차부터 불러야 하는 거 아냐. 피가 멎지 않으면 그거야말로 죽는 거잖아. 그렇게 되면 책임질 문제가 될 텐데.

사토자키는 강한 불안과 위기감에 둘러싸여 있었다.

그때 하세베 과장이 은은하게 웃는 얼굴로 커피를 가지고 돌아왔다.

사토자키는 당황한 모습으로 하세베 과장에게 말을 꺼냈다.

"저기, 하세베 과장님."

"응? 왜 그래요?"

"그게, 저기 있는 사람이 전화하는 게 들렸는데요. 음, 상대방이 손목을 그은 것 같은데 구급차를 부르거나 직접 가서 병원에 데리고 가야 하지 않을까요?"

"어머, 사토자키 씨 귀도 밝네. 들렸어? 아이고, 지금 막 온 사람한테 그런 전화 내용이나 들려주고 안 되겠네. 조금 더 작게 이야기하면 좋을 텐데. 뭐, 어쨌거나 괜찮아요."

"네? 그래도 손목 같은 데를 그으면 큰일 아닌가요. 게다가 저 사람, 손목 같은 거 다들 그으니까 신경 쓰지 말라고 말하던데 사람이 손목을 그렇게 쉽게 긋나요? 실례가 될지 모르겠지만 저 사람 감각이 정상이 아닌 것 같은데요."

사토자키는 너무 놀라서 어안이 벙벙한 표정으로 하세베 과장을 다그치듯 말했다.

"물론, 보통 그렇게 쉽게 손목을 긋거나 하지 않지. 조금 스트레스를 받은 정도로 다들 손목을 긋거나 하면 헌혈할 수 있는 사람이 없어지잖아? 그런데 저 사람은 진짜 괜찮으니까 저렇게 응대하는 거지. 지금 전화하고 있는 사람은 미도리카와라고 하는데 정말 강심장이거든. 나이는 사토자키 씨보다 훨씬 어려서 믿음직스럽게 보이지 않을지도 모르겠지만 벌써 4년차 전문가예요."

"전문가라면 더더욱 저 태도는 아니지 않나요? 큰일이 나기 전에 움직여야지!"

사토자키는 더 강한 어조로 말했다.

"미도리카와 씨가 통화하고 있는 어머니랑은 벌써 3년이나 알고 지낸 사이거든. 그러니까 이미 알고 있는 거지. 저 어머니가 정신적으로 어떤 상태인지. 하긴 저 두 사람의 전화를 듣고 있으면 좀 이상해 보이긴 하지."

"좀 이상한 정도가 아니죠!"

"이상에는 클라이언트하고 소통하는 특유의 기술이 있어. 클라이언트에게 용기를 주거나 좋은 방향으로 생활이 흘러가게끔

돕기 위한 거야. 보통 하는 대화하고는 많이 다르니까 지금은 이해가 안 갈지도 모르지. 괜찮아요, 사토자키 씨도 곧 알게 될 테니까. 걱정하지 말아요."

하세베 과장은 안정된 말투로 그렇게 말했다. 표정에는 자신이 가득 차 있었다.

"정말 괜찮나요? 무슨 일이 생기면 여러모로 책임이라거나⋯⋯."

"아휴, 괜찮다니까. 그럼 설명 계속할게요."

"네⋯⋯. 알겠습니다."

특유의 소통 기술? 대체 그게 뭐야. 사람 사이의 소통이라는 게 조금 다를 수는 있지만 거의 비슷하지 않나? 그야 상대가 어떤 사람인가에 따라서 존댓말을 쓰거나 반말을 쓰거나 좀 품위 있게 이야기하거나 하기도 하지만, 손목을 그은 사람한테 혼자 있을 때 그었으니까 잘했다고 하는 바보 같은 대화는 들어 본 적이 없다. 어휴, 뭐가 뭔지 알 수가 없는 곳이다.

사토자키는 이해하기 힘든 설명을 태연하게 하고 있는 하세베 과장의 태도에 불신과 불안을 느꼈다.

하세베 과장은 그 뒤로도 약 한 시간 반에 걸쳐서 아동 상담소 업무 내용과 진행 방법에 대해 간략하게 설명을 했다.

아동 상담소는 상담과와 일시 보호과, 그리고 부속 어린이 진료소로 구성되어 있다. 상담과는 더 세부적으로 상담계와 판정계로 나뉜다. 상담계는 케이스워커로 구성되어 있고, 판정계는 어린이 발달 검사와 심리 테스트를 하는 상담 심리사(임상 심리사나 대학에서 심리학을 전공한 전문가)로 구성되어 있다. 일시 보호과는 학대를 당한 어린이를 일시적으로 보호하는 일시 보호소를 관할하고, 부속 어린이 진료소에서는 아동 정신과 의사가 주 2회 진료를 하며 일시 보호하고 있는 어린이를 케어하고 있다.

케이스워커는 각각 담당 지역을 분담한다. 인구가 많은 삼와 시내는 중학교구별로, 그 외의 지역은 시, 정, 촌(일본 행정 구획의 명칭. 한국의 시, 읍, 면과 비슷함)으로 구분하여 담당자를 정한다. 자신이 담당하는 지역의 주민이 상담을 신청하는 경우에 기본적으로 케이스워커는 판정계의 아동 심리사와 팀을 짜서 상담에 응한다.

상담을 하러 온 클라이언트에 대한 정보는 전부 클라이언트별로 작성된 케이스 파일 안에 빽빽하게 들어 있다. 각각 상담을 어떻게 진행할지에 대해서는 기본적으로 담당 케이스워커와 아동 심리사가 결정한다.

즉, 아동 상담소는 항상 조직적으로 클라이언트에 대응한다. 클라이언트의 생활에 매우 깊숙이 개입하는 업무의 특성상 개개인이 책임지게 하는 방법으로는 그 중압감이 너무 높아 케이스워커의 멘탈이 무너질 위험이 있다. 그런 이유로 모든 케이스에 대해 조직이 책임을 지는 시스템이 필요하다.

아동 상담소는 케이스워커라는 연결 고리를 통해 클라이언트와 마주하고, 클라이언트의 요구를 확인한다. 그리고 클라이언트 필요에 맞는 조직의 의견이나 조언을 케이스워커를 통해서 전한다. 이것은 강한 스트레스로부터 직원을 보호하기 위한 위험 분산 방법이기도 하다.

하세베 과장은 한 차례 설명이 끝나자 마지막으로 사토자키에게 서른 건 정도의 케이스 파일을 건넸다. 이제부터 사토자키가 인계를 받을 케이스다. 그중에는 이미 다음 면담 예약이 잡힌 것도 있었는데, 개별 케이스의 자세한 내용은 면담 전날에 하세베 과장이 상세하게 설명해 주기로 했다. 첫 면담은 열흘 후로 잡혀 있었다. 즉, 열흘 후에는 면담실에서 사토자키가 클라이언트와 면담을 해야 한다는 사실을 통보받은 것이다.

그날 오후, 사토자키는 인계받은 케이스 파일을 샅샅이 훑어보았다. 대부분이 아동 학대에 관한 내용이었으며, 비행에 관한 케이스와 어린이 발달에 관한 상담 케이스도 몇 건 섞여 있었다.

파일 내용은 사토자키에게 너무나 두렵고 충격적이었다. 거기에는 사토자키가 그동안 믿어 왔던 가족과 부모 자식의 바람직한 모습은 흔적조차 없었고, 도덕이나 윤리라는 말도 관념도 존재하지 않았다. 사토자키는 끝을 알 수 없는 깊고 깊은 슬픔의 어둠 속에 홀로 남겨졌다. 불안에 떨며 어쩔 줄 몰라 하는 자신의 마음을 감추고 겨우 평정을 찾은 척하고 있었다.

대체 이건 뭐지? 우리나라에서 실제로 일어나고 있는 일일까? 친부모가 자신의 아이를 멍이 들거나 피가 날 때까지 계속 때리고, 먹을 것을 주지 않고 씻기지도 않으며, 너무나도 비위생적인 상태로 아무렇지 않게 아이를 학교에 보낸다. 이게 부모가 아이한테 할 짓인가? 무엇보다 이런 비상식적인 놈들을 상대로 아무 지식도 경험도 없는 내가 면담을 하고 지도를 하다니, 말도 안 돼! 할 수 있을 리가 없어! 이런 직장에서 사무직인 내가 일을 할 수 있을 리가 없잖아.

사토자키가 케이스 파일의 내용에 경악해서 의욕을 잃은 그때, 입구 문이 활짝 열리면서 요란한 웃음소리가 사무실에 울려 퍼졌다.

"꺄하하하. 과장님, 된통 혼났네요오. 꺄하하하하하."

사토자키는 조금 놀라서 큰 웃음의 주인공을 쳐다봤다. 문 앞에는 보통 몸집에 보통 키, 어깨 정도에서 구불구불하게 만 갈색 머리, 하얀 피부를 가진 예쁘장한 여자가 서 있었다. 아직 대학생 분위기가 남아 있는 앳된 얼굴이었다.

엄청 활기가 넘치는 사람이네. 여기 직원인가? 옷 고르는 취향이 독특하네. 흰 블라우스에 검붉은 무늬가 정말 특이했다.

"앗! 고토 씨, 옷이 왜 그래요?"

아, 역시 하세베 과장도 이상한 옷이라고 생각했구나. 그렇지만 그걸 굳이 말로 하는 건 좀 그렇지 않나……. 사토자키는 어떤 반응이 돌아올까 궁금했다.

"꺄하하하. 오늘, 가정 방문을 갔더니 그 집 어머니가 엄청 저기압에 몸도 안 좋더라고요오. 힘들면 애 맡기실래요? 했더니, 그 말에 과민 반응을 해서 들고 있던 컵을 책상에 던져서 깨 버리지 뭐예요오. 그래서 그 파편에 어머니 손바닥이 쫙 찢어져서 피가 펑펑 났는데 그 피 범벅이 된 손으로 애를 때리려고 하니까, 놀라서 막으려고 실랑이를 벌였더니 피를 뒤집어 쓴 거 있죠오. 꺄하하. 산 지 얼마 되지도 않은 흰 블라우스가…… 아주 말이 아니네요오."

"그래서, 애는?"

"할머니가 봐 준다고 해서 보내고 왔지요오."

"어머니는?"

"보건소 PWS(정신 보건 복지사)한테 연락해서 진정될 때까지 부탁해 놓고 왔고요오."

"그래요? 수고했네. 갈아입을 옷 있어요?"

"트레이닝복 있으니까 그걸로 갈아입을게요오."

"블라우스는 일시 보호과에 있는 세탁기에 돌려요."

"네에."

사토자키는 둘의 대화를 멍하니 듣고 있었다. 하세베 과장은 아무 일도 없었다는 듯이 약간 넋이 나간 사토자키를 고토에게 소개했다.

"아, 고토 씨. 오늘 부임한 사토자키 씨예요."

"안녕하세요? 고토예요오. 잘 부탁드려요오. 그런데 어쩌나아. 이런 몰골이라서. 이미지 배드네요. 꺄하하하하."

"아, 안녕하세요? 사토자키입니다. 자, 잘 부탁드립니다. 괜, 괜찮으세요? 피, 피가……."

"고토 씨, 얼른 옷 갈아입고 와. 얼른, 얼른!"

"네에."

"사, 사토자키 씨, 저런 일은 거의 없어요. 나도 아동 상담소에서 일한 지 오래됐는데 저런 건 처음 봤어. 호호……. 진짜라니까. 그러니까 걱정하지 말아요. 맨날 피 뒤집어쓰고 그러는 거 아니니까 안심해요. 보통은 이런 일이 전혀 없다니까. 호호호……."

하세베 과장의 말은 이제 더 이상 사토자키의 귀에 들어오지 않았다.

특이한 무늬라고 생각했는데 피를 뒤집어쓴 거였어. 시간이 지나서 그런 검붉은색이……. 대체 어떻게 된 곳인가, 여기는. 공무원이 일하는데 피를 뒤집어쓰다니 말이 돼? 아, 싫다. 내 양복도 피로 빨갛게 물들 거야. 안 되겠어. 이런 직장에서 어떻게 일해. 아무리 생각해도 이건 안 돼.

사토자키는 머리가 복잡해져서 몇 번이나 혼자 묻고 답했다. 그리고 무엇보다 스스로가 어쩔 줄 몰라 하는 것에 놀랐다. 지금까지 살면서 이렇게까지 혼란스럽고 당황한 적은 없었다. 이 혼란스러움을 어떻게 수습해야 할지 생각해야 한다. 지금 처해 있는 상황을 정리하는 데 누군가의 도움이 필요하다.

사토자키가 자신을 도와줄 가장 적절한 사람으로 떠올린 것은, 자신의 인사이동에 누구보다 빠르게 눈치를 채고 전화를 건 다마루였다.

그래, 다마루에게 연락하자. 다마루라면 여기 일도 자세하게 알 거야. 구체적인 업무 내용이라도 듣고 나면 좀 진정이 되겠지.

사토자키는 마음을 진정시키기 위해서 될 수 있는 한 주변에서 전화하는 소리를 듣지 않으려고 애썼다. 하지만 그렇게 하면 할수록 사토자키의 귀에는 작은 소리로 말하는 통화 내용까지 쏙쏙 들려왔다.

얼른 여기에서 나가고 싶다. 이곳에서 사라지고 싶다. 다마루를 만나야 해. 다마루를 만나야……. 사토자키는 그저 시간이 흐르기를 바라고 있었다.

근무 시간이 끝나자마자 도망치듯 사무실을 나온 사토자키는 다마루의 핸드폰으로 전화를 걸었다.

"여보세요, 다마루? 나 사토자키인데."

"아, 사토자키. 어때? 센터 서무 일은. 할 만해?"

"어, 응, 뭐. 그 이야기 말인데, 상담할 게 있어. 갑자기 연락해서 미안한데, 오늘 시간 돼?"

"그러게 정말 갑작스럽네. 내일은 안 돼?"

"가능하면 오늘이 좋은데. 아니, 꼭 오늘이면 좋겠어."

"어쩔 수 없지. 알았어. 장소는?"

"항상 만나는 곳. 테라마치에 있는 닭꼬치 가게에서 여섯 시 반 어때?"

"뭐야, 30분밖에 안 남았잖아. 네가 사는 거지?"

"물론이지."

사토자키는 핸드폰을 바지 주머니에 넣고는 잰걸음으로 주차장으로 향했다. 퇴근 시간이라 길이 막혀서 약속 시간을 10분 정도 넘겨서야 가게에 도착했다.

가게에 들어서자 다마루는 이미 도착해서 자기가 좋아하는 안주 몇 가지를 마음대로 주문해서 먹고 있었다.

평소였다면 고소한 푸른 연기에 둘러싸여서 배가 꼬르륵꼬르륵하고 우는 소리를 냈을 것이다. 하지만 오늘 밤은 간장 소스가 숯에 떨어져서 타는 향기에도, 닭고기를 구울 때 나는 지글지글한 소리에도 식욕이 돋지 않았다.

"아, 사토자키. 여기야 여기!"

"미안해. 갑자기 불러내서."

"진짜, 나 바쁜데. 그나저나 어때 서무 일은. 간단하지? 좋겠다, 퇴근도 일찍 할 수 있고 부럽다."

"그게, 총무과 소속이 아니었어. 상담과에서 케이스워커라는 걸 하는 모양이야."

다마루의 얼굴빛이 변했다.

"뭐? 농담이지? 그러지 마. 웃을 일이 아니니까 그런 건."

"농담 아니야. 그래서 널 불러낸 거야. 그것 때문에 상담하려고."

"그럼 진짜 사무직인 네가 케이스워커를 한다고?"

"응……."

"진짜? 가게 문을 열고 들어왔을 때 얼굴빛이 안 좋아 보여서 느낌이 안 좋더니."

"내 얼굴이 그렇게 안 좋아?"

"많이……. 난감하네. 복지 전문직이 부족하니까 언젠가는 사무직이 아동 상담소 케이스워커를 할 날이 올 거라고들 했지만, 설마 그 1호가 네가 될 줄이야. 평소답지 않게 비장함이 느껴진다. 네가 그렇게 풀이 죽어 있는 거 처음 봤어. 뭐, 무리도 아니지. 사무직 엘리트한테 갑자기 이상 케이스워커를 하라니……. 그래서 내가 뭘 해 주면 돼?"

"여하튼, 많이 혼란스러워. 인수인계도 없어서 업무 내용도 정리가 안 되고……. 하세베 과장님이 말로 설명은 해 줬지만 잘 모르는 말이나 해 본 적이 없는 업무 스타일이 홍수처럼 밀려와서……."

"사무직 인수인계랑은 다르니까."

"게다가 설명을 듣고 있는데 주위에서 엄청 심각한 전화를 하

39

는 게 들리기도 하고, 외근 나갔던 직원이 피를 뒤집어 쓴 채로 사무실로 돌아오기도 하고……. 내가 당황한다는 사실에 더 당황을 해서…….”

“딱하다. 오늘은 조건 없이 동정해 주겠어.”

“그래서 아동 상담소 일에 대해서 될 수 있는 한 구체적으로 알려 줬으면 해서. 그럼 조금 진정이 될 것 같기도 하고. 너 복지 전문직이잖아. 아동 상담소에서 일해 본 적 있어? 어떤 업무하는지 알아?”

“나를 바보 취급하는 질문이네? 당연히 알지. 아동 가정과에 오기 전에 3년 있었으니까.”

“뭐야, 근데 그 이야기 전혀 안 했잖아. 어린이를 상담하는 일이라고 신나서 이야기는 했지만 그게 아동 상담소였어? 그 정도로 힘든 일이라고는 말 안 했잖아.”

“말 안 하지, 당연히. 거기 일은 클라이언트 사생활에 깊숙이 개입하는 거다 보니 말할 수가 없었지. 아무리 비밀을 지킬 의무가 있는 같은 공무원한테라도. 게다가 뭐 재미있는 이야기도 아니고.”

“그렇군. 그래도 그런 내색도 하나 없이, 너 대단하다. 생각했던 것보다 훨씬 대단하시네요.”

“전부터 이 말 하고 싶었는데, 너 그 말투 좀 짜증 나.”

“미안. 오늘은 특히 제정신이 아니니까 화내지 마.”

"알았다. 됐어, 항상 그러니까. 그럼 슬슬 본론으로 들어갈까?"

"응, 그, 그래. 그러니까 만 18세 미만 어린이에 관한 모든 상담을 한다는 건 알겠는데, 어느 정도 상담 내용을 종류별로 나눠서 정리할 수 있을 거 아냐. 구체적으로 가르쳐 줘."

"알았어. 음 그러니까 우선, 아동 상담소가 접수하는 상담 중에서 무엇보다 제일 어려운 건 아동 학대야. 아동 학대는 몇 가지 종류가 있는데, 신체 학대, 방임에다가 정서 학대, 그리고 성 학대."

"네 가지로 나뉘는구나."

"신체 학대라는 건 부모가 아이한테 폭력을 휘둘러서 다치게 하는 거야. 다쳐서 학교에 오거나 하니까 비교적 발견하기 쉬워. 방임은 부모가 아이를 돌보지 않는 건데, 밥을 안 주거나, 씻기지 않거나 해서 비위생적인 상태에 아이를 계속 방치하는 거지. 이것도 아이한테 냄새가 나거나 학교 급식을 허겁지겁 먹거나 하니까 알아채기 쉬워."

"그렇군. 폭력하고 방치구나."

사토자키는 열심히 메모를 했다.

"정서 학대는 부모가 아이를 무시하거나 계속 폄하하거나 해서 심리적으로 점점 아이를 몰아세우는 거야. 이건 밖으로 상처가 드러나지도 않으니까 알아채기 어려워. 학교 선생님이 아이 상태를 어지간히 주의해서 살피지 않으면 말이야. 그리고 성 학대. 이건 진짜 최악. 절대 용서할 수 없는 건데, 친부모나 계부,

41

양부 같은 사람들이 몸을 만지거나 강간까지 하는, 결코 인간적으로 용서할 수 없는 학대야."

"강간이라고……."

"지금은 아동 학대 방지법에, 학대를 발견하거나 학대가 의심되는 경우에는 아동 상담소 같은 관계 기관에 신고하는 게 국민의 의무로 되어 있어. 덕분에 요즘은 예전에 비해 신고가 많아졌어."

"신체 학대랑 방임 같은 케이스는 오늘 하세베 과장님한테 받은 케이스 파일 중에도 몇 건인가 있었어. 그것도 정말 말도 안 되는 내용이었는데 성 학대라니, 그거야말로 말도 안 되네. 친아빠가 자기 딸을 강간하거나 한다는 거 아냐. 정상이 아니야. 진짜 그런 일이 있단 말이야? 말도 안 돼!"

사토자키는 미간을 찌푸리며 도저히 믿을 수가 없다는 표정으로 말했다.

"뭐라는 거야. 네 인생 경험만으로 판단하면 안 돼. 너 같이 아무 고생도 안 하고 고등학교, 대학교에 진학해서 공무원이 된 사람만 있는 건 아니라고. 세상에는 정말 믿을 수 없는 환경의 가정도 있어. 셜록 홈즈도 말했잖아. '있을 수 없다'와 '있을 것 같지 않다'는 엄밀히 구별하라고. 절대 있을 것 같지 않은 일이지만 현실에는 있어. 심한 경우는 자기 딸한테 아이를 낳게 한 경우도 있어. 알겠어?"

"후……."

사토자키는 정신이 아득해지는 것 같았다.

"뭐 그렇게 깊은 한숨을 쉬고 그래. 좀 자극이 과했는지 모르겠지만. 앞으로 케이스워커를 할 사람한테 숨겨서 좋을 건 없잖아."

"조금만 더 배려해 주라. 오늘 하루 동안 아동 상담소 업무를 듣고 나서 아직도 정신을 못 차리고 있다고. 정말 넌 섬세함이 눈곱만큼도 없는 녀석이야."

"섬세함이 왜 없어? 학대 이야기를 하는데 농담처럼 가벼울 수 없잖아. 괴로운 건 알겠지만 막연해서 힘들다고 전화한 거 아냐? 그러니까 힘든 걸 구체적으로 알려 주는 거야. 그쪽이 훨씬 낫지 않아? 너처럼 따지기 좋아하는 사람한테는. 어떻게 해, 더들어? 말아?"

"알았어. 계속 이야기해."

"어쨌건, 학대의 경우에는 충분히 신경을 쓰지 않으면 안 돼. 특히 유아를 대상으로 하는 신체 학대는 목숨이 걸린 경우도 있으니까. 신고를 받은 그날 바로 어린이를 일시 보호하지 않으면 안 될 수도 있어."

'목숨'이라는 말이 사토자키의 어깨를 무겁게 짓눌렀다. 이제 한마디도 놓치지 말자고 사토자키는 생각했다.

"성 학대도 같아. 이건 목숨이 걸려 있지 않더라도 되도록 빨리 어린이를 보호해서 마음을 치유해 주지 않으면 안 돼. 그러니까 성 학대는 상황이 확실해지면 바로 일시 보호를 해야 해. 알겠어? 당분간은 어떤 케이스라도 학대에 관련된 거면 계장이나 과장한테 바로 상담하는 거야."

"그렇게 할게. 그런데 있잖아, 그냥 집에 가서 아이를 마음대로 보호하거나 할 수는 없을 거 아니야. 부모를 설득해서 데리고 오는 거야?"

"설득할 수 있다고 생각해?"

"아니."

"그렇지? 그러니까 부모가 거부해도 강제로 보호하는 거야. 아동 복지법 제33조에 의해서 아동 상담 소장의 직무 권한으로 아동의 일시 보호가 가능하게 되어 있거든. 아동 상담소 직원에 의한 가택 수색도 인정하고 있으니까 강제로 집에 들어가서 상황을 확인하는 것도 가능해."

"아동 상담소는 엄청나게 강한 권한을 가지고 있구나."

"그야, 어린이 목숨이 걸려 있잖아. 죽으면 다 끝이니까."

"죽으면……. 진짜 어린이의 목숨이 걸려 있는 일……. 그런 경우에 일시 보호한 어린이는 집에 돌려보낼 수 없잖아. 어떻게 되는 거야?"

"아동 양호 시설에 들어가는 경우가 많아. 경우에 따라서는 수양부모에게 양육을 위탁하기도 하지만."

"아동 양호 시설이라는 건 어떤 시설이야?"

"부모한테 학대를 당해서 집에서 생활할 수 없게 된 어린이나, 빚 때문에 양육이 어려워진 가정의 어린이, 또는 보호자가 사고로 죽거나 해서 양육할 사람이 없는 어린이들을 맡아서 양육하는 시설이야. 어린이들은 거기서 생활하면서 학교에 다녀."

"여러 이유로 가정을 잃은 어린이들이 생활하는 공간이라는 거네. 그럼, 수양부모는?"

"수양부모라는 건, 말하자면 아동 양호 시설의 개인 가정 버전이야. 수양부모를 등록한 부부가 개인 가정에서 어린이를 맡아서 길러 주는 거야."

"그렇구나. 그런 시스템이 있구나. 아동 양호 시설에 들어가는 것도 아동 상담소 소장이 정하는 거지?"

"부모가 시설 입소에 동의하면. 부모가 동의를 안 하는 경우에는 아동 복지법 제28조 규정으로 아동 상담 소장이 가정 재판소에 어린이의 시설 입소 허가 신청을 내. 재판소에서 승인되면 그때서야 어린이가 시설에 들어갈 수 있어."

"일시 보호는 소장의 직무 권한으로 할 수 있잖아. 시설에 들어가는 건 직무 권한으로는 못 해?"

"응, 못 해. 아동 복지법으로 인정받은 건 직권에 의한 일시 보호까지. 부모의 친권은 민법상 꽤 강한 권리거든. 그러니까 부모를 무시하고 간단하게 시설에 넣거나 하는 건 할 수 없어."

꽤 귀찮은 절차를 밟지 않으면 안 되는군.

사토자키는 생각했다.

"재판소에 신청하는 서류는 누가 만드는 거야?"

"당연히 케이스워커지. 너라고 너."

"그런 것까지 하는 거야?"

"그래, 네가 하는 거야."

"그게 공무원이 할 일이야? 경찰이나 변호사가 하는 일 아니야?"

"네 일이야, 네 일. 그래도 안심해. 신청 보고서는 네가 만들지만 실제로 재판소랑 연락하는 건 변호사한테 위임하니까 괜찮아. 걱정할 거 없어."

"쉽게 말하지 마. 하……, 왠지 학대 설명만으로도 벅차다. 그나저나 이 설명 순서 이상하지 않아?"

"뭐가 이상하다는 거야?"

"그렇잖아. 아동 상담소에서 하는 상담에는 다른 종류도 있을 거 아냐. 학대 같은 것보다 좀 더 약한 거. 보통 그런 약한 것부터 설명해서 점점 강한 걸 설명하는 거 아냐? 가게에 손님이 오자마자 갑자기 수북하게 담은 푸아그라를 내미는 데는 없잖아. 역시 너는 세심하지가 못해."

"무슨 그런 실례의 말씀을. 세심하지 못한 건 너잖아. 저녁에 갑자기 전화해서 시간 내라고 하고. 나는 내 일을 내팽개치고 나온 거라고! 근데 뭐라는 거야, 잘난 체나 하고. 설명 순서가 어쩌

46

고저쩌고, 초밥 먹는 순서 설명하는 게 아니라고. 도움을 요청하면서 누굴 가르치려 드는 거야. 따질 줄이나 알고."

"그, 그렇게까지 따졌나, 내가……."

다마루는 어이없다는 표정으로 말을 이었다.

"처음에 약한 이야기를 했다가 심각한 이야기를 하면 약한 이야기는 다 날아가서 기억도 안 날걸. 그러니까 먼저 심각한 이야기를 하는 편이 약한 이야기도 인상에 남고 좋은 거야. 그리고 약한 이야기로 끝내야 심각한 이야기가 조금이라도 흐려져서 마음이 편해지는 거라고. 그런 것까지 생각해서 나는 설명하고 있는데. 됐어, 갈래."

"잠깐만, 가지 마. 그렇게 화낼 일 아니잖아."

"죄송합니다는?"

"반성하고 있으니까 됐잖아."

"간다."

"죄송합니다. 죄송합니다. 이제 말대답 안 할 테니까 계속 얘기해 줘."

"처음부터 그렇게 겸손한 자세로 임하라고. 귀찮은 녀석."

"……."

"불만 있어?"

"없습니다……."

"잘 들어. 학대 신고가 들어오면, 학교, 어린이집, 동사무소 같은 관계 기관에 연락해서 정보 수집은 신속하게. 판단은 신속하면서 신중하게. 상세한 대응 방법은 실전에서 배우는 게 가장 좋아, 연수도 해 줄 테니. 항상 어린이의 목숨이 달려 있다는 걸 잊어서는 안 돼."

"알겠어. 학대는 반드시 윗선에 상의해서 진행하는 걸로. 그럼 학대 이외의 상담에 대해서도 가르쳐 줘."

"자 그럼, 다음은 양육 상담. 부모가 빚을 져서 생활이 안 되거나, 사고나 병으로 부모를 잃거나 해서 생활이 곤궁해진 가정에 대한 상담을 양육 상담이라고 해. 양육 상담의 경우는 필요하면 어린이를 시설에 넣는 걸 검토하기도 하지만. 그것보다 그 가정의 경제 상황을 개선하기 위해 어떤 방법이 좋은지를 생각해서 필요한 사회자원을 소개하고 가정생활을 계속할 수 있도록 매니지먼트 하는 것이 중요해."

"미안, 사회자원이라는 건 뭐야?"

"사회자원이라는 건, 시나 도, 각 동, 면, 읍, 그리고 사회 복지 협의회나 NPO(비영리 단체)까지 국가 기관이나 민간 기관 관계없이 여러 조직이나 단체가 하고 있는 보조 제도나 생활 서포트 자원봉사 같은 생활에 이용 가능한 아이템을 말하는 거야."

"그렇군. 생활에 이용 가능해서 사회자원이구나."

"그렇지. 사회자원에 대해서는 정보가 많으면 많을수록 클라이언트의 다양한 상황에 맞춰 대응할 수 있어. 그래서 평소에 안

테나를 펼치고 계속 관심 갖는 게 중요해. 그러기 위해서는 관계 기관이랑은 무슨 일이 있어도 사이좋게 지내는 게 중요하고. 사이좋게 지내면 여러 정보를 주니까. 너처럼 따지기 좋아하는 사람은 미움받기 좋으니까 조심하라고. 호호호. 그럼 다음은 비행 상담에 대해 말해 볼까."

다마루는 조금 비꼬는 듯한 눈초리를 하면서 다정하게 웃었다.

"네네, 미움받지 않도록 충분히 주의를 기울이겠습니다. 맞다, 열흘 후에 첫 면담이 그 비행 상담이야. 비행이라고 할 정도니까 무서운 중학생이 오는 거지? 면담실에서 날뛰고 그러는 거 아냐? 싫은데, 그렇게 폭력적인 건."

"걱정할 거 없어. 학교에서는 엄청 날뛰고 그러지만 아상에서는 안 그러니까. 그 애들은 학교 선생님이 조금이라도 손을 대면 체벌이 된다는 걸 아니까 학교에서 그러는 거야. 그런데 아상에서 그러면 경찰이 오거나 잘못하면 가정 재판소에 송치되니까 그렇게 난리는 안 부려."

"또 재판소야? 뭐야, 그 가정 재판소에 '송치'라는 건."

"간단하게 설명할게. 비행 상담이라는 건 말하자면, 법률에 저촉된 행위를 한 소년들에 관한 상담이라는 거야. 법률에 저촉되는 행위를 한 어린이를 촉법 소년이라고 하는데 아동 상담소에서 다루는 건 만 14세 미만에 한해서야."

"응? 이상하지 않아? 아상은 만 18세 미만인 어린이에 관한 여러 상담을 받는 곳이잖아. 근데 만 14세 미만으로 한정하는 거야?"

"그러니까 지금 그걸 설명하려고 하잖아. 조용히 하고 들어. 촉법 소년에 관해서 다루는 법률은 만 14세를 경계로 해. 다른 경우랑 달라. 만 14세가 넘으면 범죄 소년이라고 해서 소년법으로 판단을 해. 만 14세 미만은 아동 복지법으로 지도하도록 돼 있어."

"연령에 따라 다루는 법률이 다른 거구나."

"그래서 만 14세 이상인 어린이가 범죄 행위를 하면 경찰은 서류를 가정 재판소로 보내. 그래서 가정 재판소가 판결에 따라 어린이의 처우를 결정하는 거야. 어른의 경우로 말하면 재판을 받는 거지. 만 14세 미만인 어린이가 촉법 행위를 한 경우에는 경찰이 서류를 아동 상담소로 보내. 그리고 아상이 어린이의 처우를 정하지. 경찰이 아상에 보내는 서류를 아동 통지서라고 하는 거야."

"아상이 처우를 정하다니 나쁜 놈들은 소년원에 넣거나 하는 거야?"

"소년원이라는 건 소년법이 다루는 시설이니까 아상에서 소년원으로 보내는 경우는 없어. 아동 복지법에 적용되는 시설은 소년원이 아니라 아동 자립 지원 시설이라는 곳이야. 전원 기숙사 생활이고, 시설 안에 중학교 분교가 설치돼 있지."

"시설 안에 병설 학교까지 있구나."

"거기서 규칙에 맞는 생활을 하면서 적은 인원으로 공부도 하고 학력을 높일 수 있도록 지도를 받는 거지. 물론 아동 양호 시설이랑 똑같이 부모가 동의를 안 하면 가정 재판소에 시설 입소 허가를 신청해야 하지만. 아동 자립 지원 시설에 들어가서 집중적으로 가르치지 않으면 안 되는 어린이 말고는 아동 상담소에 정기적으로 다니게 해서 계속 지도하는 게 일반적이야."

"그럼 이번에 내가 면담할 어린이는 아동 자립 지원 시설에 들어가는 게 좋은지, 정기적으로 통원 지도를 하는 게 좋은지를 정하게 되는 거겠네."

"그런 거지. 아동 상담소의 지도를 따르지 않는 경우는 가정 재판소에 판단을 넘길 필요가 있으니까 가정 재판소에 서류를 보내. 가정 재판소에 서류를 보내는 걸 송치라고 하는 거야. 뭐, 촉법 지도는 시마 계장님이 잘하시니까 당분간은 가만히 옆에 앉아서 보기만 하면 돼."

"음, 학대에, 양육 상담에, 그리고 비행이라고 하나? 촉법에, 더 많이 있지?"

"물론 상세하게 나누면 많이 있지만 지금 그렇게 자세하게 설명해도 알겠어? 자세한 상담 종류는 후생 노동성(사회 복지, 공중 위생 향상, 노동 조건과 환경 정비 등을 관장하는 일본 행정 기관)에 보고하는 통계에나 필요하니까 구분하는 것뿐이지 별로 의미가 없어. 오늘은 크게 네 가지로 나눠서 설명하려고 생각했으니까 남은 건 이제 하나야. 좀 엉성한 표현이지만 발달 상담."

"혹시 그게 LD라거나 AD 어쩌고 하는 건가?"

"아, 맞아. 알고 있네."

"잘 몰라. 방금 말한 게 뭔지도 모르고. 그냥 하세베 과장님이 그런 말씀하셨었지 하고 기억난 것뿐이야."

"그런 거야? 그야 그렇겠지. 아무리 쓸데없는 잡다한 지식이 풍부한 너라도 어린이 발달에 관한 지식까지는 없겠지."

"너, 사실은 내가 엄청 싫지? 말끝마다 날이 서 있는데."

"안 싫어해. 싫어하면 일을 내팽개쳐 두고 안 오지. 너 자신이 모르는 너의 내면을 알아차리게 만들어 주는 거야. 사랑이라고, 사랑."

"……."

"사토자키 씨, 의심하지 마. 사랑이야, 사랑."

"설명 계속해."

"뭐, 나 같은 미인이 '사랑'이라고 하면 보통은 남자들이 부끄러워하는데, 역시 사토자키도 예외는 아니네. 나는 죄가 많은 여자야."

"알겠으니까 설명 계속해 줘."

"알겠다고, 계속한다고. 부끄러워하긴. 그러니까 뭐였지……
그래, 발달 상담이었지. 발달 상담은 말이 늦거나, 지적으로 발달이 지연된 지적 장애아에 관한 상담이라거나 아까 네가 말한 LD, ADHD, 자폐 스펙트럼 장애 같은 걸 총칭하는 발달 장애에 관한 상담이 많아."

"지적 장애는 옛날부터 많이 들어서 알겠어. 발달 장애라는 건 어떤 거야?"

"발달 장애라는 건, 뇌 안의 사회성을 관장하는 영역에 보이는 발달의 장애를 총칭하는 말이야. 그중에서도 다른 사람과 커뮤니케이션을 하기 위한 여러 능력에 장애가 있는 경우를 자폐 스펙트럼 장애라고 해. 예전에는 자폐증이나 아스퍼거 등으로 나눴는데 지금은 개별로 설명은 안 해. 그런 것도 역시 시마 계장님한테 물어봐."

"알겠어. 어려운 건 시마 계장님한테……."

"그렇지. 그리고 LD라는 건 학습 장애라고 해서 전반적인 지능은 정상 범위에 있지만 읽기 능력이나 쓰기 능력, 계산 능력 같은 특정 능력에만 문제가 있는 장애를 말해. ADHD라는 건 주의력 결핍 과잉 행동 장애라고 해서, 선천적으로 타고 난 뇌의 미세한 기능적 장애가 원인이라고 해. 이것도 전반적인 지능은 정상 범위인데 주의력이 부족해서 가만히 못 있고 계속 움직이는 게 특징이야. 많이 알려진 원인으로는 뇌 안의 도파민 부족으로 의한 집중력 저하가 있어."

"도파민이라니 신경 전달 물질 말하는 거야? 아드레날린을 분비 시키고 쾌감이나 집중력에 영향을 주는 그 도파민?"

"역시 쓸데없이 잡학왕이네."

"쓸데없다는 말이 쓸데없는 거지! 그건 양이 부족한 거야? 아니면 도파민을 수용하는 리셉터 기능에 문제가 있는 거야?"

"역시 대단하네. 양쪽 다 가능해."

"아, 그렇구나. 오늘 이야기 중에서 제일 알아듣기 쉬운 이야기야."

"그래? 보통은 알아듣기 어려운 이야기인데 괴짜인 너는 이런 게 알아듣기 쉽구나. 그러고 보니 전에 요로 다케시(해부학을 전공한 의대 교수이자 작가) 책 읽고 있었지? 뭐 발달 상담은 지금 설명한 지적 장애하고 발달 장애에 관한 게 많은데 발달 상담은 케이스워커보다 발달 검사를 하는 아동 심리사가 메인이니까 당분간 너는 옆에 앉아 있으면 돼."

"그럼 당분간은 어떤 상담도 기본적으로는 옆에 앉아서 이야기를 듣기만 하면 되네. 좀 마음이 편해졌어."

사토자키는 조금 안도한 듯한 표정을 지었다.

"그래도 언젠가는 혼자 맡아야 하니까 멍하게 앉아 있지 말고 관찰해야 해. 어때 아동 상담소가 어떤 일하는 곳인지 대충 알겠어? 혼란스럽지 않게 크게 네 가지로 나눠서 설명했으니까 자세한 건 실전에서 파악하도록."

"잘 알았어. 머릿속도 꽤 정리된 것 같아. 고마워."

"자, 역으로 너한테 물어보고 싶은 게 있는데."

"뭐야, 이해력 테스트하는 거야? 좋아, 물어봐."

"어머, 자신 있나 보네. 참 얄밉다니까. 이런 경우에는 조금 자신이 없어 보이는 게 귀엽다고. 한 번 들으면 다 안다는 태도, 잘난 척하는 것 같아서 꼴 보기 싫어."

"거참, 말 많네. 나를 싫어하는 건 잘 알겠으니까 얼른 물어볼 거 물어봐."

"싫어하지 않는다니까 그러네. 네가 한층 더 다른 사람들한테 사랑받을 수 있게 조언해 주는 거야. 사랑이라고 사랑. 그럼 물어본다. 아동 상담소에는 여러 가지 상담이 있는데 그렇게 상담 내용이 달라도 케이스워커가 해야 하는 공통된 일이 있어. 그게 뭘까?"

"학대 상담에는 어떤 종류가 있나, 뭐 이런 구체적인 질문이 아니네?"

"그런 질문에는 네가 쉽게 대답할 수 있잖아. 네가 금방 우쭐해질 질문은 안 해."

"음…… 어떤 상담에서든 케이스워커가 해야 하는 공통된 일? 힌트 좀 줘. 막연해서 모르겠어."

"음, 힌트라……, 힌트는 '이케나미 쇼타로'야."

"뭐야 그게? 몰라."

"어머, 이상하네. 괴짜인 너한테는 이런 힌트가 제일이라고 생각했는데. 안 되겠네. 타임 오버. 답은 '오니 헤이'야."

"뭐? '오니 헤이'라니, 소설 『오니 헤이 범죄 수첩』의 오니 헤이?"

"그래."

"케이스워커가 공통으로 해야 하는 일에 대한 답이 '오니 헤이'라니. 뭐야, 초짜라고 바보 취급하지 마."

"발끈하지 말고 진정해. 너는 상황을 표면적으로 보고 정리하거나 규칙을 세우거나 하는 일은 잘하지만, 어떤 일의 본질을 판별하는 힘은 약하더라. 『오니 헤이 범죄 수첩』은 읽은 적이 있지?"

"당연하지. 내가 엄청나게 좋아하는 소설 중에 하나라고. 분명 너보다 훨씬 내용도 잘 알고 있을걸."

"또 저 잘난 척. 됐다, 그럼 하세가와 헤이조는 뭐 때문에 밀정을 쓰지?"

"그야 밀정을 통해 도적의 움직임을 파악해서 잡으려고 그러는 거지."

"그렇지? 헤이조는 각각의 밀정의 성격이나 특징을 충분히 파악해서 이쪽 상대는 오타키의 고로조, 이 장면에서는 고부사의 구메하치, 이 역할은 오마사, 이런 식으로 적재적소에 밀정을 배치해. 시시각각 밀정들이 모아 온 정보를 객관적이고 냉정하게 판단해서 도적들이 어느 가게를 노리고 있는지, 어떤 수법을 쓸지, 운하를 이용해서 배로 올지, 몇 명의 규모로 올지, 빠짐없이 추리해서 허술하지 않게 완벽하게 처리하지."

"그런 건 알고 있어! 그러니까 그게 어째서 케이스워커가 하는 업무하고 관계가 있다는 거야?"

"아직도 모르겠어? 아무리 헤이조가 도량이 넓고 머리가 좋은 대단한 사람이라고 해도, 혼자서 도적에 대해 조사하는 것부터 포박까지 모두 할 수 있을 리가 없잖아. 우수한 부하나 밀정이 필사적으로 정보를 모아 오니까 헤이조가 제대로 일을 할 수 있는 거 아냐. 케이스워커도 똑같아. 아무리 우수한 케이스워커라고 해도 혼자는 아무것도 못 해."

"혼자서는 아무것도……."

"학대만 봐도 그래. 케이스워커가 각 가정마다 방문해서 '댁에서는 학대를 하고 있습니까?'라고 물어볼 수는 없잖아. 이웃 사람이 이상한 점을 발견해서 신고를 하거나, 어린이집 선생님이 멍을 발견하고 신고를 하거나 하지 않으면 어디서 학대가 일어나는지 알 수가 없어."

"그러네. 신고가 없으면 어디서 학대가 일어나는지 알 방법이 없네."

"그러니까 케이스워커는 자기가 관할하는 지역의 각종 사회 자원을 전부 활용해서 가능한 많은 정보를 파악하고 있는 게 중요해. 클라이언트한테 상담 신청이 오면 가지고 있는 정보를 이용해서 각 케이스별로 어떤 사회자원이 유효한지, 어떻게 사용하면 케이스가 제일 좋은 방향으로 흘러갈지를 생각해. 그게 중요하다고. 재판소, 경찰, 의료 기관, 복지 사무소 같은 관계 기관이 전부 너의 밀정이야."

"관계 기관 전부가 케이스워커의 밀정이라……."

"그래. 학교 선생님이 오타키의 고로조고, 어린이집 보육 교사가 오마사, 시청 직원이 고부사의 구메하치라고. 너는 자신이 관할하는 지역의 구석구석까지 밀정을 배치해. 그리고 그렇게 해서 모아진 정보를 항상 냉정하게 분석하고 판단해서 활용하는 것으로 케이스를 좋은 방향으로 변화시키는 총 매니저인 거야. 그야말로 오니 헤이지. 어때 납득이 가?"

"정말이네. 오니 헤이 맞다. 나는 담당 지역의 하세가와 헤이조가 되는 거네. 오니 헤이가 안 되면 안 되겠네. 적절한 표현이네."

"잠깐만, 그렇다고 착각하면 안 돼. 업무 내용은 오니 헤이라고 해도 오니 헤이처럼 거만하게 굴면 안 된다고. 아무튼지 항상고개를 숙이고, 저자세로, 웃음을 잃지 말고. '밀정님'들이니까. 알겠어?"

"알아. 네가 생각하는 것처럼 나는 건방진 사람이 아니야. 관계 기관 밀정들하고 사이좋게 잘해 볼게. 뭐랄까 케이스워커라는 일은 나한테는 엄청나게 어렵고 스트레스도 심할 거라는 걸 알고 나니까, 지금 너무 우울해."

"그렇지. 그 기분 어떤 건지 잘 알 것 같아."

"그래도 너 만나기 전에는 카오스 속에서 느끼는 우울함이었는데, 지금은 어떤 질서 속에서 느끼는 우울함이니까 꽤 마음이 편해졌어. 고마워."

"그래? 잘됐다. 그러니까 말했잖아. 힘든 걸 구체화시켜서 편하게 만들어 준다고. 고마워해. 미인에 총명하고 사랑이 넘치는 나한테."

"이제 그만해. 지금 그런……."

"분위기 파악 못하네. 애써 분위기를 밝게 만들어 주고 있는데……."

"있잖아, 다마루. 아동 상담소에는 다양한 사람이 상담하러 오지? 그런데 학대당하는 어린이나, 부모하고 같이 못 사는 어린이나, 발달 장애를 가진 어린이의 부모나, 사회에 적응하지 못한 비행 어린이나, 모두 불쌍한 사람들뿐이네."

다마루의 얼굴에서 장난기가 사라졌다. 그리고 날카로운 눈으로 사토자키의 눈을 똑똑히 쳐다보았다.

"사토자키, '불쌍하다'는 말은 쓰는 거 아냐. 앞으로 복지의 세계에서 일한다는 사람이 '불쌍하다'는 말은 쓰면 안 돼."

"뭐, 뭐야. 불쌍하잖아."

다마루의 말이 사토자키에게는 이해가 되지 않았다.

"물론, 안됐지. 아동 상담소에 오는 사람은 전부 불쌍한 사람

뿐이야. 불쌍한 건 당연한 거야. 학대당하는 어린이도 학대하는 부모조차도. 다들 고민하고 괴로워하고 스스로는 도무지 해결이 안 돼서 도움을 청하는 거야. 불쌍하다고 동정하고 있을 상황이 아니라고."

"동정하지 말라고 하지만 동정하지 않고 할 수 있는 일이 아니잖아."

"차갑게 들릴지도 모르지만, 하나하나의 케이스에 일일이 감정을 실어서 불쌍하다고 동정하면 마음의 에너지가 금방 바닥나. 잘못하면 단 하나의 케이스도 구하지 못해. 케이스랑 같이 너 자신도 태워 버리면 끝이야. 그러면 안 되지. 네가 할 일은 동정이 아니라 공감이야."

"공감?"

"상담하러 온 사람이 어떤 환경에서 살아왔는지, 뭘 고민하고, 뭐에 가로막혔는지, 상대의 입장에 서서 마음을 느껴 보는 거야. 그래도 네 머리는 항상 차갑게, 냉정해지지 않으면 안 돼. 상대의 입장에 공감하고 상황을 충분히 이해한 상태에서 어떻게 하면 지금의 상황을 조금이라도 좋게 만들까, 뭐가 필요한가를 적절히 판단하는 거야."

"동정이 아니라 공감……."

"너 같은 타입은 클라이언트에 감정 이입을 하면 절대 안 돼. 점점 빠져들어서 허우적거리다가 너 자신이 망가져 버리니까.

네가 망가진 시점부터는 누구 하나도 도울 수 없어. 한 명이라도 많은 사람에게 도움이 되고 싶으면 케이스에 감정을 넣으면 안 돼. 절대로. 알겠어?"

"알았어. 이론상으론. 그래도 자신은 없어. 그렇게 할 수 있을지 어떨지, 많이 불안해."

"할 수 있어. 너라면. 네가 존경해 마지않는 셜록 홈즈처럼 감정을 배제하고 냉정하게 분석하는 거야. 따지기 좋아하는 네가 잘하는 거잖아."

"오니 헤이처럼 정보를 수집해서 셜록 홈즈처럼 냉정하게 분석한다고? 마음이 무겁네."

"괜찮아. 내가 언제라도 상담해 줄 테니까. 힘내."

"진짜 상담해 주는 거지? 믿는다."

"맡겨 줘."

사토자키는 무심코 손목시계를 봤다. 시계는 벌써 11시를 가리키고 있었다.

"미안. 벌써 시간이 이렇게 됐네. 늦게까지 정말 미안해. 오늘은 진짜 고마워."

"괜찮다니까. 친구잖아. 자, 여기 계산서. 계산 부탁해."

"너, 그렇게 말을 많이 하면서 많이도 먹었네."

"그야, 네가 내는 거니까. 안 먹으면 손해잖아. 다음은 닭꼬치 같은 걸로는 안 돼. 프렌치나 이탈리안 코스로 부탁해."

"알았어. 원하시는 대로. 그리고 다마루, 나 또 궁금한 게 있는데."

"뭔데?"

"오늘 아상에 갔을 때 단 걸 좋아한다고 하니까 아상에 적합하다고 하던데 왜 그래?"

"아, 그야 스트레스가 많아서 몸도 마음도 지치니까. 당 섭취가 제일 간단하고 빠르게 피로가 풀리잖아."

"뭐야, 그런 거야? 그리고 또, 내 체격이 좋은 것도 아상에 맞다고 그러던데 그건 왜 그런 거야?"

"아……. 그건 뭐, 얼마 안 가서 알게 될 거야. 금방이 될지 조금 시간이 걸릴지 모르겠지만, 그때가 오면 알게 될 테니까. 별로 신경 쓰지 마."

"야, 가르쳐 줘. 엄청 신경 쓰이잖아. 왜 체격이 좋다는 거에 그렇게 눈을 빛내면서 좋아하는 거야. 이상하잖아. 다마루, 가르쳐 달라고."

"그만하면 됐어. 처음부터 다 알면 재미없잖아. 곧 알게 될 거니까 신경 쓰지 말라고."

"엄청 신경 쓰여. 역시 넌 내가 싫어서 괴롭히고 싶은 거지? 됐어, 어차피 다음 말은 사랑, 사랑이라고 말할 거잖아. 이제 신경 안 쓸래. 대체 누가 거만하다는 거야?"

"남자가 말이 많아. 됐으니까 내일부터 잘해 봐."

"그래, 잘할 거야. 그래도 나 같은 완전 초짜가 들어가서 금방 익숙해질 수 있을지 걱정이야."

"그런 거라면 걱정할 거 없어. 아상은 사람 한 명이 아쉬운 곳인 데다가 다들 단결해서 협력하지 않으면 굴러가지 않는 직장이거든. 그러니까 다른 직장처럼 주변 사람하고 조금씩 익숙해지거나 그러지 않아. 다들 단숨에 거리를 좁혀서 빨리 동료가 돼야 하니까 신입한테는 금방 다가온다고. 깜짝 놀랄 정도로 금세 마음을 열고 친해지기도 하고, 다투기도 하고 그래."

"정말 그렇게 잘 지낼 수 있을까?"

"다들 커뮤니케이션에는 전문가들이니까 걱정 안 해도 돼. 알겠어?"

"응. 알았어. 오늘은 정말 고마워. 그럼, 잘 가."

"다음은 프렌치나 이탈리안 코스야. 잊지 마. 잘 가라."

돌아가는 길, 다마루는 사토자키가 많이 걱정되었다. 사토자키가 원래 스트레스에 강한 성격인 건 알지만 지금까지 사토자키가 한 일들과 너무나 동떨어진 세계이기 때문이다. 업무량이 많고 잔업이 이어져서 생기는 스트레스와는 전혀 다른, 어린이의 목숨이 걸린 특별한 중압감을 과연 사토자키가 견딜 수 있을지 알 수 없었다.

또한 기본적으로 다정하고 정의감 넘치는 사토자키의 성격이 발목을 잡아, 새하얀 재가 되도록 애를 태우지 않을까 신경이 쓰였다.

　사토자키는 사토자키대로 다마루 덕분에 불안의 카오스에서
는 해방되었지만, 구체적인 업무 내용을 알고 나니 생긴 불안감
때문에 괴로워하며 멍하니 차를 운전했다. 위 안에 묵직한 쇳덩
이가 들어 있는 것 같았다.

　집에 돌아온 사토자키는 주차장에서 아침에 봤던 벚꽃을 올
려다보았다. 달빛이 비친 만개한 벚꽃은 아침에 반짝이던 모습
과는 달리, 어딘가 서글프고 파리한 빛을 뿌리고 있었다. 그 모
습은 사토자키의 울적한 마음을 비춰 주는 것 같았다.

　그날 사토자키는 한숨도 못 자고 밤을 지새웠다. 지금까지의
삶에서 한 번도 겪어 본 적 없는 말로 할 수 없는 슬픔과 함께.

케이스워커로

토요일, 일요일 내내 사토자키는 "케이스에 감
정을 싣지 마!"라고 한 다마루의 충고를 마음속에 되새겼다. 자
신이 읽은 안타까운 사연들에 감정을 이입하지 않으려고 열심
히 이미지 트레이닝도 했다.

하지만 애초에 면담 자체를 해 본 적이 없는 사토자키가 실제
면담에서 클라이언트의 사연을 듣고 어떻게 괴롭고 슬픈 감정
을 컨트롤할지 알 리가 없었다.

그럼에도 불구하고 사토자키는 이미지 트레이닝이 나름대로
효과가 있을 거라고 믿고 열중했다. 사토자키의 이런 고지식함
은 좋은 점으로 작용할 수도 있지만 다마루가 말한 것처럼 사
건의 본질까지 꿰뚫어 보는 힘이 있는지에 대해서는 알 수가

없었다.

결국 사토자키는 전혀 효과도 없는, 거의 무의미하다고도 할 수 있는 이미지 트레이닝을 성실히 수행하는 데에 귀한 휴일을 모두 써 버리고 말았다. 잠도 거의 자지 않고 말이다.

다음 날, 사토자키는 멍한 눈으로 현관을 나섰다. 맞은편 둑에 피어 있던 벚꽃은 변함없이 아름다웠다. 하지만 사토자키의 눈은 연분홍으로 물들어 눈부시게 빛나는 꽃가지가 아닌 바람에 덧없이 날리는 꽃잎을 쫓고 있었다. 저항할 줄 모르고 그저 바람에 몸을 맡길 수밖에 없는 꽃잎을 보며 자신의 모습을 떠올렸다.

직장으로 향하는 게 이렇게까지 싫었던 날이 있었던가. 가기 싫다……. 내가 왜 거기서 일을 해야 하지? 그래도 가야만 한다. 가야만 해. 사토자키는 자신을 타이르듯이 마음속으로 몇 번이나 그렇게 되뇌었다.

다마루 덕분에 조금 진정이 되었지만 아동 상담소 업무가 말할 수 없이 힘들다는 사실은 변함이 없었다. 사토자키는 무거운 마음으로 출근했다.

이런 사토자키의 기분과 상관없이 그날부터 바로 신입 연수가 시작되었다. 첫날은 마에야마 차장과 하세베 과장이 자료를 바탕으로 아동 상담소에 대해 간략하게 설명해 주었다. 이튿날 화요일 오전에는 정기 원조 방침 검토 회의가 있어서 사토자키도 처음으로 참여할 수 있었다. 사토자키는 이 회의에서 이상 케이스워커의 정보 수집 능력을 똑똑히 보게 된다.

회의는 하세베 과장의 인사로 시작되었다.

"그럼 올해 첫 원조 방침 검토 회의를 시작하겠습니다. 오늘은 양호 케이스 세 건과 비행 케이스 한 건을 회의에 올리도록 하겠습니다. 잘 부탁드립니다. 그럼 미도리카와 씨가 담당하는 양호 케이스부터 설명해 줄래요?"

미도리카와 씨, 손목을 그었다는 어머니와 통화하던 사람이구나. 사토자키는 탐색하듯이 미도리카와를 바라봤다. 미도리카와의 얼굴에는 전화를 할 때 온화했던 분위기는 사라지고 없었다. 곱게 그을린 피부에 올빼미 같은 눈, 강한 의지를 보여 주는 늠름한 눈썹, 매우 짧은 검은 머리. 아주 차가운 인상이다. 탐색하듯 쳐다보는 사토자키의 시선에는 아랑곳하지 않고 미도리카와는 설명을 시작했다.

"이 케이스는 아버지, 어머니, 그리고 세 살과 다섯 살 어린이가 있는 4인 가족에 관한 케이스입니다. 주요 상담은 경제적인 빈곤에 의해 아동 시설 입소를 희망한다는 내용입니다. 경제적 빈곤의 이유는 아버지가 진 고액의 빚 때문입니다. 빚을 갚기 위해 어머니도 일을 해야 해서 아이들을 시설에 맡기고 싶어 하는 상황이고요. 담당인 저는 생활 보호 등의 사회자원 이용이나 개인 파산 같은 방법으로 지원을 받으면 아이들이 시설에 들어가지 않아도 된다고 판단하고 있습니다. 개요는 지금부터 설명하겠습니다."

미도리카와의 설명이 끝나자 주위의 케이스워커들이 일제히 질문을 쏟아 냈다. 담당 케이스워커가 얼마나 빈틈없이 조사를 했는지를 확인하듯이 세부 사항까지 질문이 이어졌다. 질문도 케이스의 직업, 수입, 빚 액수, 친척 관계, 아이의 발달 상황 등등 다양했다. 미도리카와는 그런 질문에 망설임 없이 담담하게 답해 나갔다. 조사한 내용은 상당히 꼼꼼했다. 미도리카와가 얼마나 많은 관계 기관에서 성심성의껏 정보를 수집했는지를 알 수 있었다.

사토자키는 아동 상담소에 관해 아무것도 모르는 자신이 미도리카와가 하는 통화만 듣고 실력에 의문을 가졌던 일을 떠올리자 부끄러워졌다.

미도리카와 정말 대단하네. 저렇게 자세하게 질문을 받아도 전혀 막힘이 없이 설명을 해내다니. 저 정도로 정보를 조사하려면 상당한 시간이 걸렸겠지. 아니 잠깐만, 아까 이 케이스는 이틀 전에 접수했다고 말했잖아. 그렇다는 건 단 하루 만에 조사를 끝냈다는 건가. 아, 맞다! 미도리카와는 오니 헤이다. 맞아, 분명해. 미도리카와는 다마루가 말했던 오니 헤이를 실천하고 있는 거였어. 과장님이 말했던 것처럼 엄청난 능력자인가 보다. 어린데 대단하네.

미도리카와의 실력에 감탄하는 것도 잠시, 그 뒤로 소개된 세

건의 케이스에서도 각각의 담당 케이스워커가 얼마나 훌륭하게 정보를 수집했는지 알 수 있었다. 케이스의 상황에 대한 판단이 굉장히 냉정하고 적확한 것에도 사토자키는 놀랐다.

뭐야, 다들 오니 헤이잖아. 미도리카와가 특출한 줄 알았더니 그게 아니었어. 어떤 케이스워커든지 각자 담당 지역에서 관계 기관과 긴밀히 연결되어 있구나. 밀정한테 받은 정보를 완전히 집약해서 명확하게 상황 판단까지 하고 있다. 다마루가 말한 케이스워커 일의 진수는 이걸 말하는 거구나.

그렇다고 해도 이상하네⋯⋯. 왜 다들 살벌한 내용을 저렇게 냉정하고 느긋하게 말하지. 다 불쌍한 이야기뿐인데. 아차, 다마루가 말했었지. 불쌍하다고 하면 안 된다고. 잠깐만⋯⋯. 아! 이 사람들은 불쌍하다는 의식을 초월했구나. 담당한 케이스에 필요한 게 뭔지에만 의식을 집중하고 있는 걸 테지. 클라이언트에게 공감해서 케이스 전체를 보고 자신이 해야 할 최선이 무엇인지를 냉정하고 침착하게 생각하니까 저렇게 평온해 보이는 거구나.

단순히 기술을 가진 프로가 하는 일이 아니다. 뜨거운 마음이 있다. 원조를 요청하는 사람에게 진심으로 도움이 되고 싶다고 순수하게 생각하니까, 마음에 거짓이 없으니까, 처음에 만났을 때 그렇게 구김살 없이 환한 웃음을 자연스럽게 지을 수 있던 거구나. 그렇다고 한다면 무서울 정도로 강한 마음을 가진 사람들일지도…….

아상의 케이스워커들 대단하네. 이 사람들은 진심으로 어린이를 좋아하는구나!

사토자키는 아동 상담소 직원들의 흔들림 없는 강한 정신에 감동을 받았다. 숙련된 기술에 뜨거운 마음까지 갖춘 장인 집단인 것이다. 그중에서 단 한 명, 손쓸 수 없을 정도로 미숙한 자신이 섞여 있는 것에 엄청난 열등감을 느꼈다.

나도 이렇게 할 수 있어야 한다는 건가……. 할 수 있을까? 해야만 해. 공무원이니까. 그리고 내가 여기에 있으니까.

그날 오후, 시간이 빈 사토자키는 며칠 전부터 샅샅이 훑어보고 있던 학대 케이스 파일에서 공통적으로 느낀 의문점을 해결하고자 하세베 과장을 찾았다.

"저, 과장님! 지금 시간 괜찮으세요?"

"어머, 사토자키 씨 무슨 일이야?"

"요전에 받은 학대 케이스 파일에서 좀 이해가 안 가는 게 있어서요. 가르쳐 주시겠어요?"

"응, 좋아요. 어떤 거?"

"저, 제가 받은 학대 케이스는 전부 어린이가 아동 양호 시설에 들어가지 않으면 위험할 것 같은데요……. 대체 왜 일시 보호를 했던 어린이도 집으로 돌려보내나요? 무슨 일이 생기면 아동 상담소 책임 아닌가요?"

"사토자키 씨, 삼와현에서만 연간 몇 건의 신규 학대 케이스를 접수한다고 생각해요?"

"글쎄요, 신규 학대니까 50건 정도?"

"작년에는 800건 조금 넘었지."

"800건이요? 겨우 1년 동안에요? 요즘 부모들은 무슨 생각인 거죠? 그렇게 학대가 많다니, 대체 왜 그렇게 늘어난 거예요?"

"그러게요. 그러니까 학대 신고를 받은 어린이들을 전부 아동 양호 시설에 넣으면 시설이 얼마가 있어도 모자라지. 학대 케이스로 시설 입소를 하는 건 정말 일부의 케이스뿐이라고. 거의 대부분은 지역 사회로 돌아가서 가정에서 계속 생활하죠."

사토자키는 이해할 수가 없었다. 하지만 시설의 수가 압도적으로 부족하다는 현실적인 문제가 있다. 사토자키의 눈앞에 불합리로 꽉 찬 황야가 펼쳐져 있는 것 같았다.

"그래도 위험하지 않을까요? 이대로 집으로 돌려보내면. 아이를 때리는 부모가 있는 곳으로 돌려보내는 거잖아요?"

"맞아, 무섭지. 무슨 일이 있으면 책임도 져야 하고. 그래서 어린이를 일시 보호하고 있는 동안에 부모와 아이의 관계를 재구축해서 때리지 않고도 할 수 있는 육아를 배우게 하거나, 지역에 있는 관계 기관에 가정 방문을 받도록 하거나, 이상의 지도에 따르도록 하지. 그게 되고 나서야 재택 지도로 바꿀 수 있거든."

"뭔가 불안하네요……."

"그러니까 아상도 정기적으로 가정 방문을 하고, 어린이들을 돌려보내기 전에는 관계 기관이 모여서 충분히 정보를 공유해서 학대 예방을 위한 네트워크를 구축하는 거죠."

"네트워크요……?"

"응. 지역에 있는 학교나 유치원, 어린이집, 동사무소 복지과, 주임 아동 위원, 민생 위원, 이런 여러 사회자원을 풀가동해서 체제를 구축하고 매일 지켜보는 거야. 조금이라도 이변이 있으면 금방 관계 기관에서 아상으로 연락할 테니까, 그 경우에는 신속하게 대응해야지. 이해가 됐어요?"

"그렇다는 건, 정말 심각한 학대 케이스인 경우에만 어린이를 시설에 넣으니까 거꾸로 안심할 수 있는 건가요?"

"뭐, 그렇게 볼 수도 있지만 심각한 학대를 당한 어린이는 시설에 입소한 후에도 멘탈 케어가 필요하거나 꽤 여러 가지로 걱정되는 게 많지."

"그렇군요. 어느 쪽이든 일단 학대 케이스를 접수하면 엄청난 시간과 에너지가 필요하다는 거지요?"

"그렇지. 학대 케이스는 3년이든 4년이든 계속 관리해야 하는 거니까."

"그렇게 오랫동안이요?"

"그럼, 10년 이상 관리하고 있는 케이스도 여러 건 된다고. 어쨌거나 천천히 시간을 들여서 관리하지 않으면 어지간해서는 개선이 잘 안 되기도 하고. 뭐라고 해도 어린이들의 생명이 걸린 일이니까 지속해야지."

"학대를 하는 부모한테서 아이만 보호하면 되는 줄 알았는데, 부모를 지도하는 일이 아동 상담소의 주요한 업무였군요. 부모한테서 아이를 억지로 데려간 뒤에는 그 부모와 관계를 개선하는 건 불가능에 가까울 것 같은데요……."

"그건 그렇지. 그래도 초반에 혼란스러운 상태를 넘어서면 의외로 잘 해결되는 경우가 많거든. 물론 마지막까지 지도에 전혀 응하지 않는 부모도 있는데, 그런 경우는 재판소로 오시라고 얘기하는 수밖에 없지. 일본도 미국처럼 아상은 어린이를 보호하기만 하고 재판소에서 어린이의 뒷일을 결정해 주면 편할 텐데 말이야. 부모와 관계를 다시 만들어 가는 일은 천천히 배우도록 해요."

"네……. 뭐랄까 정말 힘든 일이네요."

"괜찮아. 사토자키 씨라면 금방 잘할 수 있게 될 거예요."

"전혀 설득력이 없는데요, 과장님."

"어머, 그래? 호호호호호호. 아, 맞다, 맞다. 통신 교육 공부는 잘되고 있어요?"

"말 돌리시네요."

"그, 그런 거 아니에요. 호호호호호."

"어째서 이렇게 학대가 늘어나는 거죠?"

"음, 뭐, 그런 어려운 이론이랄까 철학에 대한 설명은 시마 계장 담당이니까 이따가 물어보지 그래요? 시마 계장은 엄청 부끄러움을 잘 타서 말만 듣고 있으면 냉담해 보일지는 몰라도 사실은 우리 중에 제일 뜨겁고 다정한 사람이니까 참고해요."

"네, 알겠습니다."

아무리 경험이 없는 사토자키라고 해도, 아이를 일시 보호할 정도의 케이스라면 학대 가해자인 부모와 관계를 개선하긴 어려울 거라는 걸 쉽게 예상할 수 있었다. 하지만 하세베 과장의 밝은 표정을 보고 있으면 그런 난관을 극복하는 데 야상이 뭔가 특별한 노하우를 가지고 있을 거라는 생각이 들었다.

그건 그렇다 치고, 강제로 아이를 일시 보호한 후에 혼란한 상황을 극복하고 나서 아이 부모를 어떻게 지도해야 아이를 돌려보낼 수 있는 걸까? 도무지 상상이 되지 않지만 조만간 방법을 가르쳐 주겠지. 지금 내가 생각한다고 알 수 있는 게 아니기도 하고.

그것보다 시마 계장님한테 학대가 왜 이렇게 늘어났는지 물어보는 게 먼저인가?

사토자키는 어떻게든 배워 보려고 열심이었다.

"시마 계장님! 여쭤보고 싶은 게 있는데요. 시간 괜찮으세요?"

"뭐야, 딱딱하게. 뭐가 알고 싶은데 그래?"

"네, 어째서 일본에 이렇게 학대하는 부모가 늘어난 겁니까?"

"엄청나게 막연하고도 어려운 질문이구먼."

"죄송합니다. 역시 이런 질문은 안 되겠죠……?"

"안 된다고는 안 했는데. 뭐 지금부터 하는 말은 어디까지나 그저 내 생각이지만. 한마디로 말하자면 고양이 인간이 늘어나서 라고나 할까."

"고양이 인간……이요?"

"그래, 고양이 인간."

"조금 더 이해할 수 있게 설명해 주세요."

"그렇지. 뇌 이야기를 조금 곁들이도록 하지. 뇌는 간단하게 말하자면 딸기가 들어있는 찹쌀떡 같은 거야."

"딸기가 든 찹쌀떡 말씀하시는 거예요?"

"그래. 그 찹쌀떡이 딸기, 단팥, 떡의 세 층으로 돼 있는 것처럼 뇌도 세 층으로 돼 있거든. 가장 안쪽에 있는 딸기 부분이 성행위 같은 본능적인 부분을 관장하는 뇌, 두 번째 층인 단팥 부분이 희노애락 같은 감정을 관장하는 뇌, 그리고 세 번째 층인 얇은 떡 부분이 인간을 인간답게 만들어 주는 이성을 관장하는 뇌."

"그렇군요. 딸기 찹쌀떡을 뇌에 비유한 거네요.."

"첫 번째 뇌는 오로지 섹스뿐이니까, 말하자면 뱀의 뇌. 두 번째는 감정까지니까 고양이의 뇌. 그리고 세 번째가 바로 본능과 감정을 컨트롤할 수 있는 이성의 뇌, 즉 인간의 뇌."

"세 층이 함께 있어야 인간다워진다고 할 수 있겠네요."

"그렇지. 그런데 요즘 일본 사람들은 고양이 뇌까지밖에 없는

'고양이 인간'이 늘어서 문제거든. 겉보기엔 인간이지만 뇌는 인간 수준에 못 미치는 거지. 요즘 화를 참지 못하는 사람이 자주 보이는데, 이런 사람도 고양이 인간이지. 개중에는 섹스만 생각하는 뱀 인간도 있지만. 그래도 뱀 인간은 오히려 나은 편일지도 몰라."

"어, 어째서 그런가요?"

"섹스만 생각하니까 아이가 생기기도 하지만 주위에 있는 사람들도 뱀 인간이 아이를 기를 수 있다고는 전혀 생각하지 않거든. 그러니까 아이가 태어나면 긴급 사태로 판단해서 금방 행정과 연결해 줄 거라고. 행정이 개입해서 아이를 무사히 보호하는 경우가 많으니까."

"리스크가 너무 명확해서 체크하기 쉽다는 거네요."

"그런데 고양이 인간은 언뜻 보면 인간 같은 생활을 하니까 주위 주민들도 신경 쓰지 않는 경우가 많아. 하지만 인간이라고 하기에 너무나 미숙하고 이성이 부족한 만큼 자신의 감정을 억누르지 못해서 금방 화를 내지. 이런 고양이 인간 부부는 정말 난감하다고."

"골치 아픈 경우네요……."

"걸핏하면 부부 싸움을 하고 감정을 있는 대로 드러내고 아내는 울부짖고 남편은 소리치고, 흥분하면 어느 쪽이 폭력을 휘두르거나 아니면 서로 때리면서 싸우고, 어쩔 수 없는 정서 불안

부부라고 할 수 있지."

"듣고 있는 것만으로 우울해지네요……."

"그런데도 첫 번째 층의 뇌도 가지고 있으니까 그렇게 싸워 놓고도 아무렇지도 않게 섹스를 하지. 뭐 감정이 컨트롤 안 되는 사람들이니까 섹스가 둘이 이어져 있다는 걸 확인하는 유일한 도구인 거겠지. 정신적인 연결은 애초부터 파탄 났을 테니 살과 살을 부딪치면서 따뜻함을 느끼는 것만이 둘이 이어져 있다는 걸 느낄 수 있는 방법인 거야."

"인간으로서 애달프다고 해야 하나, 쓸쓸하다고 해야 할 지……."

"그런 고양이 인간 부부도 아이만 없으면 자기들 마음대로 하고 살라고 해도 되지만 곤란하게도 아닌 경우가 많아. 실제 고양이는 1년에 한 번밖에 발정기가 없는 반면에 고양이 인간은 1년 내내 발정기니까 끔찍해. 생활 수준도 생각하지 않고 아이를 만들기도 하고, 아이가 생기면 남편이 변할지도 모른다거나 부부 관계가 좋아질지도 모른다는 아내의 무책임한 발상으로 아이를 만들거나 하니까 어찌할 도리가 없어."

"그래도 예부터 아이는 부부의 연결 고리라는 말도 있으니, 아내 분이 왜 그렇게 생각하는지 알 것 같은데요."

"생각해 봐. 어른 둘이서 감정을 있는 대로 드러내고 싸우는 정서가 불안한 가정이야. 그런 집에 아이라는 존재가 생긴다면 어떨까. 아이는 혼자서 아무것도 할 수 없고 육아는 만만한 게 아니니, 아이 없이도 정신적 여유가 없는 고양이 인간 부부의 스트레스는 적어지기는커녕 당연히 극도로 많아지겠지. 안 그래?"

"그, 그렇네요. 연결 고리라고 말할 상황이 아니네요……."

"고양이 인간 가정에서 자란 아이는 불쌍하다고밖에 할 말이 없어. 어머니는 항상 울부짖고 아버지는 화를 내고, 끝없는 폭력 장면을 보면서 자라는 거잖아. 이런 부모 아래에서 자란 아이는 더 말할 것도 없이 정서가 불안정할 가능성이 높겠지. 완전한 정서 학대 상태니까."

"그런 것도 정서 학대인 거군요."

"그런 상황이 점점 심해지면 차마 눈 뜨고 볼 수 없는 상태가 되지. 부모가 싸우고 있을 때 아이가 말을 걸거나 하면 큰 소리로 '닥쳐!'라고 소리 지르고는 때리거나 밟거나 하는 신체 학대로 이어질 수도 있지."

"정서 학대에다가 신체 학대도 추가된다는 거네요……."

"그런 환경에서 자란 어린이는 자존감이 낮고 자신도 없고 항상 벌벌 떨면서 주위의 눈치만 살피지. 그러면서 한편으로는 감정을 주체하지 못하니까 한번 화를 내면 수습이 안 돼. 그리고 그 어린이가 어른 고양이 인간으로 자라서 또 고양이 인간을 만드는 거지. 사슬이 이어져 가는 거야."

사토자키는 암담해졌다.

시마 계장이 조용히 말을 이어 갔다.

"감정을 주체 못 하는 고양이 인간은 아이를 가질 자격이 없다고 생각하지? 하지만 이런 부모 자신도 고양이 인간한테 길러져서 결과적으로 고양이 인간이 된 거니까 이 사람들 탓만 하는 건 가혹해. 이성이 있는 인간에게 애정을 받고 자라지 못했는데 적절한 양육 방법을 알 리가 없잖아."

차가운 말투로 이야기하는 시마 계장의 눈에는 뭐라 말할 수 없는 슬픔이 비치고 있었다.

이 사람, 지금 너무나 괴로워하고 있구나. 마음이 울고 있구나. 사토자키는 그렇게 생각했다.

"사슬은 어지간해서는 끊어지지 않는다는 거군요……."

"고양이 인간이 키워 어른으로 자란 사람의 세 번째 뇌를 성장시키는 건 쉬운 일이 아니야. 하지만 적어도 우리가 관여하는 한, 고양이 인간 사슬을 절단하려는 노력을 해야 하는 거지. 사슬을 끊고 싶지?"

"그런데 어째서 그렇게 고양이 인간이 늘어난 걸까요? 거꾸로 어떻게 하면 인간으로서 세 번째 뇌가 발달한 어린이로 키울 수 있는 건가요?"

"세 번째 뇌를 만드는 건 사실 간단해. 만 세 살 정도까지 평소에 그림책을 읽어 주고 옛날이야기를 들려주면 그걸로 된다고."

"그렇게 간단한 방법으로……."

"세 번째 뇌는 인간을 인간답게 하는 뇌. 말을 이해하고 말로 여러 가지 이미지를 키우는 힘을 기르면서 세 번째 뇌가 만들어지고 성장해 가는 거야. 인간은 유일하게 언어를 가진 존재야. 말을 통한 커뮤니케이션으로 복잡한 사회를 유지하고 있다고 할 수 있지. 말로 다양한 상황을 그리거나, 감정의 미묘한 차이를 알아챌 수 있게 되는 데는 책을 읽어 주는 게 가장 효과적인 방법이거든."

"그 방법은 어느 가정에서든지 하고 있을 것 같은데요."

"그런데 요즘은 어릴 때부터 텔레비전이나 스마트폰, 게임기 같은 시각적 자극을 접할 수 있는 영상 매체가 너무 많아져서 말로 무언가를 그려 내는 능력이 극단적으로 떨어져 버렸지. 부모도 그게 편하니까 아이한테 그런 걸 계속 보여 주잖아. 그러니까 세 번째 뇌가 충분히 자라지 못하는 거야."

"바쁜 부모가 늘었으니까요."

"일본이 전쟁에 패하고 고도 경제 성장기가 올 때까지 가정은 기본적으로는 대가족이었지. 두 세대, 세 세대가 같이 살았잖아. 당연히 할아버지나 할머니가 아이한테 그림책을 읽어 주거나 이야기를 들려주거나 하는 장면이 일상이었으니까 자연히 세 번째 뇌가 발달한 거지."

"지금은 핵가족화 되었으니까……."

"미숙한 부모가 아이를 때리면 부모를 혼내는 조부모가 곁에 있었지. 그래서 큰일이 벌어지는 일이 적었고. 그런데 고도 경제 성장으로 일본 전체가 황금만능주의에 빠져서 계속해서 돈을 벌고 또 소비하는 게 미덕인 것처럼 생각하는 일그러진 사회가 됐잖아. 아버지는 가정을 돌보지 않고 일을 하고, 어머니는 혼자 가사와 육아를 하니까 책을 읽어 줄 여건이 도무지 안 되는 거지."

"전업주부면 집안일과 육아는 혼자 하는 게 당연하다는 풍조가 사회에 뿌리 깊게 박혀 있으니까요."

"거기다가 아까 사토자키 씨가 말한 것처럼 핵가족화가 되어서 어머니 대신 책을 읽어 줄 조부모가 같이 사는 것도 아니고. 그런 상황에서 자란 어린이가 어른이 되어서 더욱 핵가족화가 진행되었고 결국에는 지역 사회도 붕괴되고 이웃집 사람의 얼굴도 모르는 사회가 되고 말았으니까."

"저도 아파트에 혼자 사니까 옆집에 어떤 사람이 사는지 솔직히 잘 몰라요. 하물며 지역 사회와의 연결 같은 건 요즘은 생각해 본 적도 없네요."

"그 결과 일본인은 육아에 제대로 시간을 들이지 않게 되었지. 직접 책을 읽어 주지 않고 텔레비전이나 스마트폰한테 그 역할을 대신 맡기니까 세 번째 뇌가 충분히 자라지 않은 어린이가 늘어난 거고. 그게 고양이 인간이 많아진 가장 큰 이유라고 생각해."

"뭐라고 할까, 누가 나쁘다고 할 수는 없지만 모두가 나쁜 방향으로 흘러가는 느낌이네요."

"음, 처음에 말한 것처럼 이건 내 개인적인 의견이니까 결코
정답이라고 할 수 없어. 아동 상담소의 견해라고 할 수도 없고.
그동안 심각한 학대를 많이 봤더니 어째서 이렇게 된 걸까 하는
생각을 하게 되더라고. 그러다 쓸데없는 푸념까지 못 참고 말해
버리는 게 내 나쁜 버릇이라."

"그래도 납득할 만한 말이에요……. 뿌리가 깊네요."

"그렇지. 핵가족화를 멈추는 건 어려우니까 지역 사회를 재생
할 필요가 있다고 생각해. 고양이 인간이 자기들끼리 미숙한 육
아를 하지 않게, 지역 교류를 늘려서 이성적인 육아를 접할 기회
가 많아지도록 하는 게 중요하지."

"할아버지, 할머니를 대신해서 지역 사회가 그 역할을 한다는
거네요."

"고양이 인간이, 자신들이 하고 있는 게 얼마나 미숙하고 부적
절한 건지 알아챌 수 있게 만드는 환경이 좋지. 아동 상담소가
하고 있는 학대 케이스 가정 재통합이나 재택 지원이 바로 그런
거야. 케이스 컨퍼런스를 통해서 지역 사회나 관계 기관에 미숙
한 학대 가정의 존재를 알리고 지역 전체가 지원해서 교류하게
해서 점차 건전한 가정으로 바뀌 가는 거지."

"정말 어려운 일이네요."

"그러게. 그래도 힘든 만큼 일이 잘 해결되면 특별한 기쁨을

느낄 수 있어. 사토자키 씨도 열심히 해서 빨리 그 기분을 느껴 보도록."

"네, 열심히 하겠습니다. 시마 계장님, 여러모로 가르쳐 주셔서 감사합니다."

그동안 지역 사회와 교류를 한다는 건 사토자키에게는 아주 귀찮은 일이었다. 어디의 누구인지도 모르는 사람들과 왜 일부러 관계를 맺어야 하나 하는 생각이 계속 마음속에 있었다. 하지만 그 귀찮은 존재가 사실은 매우 소중한 존재였음을 시마 계장이 깨우쳐 준 것 같았다.

사토자키는 자리에 돌아가서 시마 계장의 이야기를 떠올리며 케이스 파일을 봤다. 서류에 있는 문자 너머로 가족의 괴로움이 떠올랐다.

"사토자키 씨, 시마 계장님하고 이야기했어?"

작게 움츠러져 있던 사토자키의 어깨를 하세베 과장의 밝은 목소리가 두드렸다.

"아, 과장님. 네, 여러 가지를 배우고 왔습니다."

"그래. 꽤 냉담하고 날카로운 이야기였죠? 그래도 있잖아, 아까도 말했지만 냉담한 말투랑은 정반대로 촌스러울 정도로 뜨거운 사람이라니까. 정말로 사람을 좋아한다고. 그러니까 지금의 일본 사회 현상에 대해서도 다른 사람들보다 갑절이나 초조함을 느끼는 거지. 그런 초조함 때문에 그만 거친 말이 나오는 거라고."

"확실히, 꽤 신랄하시던데요."

사토자키는 복잡한 웃음을 띠었다.

"그래도 속은 뜨거운 휴머니스트라는 걸 다들 잘 알고 있으니까 시마 계장님을 신뢰하지. 말하자면 부끄럼쟁이인 거야. 알아 둬요."

"물론, 잘 알고 있어요."

"실제로 어떤 원인으로 학대가 늘어난 건지 정해진 답이 있는 건 아니거든. 뭐든지 금방 답을 알고 싶어 하는 사토자키 씨가 머릿속에 그리기 쉽게 하나의 가설을 소개한 거라고 생각하니까 그것도 알아 두고요."

"네, 시마 계장님도 과장님하고 똑같이 말씀하셨어요."

"그래, 그렇다면 됐어요. 아무튼 사토자키 씨, 할 수 있는 만큼만 천천히 하도록 해요."

"네, 그렇게 할게요."

사토자키는 마음속으로 깊은 한숨을 쉬었다. 학대가 늘어나는 건 일본의 사회 구조에 주된 이유가 있다는 생각이 들었기 때문이다. 일본에서 일반화 된 가족의 형태나 사회 구조가 원인인 이상 문제의 뿌리가 깊고 사회 전체가 의식을 크게 바꾸지 않는 한 개선이 쉽지 않을 터였다. 학대는 말하자면 현대 사회의 축소판인 것이다. 여기까지 알고 나니 학대가 앞으로도 계속 늘어날 거라는 건 사토자키도 예상할 수 있었다. 동시에 아동 상담소가 어떤 노하우를 가지고 학대 케이스에 대응하고 있는지에 대해 더욱 관심이 생겼다.

사토자키는 그런 스스로를 보고 많이 놀랐다. 그렇게 겁내고 소극적이었던 자신이 아동 상담소의 업무와 조금씩 마주하려고 하고 있었다. 그것은 아동 상담소에서 일하는 직원들의 깊고 강한 정신력을 보고 마음이 흔들린 결과임에 틀림없었다. 여러 혼란을 넘어서서 웃는 얼굴을 한 오니 헤이와 동료들을 있는 그대로 존경하고, 자신도 그들과 가까워지고 싶다는 생각이 사토자키의 마음에 싹트기 시작했다.

드디어 사토자키도 스스로 아상 케이스워커의 길을 걷기 시작한 것이다.

작은 손바닥을
위해

다음 날 사토자키는 하세베 과장의 안내로 아동 양호 시설과 유아원을 견학했다. 그곳은 사토자키가 담당할 대사제 아동 양호 시설인 '푸른잎원'이었다.

아동 상담소에서는 담당 지구와는 별도로 아동 양호 시설 등의 아동 복지 시설에도 담당이 정해져 있어서 시설과 연계하며 입소 아동의 케어를 시행한다. 아동 양호 시설은 크게 대사제와 소사제로 나뉜다. 대사제는 서른여덟 명에서 백 명이 하나의 건물 안에서 생활하는 곳이고, 소사제는 같은 부지 안에 몇 개의 독채가 여기저기 흩어져 있어 비교적 일반 가정에 가까운 생활을 하는 곳이다.

'푸른잎원'에는 백 명이 넘는 어린이들이 생활하고 있었다. 천근 콘크리트로 되어 있는 건물 외관은 작은 학교와 비슷한 느낌을 주었다. 튼튼한 문기둥에는 커다랗고 짙은 녹색 대문이 걸려 있고, 문을 통과하니 오른쪽에 넓은 정원이 펼쳐져 있었다. 어린아이도 있는지 정원에는 모래사장과 시소 등의 놀이기구가 놀아 줄 상대를 쓸쓸하게 기다리고 있었다.

건물의 1층은 커다란 둥근 지붕과 기둥만으로 이루어진 공간으로, 그곳에는 빨래를 너는 장대가 비좁게 늘어서 있고 어린이들의 빨래가 바람에 흩날리고 있었다. 평일 낮 시간, 어린이들이 학교에 간 후의 아동 양호 시설은 아주 조용했다.

시설 내부도 작은 학교의 모습과 닮아 있었다. 유일하게 다른 것은 교실이 거실이라는 점이었다. 다다미 여섯 장 크기의 방이 여러 개 만들어져 있고, 각각의 방은 두 명에서 네 명이 생활하고 있었다. 만 2세부터 취학 전까지의 어린아이들은 큰 방에서 같이 생활하고 있다. 당연히 어린이의 성장에 따라 방을 함께 쓰는 인원은 줄어든다. 그렇다고 하더라도 그 생활이 편하지 않을 거라는 건 쉽게 짐작할 수 있었다.

"과장님, 1인실은 없나요?"

"없지. 최소 2인실이야."

"사춘기가 돼도요?"

"응⋯⋯. 사토자키 씨가 무슨 말을 하고 싶은지는 알겠어요. 하지만 이게 현실이야. 그러니까 시설 입소는 정말 마지막 수단인 거지. 우리가 될 수 있는 한 어린이들이 집에서 생활하도록 지원하려고 하는 이유를 알겠죠? 물론 시설 직원 분들은 굉장히 애쓰고 계시지. 그래도 한계가 있잖아. 생활 공간이 절대적으로 부족하니까."

"혼자 있을 수 없는 거네요."

"……."

마음껏 먹지도 못하고 제대로 씻지도 못하고 급기야 부모한 테 죽을 정도로 맞다가 목숨이 겨우 붙어 있는 상태에서 아상에 구조된 후 도착한 곳이 여기인가……. 초등학생이나 중학생이 면 이미 학교에서 집단생활을 하는데, 집에 돌아가면 마음 편히 쉬고 싶을 텐데……. 집에 돌아와도 프라이버시라고는 눈 씻고 찾아볼 수도 없는 단체 생활이라니. 사춘기가 되면 혼자 있고 싶 은 시간도 많을 텐데. 더구나 남자아이라면 성적 욕구도 왕성해 질 거고, 이 상태라면 마스터베이션도 변변히 할 수 없다. 어떻 게 사춘기 아이의 욕구 불만을 해소할 수 있단 말인가.

언제나 남의 시선을 느끼면서 생활해야 하다니 숨이 막힐 것 같다. 나는 부모한테 맞은 적도 없고, 배가 고파서 먹을 것을 찾 아다닌 적도 없다. 책상도, 내 방도 있었고, 졸리면 자고 일어나 고 싶으면 일어나고, 텔레비전이 보고 싶으면 내 방에서 보고 싶 은 만큼 실컷 볼 수 있었다. 그런 걸 당연하다고 생각했는데 이 어린이들은 무엇 하나 당연한 게 없다. 왜 이렇게 불쌍한 아이들을 만들고 만 건가! 무책임하게 아이를 만들지 말라고! 망할 명청한 놈들!

사토자키는 여기서 생활하는 어린이들이 너무나 가련하고 불쌍하게 느껴졌다.

그때 사토자키의 머릿속에 신의 목소리가 들려왔다.

'불쌍하다고 하지 마!'

다마루의 목소리였다. 사토자키는 정신이 들었다. 가련한 어린이들을 안타깝게 여겨서 불합리한 부모를 향해 분노를 터뜨리고 있을 뿐, 케이스워커로서 아무것도 하려고 하지 않은 자신을 알아채고 부끄러움을 느꼈다.

그래, '불쌍하다'는 생각만 하면 안 돼. 다마루한테 또 혼날 거야. 어린이들의 마음에 공감해서, 이 어린이들이 원하는 걸 조금이라도 전할 수 있게 뭐라도 해야지. 지금보다 조금이라도 생활이 편해질 수 있게 해야지.

적어도 사춘기 남자애들이 마음 놓고 마스터베이션을 할 수 있게 1인실을 쓸 수 있도록 해 달라고 하자. 사춘기의 뜨거운 욕구를 겪어 본 한 명의 남자로서, 우선 이 점을 개선하고 싶었다. 조금 엉뚱할 수도 있는 생각이지만 중요한 일인 것도 사실이다.

사토자키는 아동 양호 시설을 개선하고 싶다고 생각하며 '푸른잎원'을 뒤로 했다.

"과장님, 사춘기 남자아이가 마음 놓고 마스터베이션을 할 수

있도록 중학생 이상은 1인실로 해 주시면 안 될까요. 제대로 성
충동을 컨트롤할 수 있게요. 그리고 삼와시의 보건소에 부탁해
서 성교육도 하는 게 좋을 것 같아요."

"오호, 역시 사토자키 씨는 남자니까 그런 점을 집어내네. 하
지만 중요한 점이긴 하죠. 알겠어요. 다시 원장님하고 이야기할
기회를 만들어 볼게요."

"정말이요? 감사합니다. 방을 늘리기 어려우면 파티션이라도
하면 좋을 것 같아요. 어쨌든 혼자 있을 수 있는 장소를 만들어
주고 싶어요."

"네, 알겠어요. 아, 저기 보인다. 사토자키 씨, 저게 유아원. 귀
여운 건물이죠?"

"정말이네요. 입구가 토끼 얼굴이에요."

행정 기관에서 만든 건물치고는 배려가 엿보여 조금은 마음
이 놓인다고 사토자키는 생각했다.

"그럼 도착했으니까 들어가 볼까요?"

안으로 들어가니 아기들의 힘찬 울음소리가 울려 퍼지고 있
었다. 유아원의 정원은 약 마흔 명으로, 만 2세까지의 어린이를
양육하고 있다. 태어난 지 얼마 지나지 않은 아기들도 많아서,
원내에 빽빽하게 늘어서 있는 아기용 침대에 순수한 생명들이
웃는 얼굴로 뒹굴고 있었다.

"이렇게 많은 아기를 한꺼번에 보는 건 처음이에요. 다들 귀엽

네요! 게다가 엄청나게 기운이 넘치고. 커다란 목소리로 울고, 웃고. 이 아이들은 왜 유아원에 맡겨진 거죠?"

"여러 이유가 있는데. 예를 들면, 부모가 출산 후에 형무소에 들어갔다거나, 부모가 고등학생이라서 키울 수 없다거나, 부모가 빚 때문에 키울 수 없다거나, 육아 노이로제에 걸린 부모한테 죽을 뻔했다거나, 그리고 다음은 버려진 아이들."

방금 전까지 아기를 보고 그저 귀엽다고만 생각했던 사토자키의 마음이 달라졌다.

"그럼, 이 아이들은 이제 부모와 만날 수 없다는 건가요?"

"다들 그렇다고는 할 수 없지만, 못 만나는 아이가 많겠지."

"태어난 순간부터 병원을 퇴원할 때까지 몇 번 안겨 본 게 다라는 건가요?"

"그런 셈이지……."

유아원은 아기들이 많아 언뜻 보면 따뜻한 곳으로 보인다. 침대가 늘어서 있는 모습이 어딘가 병원의 신생아실과도 닮아 있어서, 보는 사람을 행복하게 만들어 준다. 하지만 결정적으로 다른 점이 있다. 병원의 신생아실에 누워 있는 아기는 탄생을 축복받고, 어머니와 아버지, 가족, 친척의 애정을 한 몸에 받고 성장한다. 어머니의 따뜻한 가슴에 안겨 배가 가득 찰 때까지 젖을 먹고, 웃으면 어머니도 아버지도 웃어 준다. 매일매일 애정을 듬뿍 받고 커 간다.

한편, 유아원의 아기들 대부분은 병원에서 퇴원하면 다시는 부모에게 안길 일도 어머니의 가슴에 안겨 젖을 먹을 수도 없다. 그저 네모난 침대에 누워 자신이 안길 순서를 기다린다. 하지만 한참 기다린 끝에 자신을 안아 주는 건 부모가 아니라 보육사이다. 침대에서 아무리 웃어도 누군가 알아봐 주는 일이 적은 것 또한 현실이다.

동등하게 태어났지만 아기마다 이렇게까지 앞날이 다른 것이다. 사토자키는 가혹한 현실에 몸이 떨릴 정도로 분노를 느꼈다.

"과장님, 어째서 이렇게 귀여운 아이를 키우려고 하지 않는 걸까요? 아이 어머니도 힘들게 낳았을 거 아닙니까? 왜 이 아이는 부모에게서 떨어져 여기 있어야 하나요?"

"……."

"이 아이들은 이제 어떻게 되는 건가요?"

"흠, 운이 좋으면 수양부모라는 새로운 가족에게 맡겨지지. 하지만 대부분의 아이는 만 2세가 되면 아동 양호 시설로 옮겨가."

"부모의 얼굴도 모르고, 부모에게 안기지도 못하고, 만 2세가 되면 그 다음은 아동 양호 시설에서 사생활도 없이 집단생활하는 건가요? 이 아이들이 대체 무슨 나쁜 짓을 했다고 이럽니까? 부모의 애정을 듬뿍 받고 자라는 아이들과 뭐가 다르다는 거예요?"

"물론 하나도 다르지 않지……."

"이 아이들도 다른 아기들처럼 좁고 어두운 산도를 자신의 머리를 길쭉하게 변형해 가면서 목숨 걸고 빠져나온 거잖아요! 그런데 어머니의 얼굴도 모르고 젖을 빠는 것도 못 하고. 어째서 그런 가혹한 운명을 지고 가야 하는 거죠?"

사토자키는 눈물샘을 눌러 흘러나오려는 눈물을 억누르려 애썼다. 겨우 눈물을 삼키고 무심코 눈앞의 침대로 눈을 돌리자 아기의 동그란 눈동자가 사토자키의 얼굴을 바라보며 웃고 있었다. 이 아이는 사실 자신의 부모가 이 웃는 얼굴을 봐 주길 바라겠지? 이런 생각을 하니 갑자기 이 아이가 너무나도 가여워졌다. 사토자키는 살며시 아기에게 손을 뻗었다. 그 손이 아기의 볼에 닿으려 하는 순간, 작은 손이 사토자키의 오른손 새끼손가락을 느닷없이 꼬옥 움켜쥐었다.

그건 생각지도 못한 강하고 단단한 힘이었다. 태어난 지 얼마되지 않은 작은 생명의 강한 박동과 핏줄기의 따스함이 작은 손바닥을 통해 사토자키의 새끼손가락에 저릿저릿 전해져 왔다. 근심 없이 웃는 얼굴이 사토자키의 마음을 더욱 으스러뜨리고, 갈기갈기 찢고, 부쉈다.

이 아이는 오로지 자신의 생명을 지키고만 있었다. 이 작은 몸전부를 써서 내일로 생명을 이어 가려 하고 있다. 얼마나 가혹한 운명이 기다리고 있는지는 알지도 못하니 두려워할 수조차 없다.

사토자키는 가슴속 깊은 곳에서부터 거대하고 뜨거운 물결 같은 것이 북받쳐 오르는 것을 느꼈다. 결국 사토자키의 가슴은 무너지고 말았다. 흐느낌과 함께 억누르고 있던 눈물은 둑이 터지듯 한번에 터져 나왔다.

"흑흑, 흑흑흑흑흑, 흑흑흑……."

눈물이 하염없이 흘러 아기가 쥐고 있던 사토자키의 손등에 뚝뚝하고 떨어졌다. 눈물이 아기의 작은 손바닥까지 전해지자, 눈물의 촉감에 놀랐는지 그제야 아기는 새끼손가락에서 손을 뗐다. 그 순간 사토자키는 그 자리에서 주저앉아 아기용 침대의 선반에 매달려 엉엉 울었다.

주저앉아 우는 사토자키의 어깨에 하세베 과장이 살며시 손을 얹으며 말했다.

"고마워요, 사토자키 씨. 이 아이들을 위해서 울어 줘서."

"흑흑흑……. 과, 과장님. 흑흑흑, 저, 정말 열심히 할 테니까……. 흑흑……. 아 아이들을 위해서 정말 열심히 할 테니까요……. 저를 제대로 된 케이스워커로 만들어 주세요……. 제대로 된 케이스워커로…… 으흑흑흑……."

"사토자키 씨는 이미 케이스워커라고 생각해요. 눈물이 많은 것 빼고는."

"네, 더 이상 울지 않을게요……. 흐흐흑흑흑흑……."

사토자키가 다른 사람 앞에서 이렇게까지 감정을 드러낸 것은 처음이었다. 너무나도 모진 운명을 짊어진 순수한 아기들을 눈앞에 두고 흘러넘치는 감정을 주체하는 건 도저히 불가능한 일이었다. 북받쳐 오르는 감정의 파도에 그저 몸을 맡기는 것 외에 아무것도 할 수 없었다.

하세베 과장은 직성이 풀릴 때까지 울도록 사토자키를 내버려 둘 생각이었다. 하지만 아무래도 울음을 그치지 않는 사토자키를 보니 속이 타서 말을 걸었다.

"괜찮아요? 덩치 큰 사토자키 씨가 그렇게 울면 기분 좋게 자고 있는 아기들까지 덩달아 울 텐데. 한꺼번에 울어 버리면 보육사들도 정신없어지니까 이제 슬슬 기운 내서 돌아가자고요."

"네, 흑흑흑……."

사토자키는 힘을 짜내어 겨우 일어섰다. 옷걸이가 들어가 있는 것처럼 벌어진 커다란 어깨를 들썩이며 작은 체구인 하세베 과장의 뒤를 비틀비틀 따라갔다.

"과장님, 이 세상에 어른한테 휘둘려서 괴로운 일을 겪는 어린이들이 이렇게 많다니. 저는 지금까지 텔레비전에서 팔레스타인 난민 어린이들의 비참한 상황을 봐도, 먼 나라의 풍경이라고 남의 일처럼 생각해 왔어요."

"누구나 다 그렇지 뭐."

"영국의 이중적 외교 때문이라거나 하는 싸구려 코멘트만 했지, 결국 괴로워하는 사람들의 입장에서는 전혀 생각해 보지 않왔어요. 게다가 전쟁이 없던 일본에서 이렇게 많은 어린이가 엄청나게 괴로운 상황에 있다는 건 상상도 못 했어요. 결국 저는 세상의 괴로움을 외면하고, 보고도 못 본 체하는 비겁한 인간이에요. 나만 좋으면 된다는 차가운 인간이요."

"그런가? 그렇게 차가운 인간이라면 그렇게 울거나 하지 않을 거라고 생각해요. 사토자키 씨, 평범하게 생활하면 모르고 지나가는 세상의 어두운 면이 있게 마련이에요. 거기다 평범하게 살수 있다는 건 사실은 정말 행운이라고."

"행운이요?"

"그래요. 갖은 스트레스를 참아 가면서 아이를 훌륭하게 키워내는 건 많은 인내와 돈이 필요하거든. 사토자키 씨는 어쩌다 운좋게 좋은 아버지와 어머니를 만나서 제대로 교육도 받고, 훌륭한 사회인이 됐잖아요."

"네. 하지만 그게 행운인가요?"

"아마도 사토자키 씨가 가정을 꾸리면, 아버지나 어머니가 해주신 걸 아이에게도 똑같이 해 줄 수 있을 거라고 생각해요. 그건 제대로 된 육아 모델이 있으니까. 제대로 길러 주셨으니까. 사토자키 씨는 정말 행운인 거지."

"보통 가정이라고 생각했는데 저는 정말 운이 좋았던 거군요……."

"그렇지만, 괴로워하는 사람들을 알게 됐다고 해서 운이 좋았던 걸 부끄러워하고 자책할 필요는 없어요. 그것보다도 제대로 키워 주신 부모님께 충분히 감사하는 게 훨씬 낫겠죠?"

"……."

"세상의 어두운 부분을 진지하게 봐 오지 않은 자신을 책망하기보다, 어째서 어두운 세계에 발을 들인 사람들이 있는지 그 사람들의 입장에서 같이 생각하고 지원하는 게 앞으로 사토자키 씨가 할 일이잖아요. 그러기 위해서 하나 알아 둘 게 있어요."

"뭔가요?"

"사토자키 씨는 아마 어두운 세계에 있는 사람들, 즉 아이를 키우지 않고 버리거나, 학대를 하는 사람들을 자신과는 전혀 다른 차원의 사람이라고 생각하죠? 하지만 그렇지 않다는 것. 우리와 종이 한 장 다를 뿐이거든."

"그럴 리가 없어요! 저는 제 아이를 때리거나 버리거나 하는 일은 절대 없어요! 전혀 달라요!"

"물론 사토자키 씨가 지금 같은 생활을 유지한다면 그럴 거라고 생각해요. 그렇지만 학대하는 부모는 자신의 부모한테서도 학대당했던 사람이 대부분이거든. 방임 가정의 부모는, 역시 방임 가정에서 방치돼서 살아온 거지. 말하자면, 자신이 커 온 환경에서 얻은 양육 모델 외엔 알지 못하는 거죠."

"양육 모델이 없다고요……."

"제대로 양육되지 못한 부모한테 아이를 제대로 양육하라고 해도 어떻게 하는 게 좋은지 알 리가 없겠죠?"

"……."

"교육도 못 받아서 제대로 된 일자리도 못 찾고, 제대로 된 일자리를 못 찾으니 수입도 적고 불안정하고. 생활하기도 벅차고 스트레스가 가득한 상황에 아이가 생겼는데, 양육 모델이라고는 자신을 학대한 부모밖에 없는 거지. 아이를 때리지 말고 키우라는 게 무리가 아닐까?"

"그렇다고 해도, 때리는 게 괜찮을 리가……."

"때리는 게 괜찮다고는 말 안 했어요. 혹시 말이야, 혹시, 사토자키 씨가 어두운 세계에서 살아온 사람들과 같은 환경에서 자랐다면, 그렇다고 해도 절대로 아이를 때리거나 버리지 않는다고 확신할 수 있어요?"

"……."

"절대 그렇다고는 말 못하겠죠? 인간의 인격이라는 건, 태어날 때 정해져 있는 게 아니거든. 그러니까 대를 거쳐 오는 학대 가정의 연쇄는 그렇게 간단하게 끊어지지 않는 거지."

'학대의 연쇄'라는 말을 듣자 사토자키는 머릿속에 시마 계장이 했던 이야기가 떠올랐다.

"사토자키 씨가 생각하는 것처럼 인간이라는 존재는, 환경에 좌우되지 않고 논리관이나 정의감을 계속 유지할 수 있는 강한 존재가 아니에요. 설사 제대로 된 가정에서 자란 사람이라고 할지라도 지금처럼 핵가족화가 진행되고, 가까이에 육아를 지원해 줄 사람이 아무도 없는 경우에는 그 스트레스가 심각하다고. 아침부터 밤까지 아이는 울어 대지, 밤에는 밤대로 한 시간 간격으로 깨니까 제대로 잠들 수도 없어. 그게 한 달, 두 달 계속돼 보라고. 절대로 아이를 때리지 않는다고 자신 있게 말할 수 있겠어요?"

"……."

"거봐요, 없지. 인간은 사실은 약한 존재라고. 아무리 강해 보이는 인간이라도, 논리관이나 정의감이 강한 인간이라도, 조건이 맞아 떨어지면 언제든지 어두운 세계 속 사람이 되고 말거든. 학대를 하고 마는 거지."

"조건이 맞아 떨어지면 누구라도 학대를 하고 만다……."

사토자키는 무심코 하세베의 말을 따라 했다.

"인간은 정말 환경에 좌우되기 쉬운, 아주 취약하고 약한 생물이라는 걸 마음에 새겨 뒀으면 좋겠어요. 그것만 잊지 않으면 사토자키 씨는 정말 좋은 케이스워커가 될 거라고 나는 생각해요. 마음이 뜨거운 정말 좋은 케이스워커가 될 거라고. 그리고 분명 저 작은 손바닥 안에 희망을 쥐어 줄 거라고 믿고 있어요."

"될 수 있을까요, 좋은 케이스워커가?"

"될 수 있고말고."

사토자키는 자신이 싸구려 정의감을 휘두르고 있었다는 생각이 들어서 정말 부끄러워졌다. 사토자키의 머릿속에 "너는 본질을 꿰뚫어 보는 힘이 약해."라고 했던 다마루의 말이 빙빙 돌았다. 그 말이 맞다는 걸 실감했다.

하지만 사토자키는 지금까지처럼 모자란 자신을 비하하는 데서 끝내지 않았다. 오히려 인간의 본질, 자기 자신의 본질에 대해서 너무나 무지했음을 알아차리고, 아동 상담소라는 세계에서 쾌감에 가까운 감동을 느끼게 되었다. 이것이야말로 소크라테스가 말한 '무지의 지(無知-知)'가 아닌가. 그리고 아동 상담소라는 가혹한 일터가 자신을 크게 키워 줄 직장일 수도 있다는 기대를 조금은 가지게 되었다.

첫 면담으로 가는 길

다음 날, 사토자키는 이제까지와는 다르게 조금 밝은 마음으로 출근했다. 그렇게 무거웠던 발걸음이 조금 가벼워진 것 같은 기분이 들었다.

"안녕하십니까?"

"아, 왔다. 왔다!"

"우후후, 크크크큭."

사토자키가 힘차게 사무실에 들어서자 사토자키를 본 미도리카와와 고토가 히죽히죽 웃고 있었다. 그 모습을 수상하게 생각한 사토자키는 미도리카와와 고토에게 말을 걸었다.

"왜 그래요? 뭐가 그렇게 웃겨요? 뭐 재미있는 일이라도 있었어요?"

고토가 즐거운 듯이 말했다.

"유아원에서 펑펑 울었다면서요오? 하하하. 사토자키 씨 울보였군요오. 꺄하하하하하."

사토자키는 바로 하세베 과장을 노려보았다. 하세베 과장은 사토자키의 시선을 피하며 애써 눈을 맞추려 하지 않았다.

"과장님! 너무하시네요. 왜 말씀하셨어요?"

"미, 미안해요. 근데 커다란 덩치에 그렇게 빽빽 우니까 귀여워 보여서 나도 모르게 그만."

"나도 모르게라니! 제가 어떤 생각으로 운 줄 아세요? 과장님은 제가 울 때 옆에서 다정하게 얘기해 주시더니 속으로는 그런식으로 재미있어 하셨어요? 너무하시네요!"

"재미있어 한 건 아니에요. 그냥 우리 중에는 그렇게 빽빽 운 사람이 없으니까 좀 신기해서. 나만 알고 있기에는 아까운 생각이 들어서 말이지. 그래서 별생각 없이. 미안해요."

"뭐예요! 빽빽 울다니, 사람이 종다리도 아니고. 바보 취급하지 마세요!"

"종다리라니, 그렇게 귀여운 새에 비유할 생각은 아니었는데."

"과장님! 그게 핵심이 아니잖아요!"

하세베 과장과 사토자키의 대화를 듣고 있던 미도리카와가 차갑게 말했다.

"거참, 시끄럽네. 그렇게 투덜거릴 거 같으면, 남자가 돼 가지고 빽빽 안 울었으면 됐잖아요. 덩치에 비해 속이 참 좁네요. '울어 버렸네요, 아하하.' 하고 넘어가면 안 돼요? 뭐가 이렇게 까다로워."

"까다롭……, 뭡니까? 미도리카와 씨. 우는 데 남자고 여자고 상관없잖아요! '남자가 돼 가지고' 라는 말은 성차별 아닙니까! 공무원이 그래도 돼요? 미도리카와 씨, 검토 회의 때도 그렇고 말투가 참 퉁명스럽다고 할까, 가시가 돋쳤다고 할까, 좀 더 부드럽게 말하는 게 좋지 않겠어요?"

"무례하시네요! 제 말투 어디에 가시가 돋쳐 있다는 거예요? 정말, 안 지 얼마나 됐다고 아는 척은! 소문대로 거만하네. 싫다, 성차별이 어쩌고. 억지스럽고요! 마리코 선배가 말한 대로네요!"

"마리코 선배? 아! 다마루랑 아는 사이구먼!"

"네, 맞아요. 저는 케이스워크의 기본을 마리코 선배한테 배웠거든요. 정말 존경스럽고 감사한 분이에요! 누구랑은 다르게!"

"그럼 그렇지! 그 밉살스럽고 차가운 말투는 다마루한테 물려받은 거였어. 아닌 게 아니라 작은 다마루네."

미도리카와의 얼굴이 점점 험악해졌다.

"작은 다마루라고요? 너무하시네요! 제 인격을 무시하는 거예요? 저는 미도리카와 기리코거든요. 엄연한 하나의 인격체라고요! 이상에 온 지 하루 만에 겁먹고 선배한테 도와 달라고 매달린 겁쟁이 주제에!"

"말로 해서 되는 게 있고 하면 안 되는 게 있잖아요! 케이스워커가 그렇게 사람의 아픈 곳을 찌르는 말을 해도 됩니까! 배려라고는 없는 점이 다마루를 빼닮았네!"

"도와준 사람을 그렇게 말하고! 배려할 줄도 모르고 의리 없는 건 그쪽이잖아요!"

두 사람의 대화가 점차 격해지는 것을 보고 고토가 중재에 들어갔다.

"자, 자, 미도리카와 씨. 그 정도 했으면 됐어요오. 그렇게 화내지 말아요오. 사토자키 씨한테도 유아원에서 삑삑 우는 귀여운 면이 있으니까요오. 네?"

"고토 씨까지, 그만해요! 아, 고토 씨처럼 피를 뒤집어쓰고도 즐겁게 실실 웃을 수 있을 정도로 마음이 억세지가 못하고 제가 좀 섬세해서요!"

"억세……. 사토자키 씨 말이 심하네요오. 싫다아, 도와줬더니 이. 사람이 별로네에. 역시 마리코 선배가 말한 것처럼 '음험한 사람'이네요오."

"거봐요, 고토 씨도 알았죠? 이 사람은 사람의 기분을 헤아릴 줄 모르는, 속 좁고 까다로운 사람이라고요."

보다 못한 하세베 과장이 셋의 대화를 가로막았다.

"이제 그만들 좀 해요. 어린 애들도 아닌데. 미도리카와 씨도, 고토 씨도 자기 자리로 돌아가세요."

"네에."

"아, 그리고 미도리카와 씨하고 고토 씨는 오늘 발달 상담 면담이 잡혀 있죠? 사토자키 씨가 면담 경험이 없으니까 같이 데리고 들어가 줘요."

"네? 싫어요, 과장님! 사토자키 씨하고 같이는. 옆에서 끼어들어서 클라이언트한테 폐를 끼치면 어떡해요. 그렇죠? 고토 씨."

"네, 싫어요오."

"두말 말고, 같이 면담실에 들어가요. 알았어요?"

"사토자키 씨, 한마디도 하지 마세요! 약속이에요!"

미도리카와가 매서운 눈으로 사토자키를 바라봤다.

"아, 알겠어요! 아무것도 모르는데 무슨 말을 해요!"

여전한 불협화음에 하세베 과장이 다시 끼어들었다.

"거기, 다들 면담실에서는 사이좋게! 클라이언트가 불안해지니까. 그건 그렇고, 미도리카와 씨, 심리 검사 담당하는 아동 심리사는 누구지?"

"양쪽 다 니시무라 씨예요."

"그럼, 니시무라 씨한테는 미도리카와 씨가 사정을 설명해 줘요."

"알겠습니다."

"저, 저기, 발달 상담은 어떤 걸 하는 거예요?"

갑자기 면담에 들어가게 된 사토자키가 불안한 듯이 미도리카와에게 물었다.

"허, 뭐예요? 어떤 걸 하냐니? 검사예요, 검사."

"그러니까 어떤 검사를 하냐고요?"

"어휴, 귀찮게. 사토자키 씨가 검사하는 것도 아니잖아요."

"자기는 알고 있다고 그렇게 매정하게 굴지 말고! 나는 처음이니까 당연히 자세하게 알고 싶잖아요!"

"아, 귀찮아! 오늘은, K식 발달 검사를 해요. 검사를 한 후에 검사 결과에 대해서 클라이언트한테 설명하고, 앞으로 아이와의 관계를 어떻게 할지 어드바이스 해요."

"검사를 하고 그 결과를 설명한다면, 케이스워커는 아무것도 안 하는 거예요?"

"그럴 리가 없잖아요. 아동 심리사가 검사를 하는 동안에 케이스워커는 부모님한테서 아이의 성장 과정에 대해 들어요."

"성장 과정이요?"

"그래요! 아이가 태어났을 때부터 지금까지의 생활을 차례대로, 태어났을 때의 체중부터 이것저것, 육아 수첩도 봐 가면서 자세하게 듣는 거예요. 부모님한테 들은 아이의 성장 과정하고 검사 결과를 합쳐서 어드바이스 하는 게 발달 상담의 기본 스타일이에요. 알겠어요?"

"네, 면접 스타일은 알겠는데 K식 발달 검사라는 건 뭐예요? 그리고 오늘은 K식이라고 했는데, K식 이외에도 검사 종류가 몇 가지 있는 거예요?"

"네? 다음은 그거예요? 검사 내용까지는 관심 안 가져도 되잖아요. 정말, 어린애처럼 이것저것 질문하지 말라고요."

"뭐야, 어린애라니! 지적 호기심이 왕성한 거라고요! 알겠으니까 좀 가르쳐 줘요. 시간 있잖아요."

"저는 사토자키 씨하고 다르게 한가하지가 않아서요. 니시무라 씨! 니시무라 씨!"

미도리카와는 더 이상 상대하기 싫다는 표정으로 아동 심리사인 니시무라를 불렀다.

"네, 부르셨어요?"

"지금 시간 좀 있어요?"

"네, 30분 정도는."

"잘됐다! 그럼 미안한데 사토자키 씨가 검사에 대해 설명해 줬으면 한대요. 귀찮겠지만 좀 가르쳐 줄래요? 검사 종류나 특징 같은 거요."

"알겠습니다. 그럴게요."

"사토자키 씨, 니시무라 씨가 설명해 줄 테니까 판정계로 가 보세요."

"미도리카와 씨, 자기가 설명 못 해서 그런 거 아니에요?"

"할 수 있어요! 바쁘다고 했잖아요! 그 말투 들을 때마다 참 거슬려요. 얼른 판정계에나 가 보세요. 저쪽도 바쁘다고요."

"알겠다고요! 떽떽떽떽 잘난 체는! 니시무라 씨, 그럼 죄송한데 가르쳐 주실래요?"

"네, 이쪽으로 오세요."

사토자키는 어이없다는 표정의 미도리카와를 뒤로 하고 부드럽게 웃고 있는 니시무라의 자리로 서둘러 걸어갔다.

"자 그럼, 뭐부터 설명해 드릴까요?"

"음, 검사 종류하고 특징 같은 걸 가르쳐 주면 알기 쉬울 것 같은데요."

"네, 알겠어요. 그럼 먼저 종류부터 설명할게요. 대체로 아상에서 주로 사용하는 검사에는 세 종류가 있어요. K식 발달 검사, 다나카 비네, WISC IV예요. 오늘 하는 K식 발달 검사는 주로 만 6세 정도까지 취학 전 어린이 검사에 사용하고 있어요."

"그렇구나. 그래서 어떤 걸 검사하는 거예요?"

"K식 검사는 크게 세 개의 내용으로 나눌 수 있어요. '자세·운동 면'이라고 하는 운동 능력을 중심으로 보는 검사, '인지'라고 해서 시각으로 들어오는 자극을 처리하는 능력을 보는 검사, '언어'라는 사회성이나 커뮤니케이션 능력을 보는 검사예요. 각각 분야별 능력을 알 수 있고, 통합적인 능력에 대해서도 알 수 있어요."

"그렇군요. 그런데 K식의 K는 뭐예요?"

"아, 교토의 K예요. 교토에 있는 연구 기관이 만든 검사 양식이라서 K식이에요."

"교토의 K군요. 호오."

"다음은 다나카 비네. 이 검사는 지능 검사의 기본이 되는 검사예요. 1905년에 프랑스에서 비네라는 사람과 시몬이라는 사람이 만든 비네·시몬 테스트가 원형이에요. 그걸 각 나라에서 번역해서 지금의 형태가 되었어요."

"그렇구나. 비네는 사람 이름이군요. 그렇다는 건 일본인 다나카 씨가 번역해서 만들었기 때문에 다나카 비네인 걸까요?"

"네, 맞아요. 덧붙이자면, 스즈키 씨가 만든 쪽은 스즈키 비네라고 해요."

"이건 무슨 검사를 하는 거예요?"

"K식처럼 몇 가지로 검사 내용이 나뉘는 건 아니고, 쉬운 문제부터 어려운 문제까지 몇 십 문제로 구성이 돼 있어요. 문제가 어려워질수록 정신 연령이 높아야 풀 수 있는 식이에요. 예를 들어, 만 10세의 어린이라고 했을 때 몇 번째까지 풀면 평균적인 능력이 있다는 식으로 판단하거든요. 그래서 평균 이하인지 어떤지로 지적 발달 지연인지 아닌지를 판단해요. 이 검사는 주로 초등학생 이상의 어린이한테 실시해요."

"아, 점점 문제가 레벨이 올라가서, 어디까지 답할 수 있는지에 따라 능력을 판단하는 거군요."

사토자키는 니시무라의 설명을 들으면서 열심히 메모를 했다.

"그럼, 마지막은 WISC IV요. 이 검사는 만 5세부터 만 16세 11개월까지의 어린이를 대상으로 하는 검사예요. 개인이 가지고 있는 능력을 몇 개의 분야로 나눠서 좀 더 자세하게 검사할 수 있어요. 그래서 발달 장애가 의심되는 어린이 검사에 많이 사용해요."

"발달 장애라는 건, 자폐증 스펙트럼 장애라거나, ADHD 같은?"

"맞아요. 잘 아시네요. 이 검사는 크게 네 부분으로 나뉘어 있어요. 언어 이해 지표, 지각 추리 지표, 단기 기억 지표, 그리고 처리 속도 지표예요. 각각의 지표를 점수로 나타내서 전체 IQ를 내는 검사예요."

"뭔가 지표 이름들이 어려워 보이네요. 각각 어떤 내용을 검사하는 거예요?"

"언어 이해는, 언어에 따른 추리력·사고력, 즉 언어를 통한 정보나 자기 자신이 가진 언어 지식을 상황에 맞게 응용하는 능력이 어느 정도 있는지를 보는 검사예요. 지각 추리는, 비언어를 통한 추리력·사고력을 보는 검사로, 시각 정보를 집어넣어서 각각의 정보를 전체적으로 정리하는 능력을 보는 검사예요."

"언어를 통한 능력하고 시각 정보를 분석하는 능력을 판단하는 검사네요. 남은 두 검사는요?"

"단기 기억은 청각 정보의 기억 능력을 보는 검사예요. 주의를 집중해서, 귀로 들어온 정보를 정확하게 잡아낸 후 기억하는 능력을 측정해요. 마지막으로 처리 속도는 시각 자극을 빠르고 정확하게 처리하는 능력을 보는 검사로, 시각적인 정보를 기계적으로, 많은 수를 정확하게 처리하는 능력을 보는 검사예요."

"듣기만 해서는 역시 좀 어렵네요. 그래도 꽤 자세하게 개인의 특성을 판단할 수 있다는 건 알겠어요."

"네. 각 분야에서 자세하게 검사 결과가 나오니까 개인이 가진 여러 능력의 균형을 알 수 있어요. 어떤 점이 뛰어나고 어떤 점이 약한지를 잘 알 수 있는 검사예요. 아동 정신과 의사가 발달 장애 진단을 내리는 데 기초 자료가 되는 검사이기도 해요. 대체로 이상에서 하는 검사는 이 정도예요. 조금은 아시겠어요?"

"고맙습니다. 정말 친절하게 가르쳐 주셔서 윤곽은 잘 알겠어요. 물론 자세한 내용은 어려워서 알기 힘들지만. 또 궁금한 게 생기면 물어볼게요."

"네, 언제든지 물어보세요. 면담 경험을 쌓아 가면서 서서히 알게 되실 거예요."

그렇군. 연령이나 대상에 따라서 검사를 다르게 하는구나. 재미있네. 게다가 꽤 상세한 부분까지 검사할 수 있는 것 같고. 개인별로 뛰어난 점, 약한 점까지 알 수 있다니 대단하다.

사토자키는 이런 각각의 검사 역시 이상의 전문성을 높여 주는 중요한 도구겠지, 하고 생각하며 노트에 메모한 내용을 흥미롭게 바라보았다.

그런 사토자키에게 미도리카와가 다가와 다시 가시 돋친 말을 건넸다.

"어머, 사토자키 씨, 왕성한 지적 호기심은 충족되셨어요?"

"진짜 아니꼬운 말투네. 뭐, 니시무라 씨가 아주 상냥하고 친절하게 가르쳐 줘서요. 차가운 누군가의 대단한 강의를 듣지 않아도 돼서 다행이었어요."

"쳇, 면담에 방해가 안 되게 주의하세요."

"알고 있어요. 집요하기는."

그리고 오후 1시. 드디어 발달 상담의 면담 시간이 되었다. 처음 면담에 참여하는 사토자키는 너무나도 떨렸다. 미도리카와와 니시무라의 뒤를 안절부절못하며 따라갈 정도였다.

미도리카와가 면담실의 문을 열자 그곳에는 어머니와 네 살짜리 여자아이가 긴장한 표정으로 앉아 있었다.

"안녕하세요? 처음 뵙겠습니다. 케이스워커 미도리카와라고 합니다."

"아동 심리사 니시무라라고 합니다."

"저, 저, 저, 케, 케이스워커 사토자키입니다."

"요시카와 아미하고 어머니시죠? 죄송합니다. 사토자키 씨는 4월에 인사이동으로 옮겨온 지 얼마 안 된 데다가 면담도 오늘이 처음이라서 긴장했네요. 조용히 옆에 앉아 있을 뿐인데 뭘 긴장까지 하고 그럴까요? 덩치는 큰데 소심하거든요. 게다가 엄청 울보예요. 웃기죠? 좀 눈에 거슬리겠지만, 구석에 앉아 있으라고 할 테니까 엉성한 오브제라고 생각하고 신경 쓰지 마세요."

"호호호……."

긴장했던 어머니의 얼굴이 한순간에 펴지며 편안한 모습이 되었다. 미도리카와의 표정은 사토자키 앞에서는 보여 준 적이 없는 정말 다정한 얼굴로, 상대를 감싸는 듯한 웃는 얼굴이었다.

뭐야, 미도리카와 자식! 완전 딴사람이잖아! 저렇게 다정한 얼굴도 할 수 있으면서. 완전 지킬과 하이드네. 내 앞에서는 미간만 찌푸렸으면서.

사토자키는 처음 보는 미도리카와의 다정한 얼굴에 억울함과 짜증을 느끼며 마음속으로 투덜거렸다.

"그러면 어머니, 오늘은 어떤 게 가장 궁금해서 상담하러 오셨어요?"

미도리카와의 질문에 어머니는 불만과 불안을 드러내며 입을 열었다.

"하, 저는 그렇게 신경 쓰이는 건 아닌데, 유치원 선생님이 여기에 상담하러 가 보라고 몇 번이나 권하셔서요. 선생님은 아이가 조금 말하는 걸 힘들어하지 않냐고 하세요. 저는 그렇게 생각하지 않고, 아이가 하고 싶어 하는 말이 뭔지도 잘 알겠거든요."

"그러세요? 그럼, 시간 내서 오셨으니까 아미가 어떤 걸 잘하

고 어떤 걸 어려워하는지 알 수 있는 간단한 검사가 있는데 그걸
해 보는 건 어떨까요?"

"그런 검사가 있어요? 그럼 해 주세요."

"알겠습니다. 그럼 아미 검사는 니시무라 씨가 해 드릴게요.
그 사이에 저는 어머니하고 아미가 아기 때부터 어땠는지에 대
해서 이야기할 텐데 괜찮으시겠어요? 어려운 건 묻지 않으니까
걱정하지 마세요."

"네, 알겠어요."

"어머니, 아미가 니시무라 씨하고 다른 방에서 검사할 수 있나
요?"

"아뇨, 그건 좀 어려울 것 같은데요. 저한테서 떨어지면 울지
도 몰라서요."

"그래요? 그럼, 어머니 옆에서 검사할게요. 먼저 이 가족 상황
조사서에 주소, 전화번호, 직업 그리고 함께 거주하고 있는 사람
을 써 주세요. 할아버지나 할머니도 같이 거주하고 계시면 써 주
시고요."

"알겠습니다."

아미 어머니는 조금 둥그스름한 귀여운 글자로 조사서를 정
성 들여 채워 갔다.

"오늘은 육아 수첩 가지고 오셨어요? 아, 있네요. 그러면 그걸
보면서 말씀하셔도 되니까 제 질문에 답해 주세요. 먼저 어머니

하고 아버지가 결혼하신 건 몇 살 때예요?"

"음, 저는 스물세 살, 남편은 스물다섯 살 때예요."

"네, 그리고 아미가 태어난 건 몇 살 때였어요?"

"제가 스물다섯 살, 남편이 스물일곱 살 때요."

"임신 중일 때 뭔가 힘든 일은 없으셨어요? 입덧이 많이 심했다거나, 임신 중독증에 걸렸다거나."

"한 번이요. 조산할 뻔해서 약을 먹었는데, 그 정도인 것 같아요."

"출생 시 아미 체중은요? 그리고 황달이 심해서 광선 치료를 받거나 했나요?"

"체중은 2.89킬로에, 황달은 별로 심하지 않았어요."

미도리카와가 어머니와 아이의 성장 과정을 자세히 확인하고 있는 동안, 니시무라는 아이의 발달 검사를 진행했다.

"안녕? 먼저 선생님한테 이름을 가르쳐 줄래요?"

"요치카와 아비."

"응, 요시카와 아미. 몇 살이에요?"

"네 짤."

"응, 네 살. 그러면 아미는 지금부터 선생님하고 재미있는 게임을 할 거예요. 진짜 재미있는 거야. 선생님이 물어보는 걸 아미가 생각나는 대로 대답해 주세요. 그럼 시작."

"응!"

미도리카와가 어머니와 진행하는 상담과 니시무라가 하는 아이의 발달 검사는 내내 온화한 분위기 속에서 순조로웠다. 사토자키는 이들의 모습을 주의 깊게 바라보고 있었다.

"아미야, 다음은 선생님이 하는 거하고 똑같이 빨간 블럭을 만들어 볼래요? 처음에는 이거, 트럭이네. 붕붕."

"래따!"

"와, 정말 잘한다. 잘해. 대단하네. 그럼 다음 이런 모양은 할 수 있을까?"

"응……."

"좀 어렵나?"

아미 어머니는 미도리카와의 질문에 대답하면서도 아미의 검사가 신경이 쓰여서 어쩔 줄 몰라 하는 모습이었다. 힐긋힐긋 검사 상황을 엿보고는 때때로 아미를 돕듯이 말을 건넸다.

"봐봐, 아미야. 집에서도 블럭은 좋아해서 잘하잖아. 평소 때처럼 선생님한테 보여 드려. 이상하네. 긴장했나? 집에서는 잘하거든요. 저 정도는."

그러자 미도리카와가 자연스럽게 아미 어머니에게 말을 걸어서 아미의 검사에 방해가 되지 않게 유도했다.

"그러네요. 집하고는 분위기가 다르고, 이상한 오브제도 있어서 긴장했나? 그래도 재미있게 하고 있으니까 괜찮을 거예요."

일일이 나를 끌어들이지 말라고!

사토자키는 불만스러운 표정을 하고 마음속으로 중얼거렸다.

사토자키가 주시하는 가운데 약 30분이 걸려서 미도리카와의 청취도, 니시무라의 검사도 끝이 났다.

"그러면 어머니, 저희는 검사 결과를 정리해서 올 테니까 잠시만 기다려 주시겠어요? 10분에서 15분 정도면 결과가 나오거든요."

"네, 알겠습니다."

사무실로 돌아온 미도리카와와 니시무라는 사토자키 앞에서 바로 검사 결과를 검증했다.

"어때요? 니시무라 씨. 검사 결과는?"

"그게, 좀 안 좋네요. 지적 장애라고 할 정도는 아닌데 평균보다는 많이 낮아요. DQ(발달 지수)가 76이니까요."

"76이면 경계네요."

미도리카와의 얼굴에 그늘이 드리웠다.

"운동 면에서는 평균 정도의 능력은 있는데, 인지 면하고 언어면에서는 좋지 않네요. 연령이 높아지면서 DQ가 낮아지는 것같으면 요육 수첩(지적 장애아용 수첩)도 생각해야겠네요."

"그러네요. 반년에 한 번 정도 오시게 해서 경과를 볼까요?"

"네. 시간을 두고 보는 게 좋을 것 같아요."

미도리카와와 니시무라가 얼굴을 맞대고 있는 곳에 사토자키가 끼어들었다.

"저기, DQ가 얼마 정도면 평균인 거예요?"

"진짜, 뭐예요! 지금 어떻게 전달할까 생각하고 있으니까 방해하지 말아 줄래요. 평균은 개인차가 있지만 90에서 105예요."

"뭘 전달하는데요?"

미도리카와가 차가운 시선으로 사토자키를 쏘아보며 답했다.

"어떤 어드바이스를 할까 하는 거예요! 질문은 좀 나중에 하세요."

"......"

"니시무라 씨, 어머니는 아직 받아들이지 못하시는 것 같으니까 DQ 결과는 오늘 말씀 드리지 말고, 아미가 잘하는 걸 중심으로 말씀 드려서 그 부분을 발전시킬 수 있도록 할까요?"

"그러네요. 시간을 들여서 설명해 드리는 게 좋을 것 같아요."

"그럼, 갈까요? 어머니하고 이야기하는 동안 아미는 고토 씨한테 부탁할까. 고토 씨! 결과 전달하는 동안 아이랑 놀아 줄래요?"

"알겠습니다아."

미도리카와는 상황 파악을 못하는 사토자키를 아랑곳하지 않고, 니시무라와 둘이서만 어떤 어드바이스를 할지 결정한 듯했다. 사토자키는 면담실로 돌아가는 둘의 뒷모습을 원망스럽게 바라보며 따라갔다. 미도리카와는 면담실의 문을 열자마자 밝은 목소리로 말을 꺼냈다.

"기다리셨죠? 아미도 검사하느라 오래 고생했네. 재미있었어?"

"재미이떠떠."

"정말 재미있었는지 기다리는 동안 이것저것 이야기를 해 주더라고요."

아미 어머니가 웃는 얼굴로 대답했다.

"아, 정말요? 잘됐다. 그럼 바로 검사 결과를 니시무라 씨가 설명해 드릴게요."

"저기 있잖아. 아미, 선생님이 엄마하고 잠깐 이야기할 건데 그동안 고토 언니하고 옆방에서 그림 그리고 있을래요?"

"아미, 안녕? 선생님하고 그림 그릴까?"

"응."

아미가 고토를 따라 방을 나가자, 니시무라의 설명 사이사이에 미도리카와가 장단을 맞추는 형태로 발달 상황에 대한 자세한 설명이 시작되었다. 하지만 아미의 발달이 DQ 76으로 지적 장애의 경계에 있다는 것에 대해서는 전혀 언급하지 않았다. 오히려 연령에 맞지는 않다고 하더라도 아미가 지금 할 수 있는 것에 포커스를 맞춰서 설명을 했다. 아미 어머니를 포함해서 면담실에 있는 사람 모두 아미가 잠재적으로 가지고 있는 능력이나, 지금 할 수 있는 많은 것을 긍정적으로 평가하고 공유했다.

자신의 아이가 얼마나 평균에서 뒤떨어져 있는지 현실적인 이야기를 듣게 될 거라고 마음의 준비를 하고 있던 아미 어머니도 안심한 듯, 니시무라가 전하는 아미의 검사 결과를 기분 좋게 듣고 있었다.

그래도 역시 아미 어머니는 아이의 발달이 신경 쓰였는지 니시무라에게 아이의 발달이 늦는지 직접적으로 물었다. 이 질문에 미도리카와가 친절하게 웃으며 대답했다.

"아이들 중에는 달리기를 잘하는 아이와 잘 못하는 아이가 있잖아요. 각자 개성이라고 생각해요. 아미는 오르막길을 오르는 속도는 조금 느릴지 모르지만 자신의 속도에 맞춰서, 확실히 지면을 밟아 가며 꾸준히 오르막길을 오르고 있어요. 잘하는 것도 많이 있으니까요."

미도리카와의 목소리에는 상대방 마음에 와닿을 만한 다정한 울림이 있었다. 목소리가 아미 어머니를 따뜻하게 감싸 주었다.

"그리고 지금까지 어머니께서 아미를 대하는 방식이 훌륭해서인지, 아미는 정서적으로 많이 안정돼 있고 예쁘게 웃는 아이로 성장하고 있네요. 정말 중요한 거라고 생각해요."

"저는 특별하게 한 게 아무것도……."

아미 어머니는 멋쩍은 듯이 웃었다.

"실은, 앞으로도 아미가 자존감을 다칠 일 없이, 즐겁게 성장해 갈 수 있는 환경을 만드는 게 중요하다고 생각해요. 그 환경을 항상 어머니가 잘 만들어 주고 계신 건 아미의 모습을 보면 알 수 있어요. 다음은 아미의 발달을 지원하기 위한 기술적인 면을 저희가 도울 수 있으면 좋겠는데요. 어떠세요?"

"네, 부탁드릴게요. 여러모로 혼자 고민하는 일이 많아서 힘들었거든요. 저, 어려운 일이 있을 때 전화해도 될까요?"

"그럼요. 언제든지 연락 주세요. 앞으로 반년에 한 번 정도 오늘 한 검사를 하면서 같이 여러 방법을 생각해 보기로 해요."

"잘 부탁드릴게요."

"그리고 궁금하신 거 있으면 말씀해 주세요."

"우리 애, 말을 더듬는다고 할까, 발음이 안 좋다고 할까, 그런 건 고칠 수 있나요? 그때마다 주의를 주기는 하는데."

"그러시구나. 그런데 별로 신경을 안 쓰시는 편이 좋아요. 발음이 안 좋아도 어머니는 충분히 알아들으시잖아요. 그리고 매번 주의는 안 주시는 게 좋아요. 말할 때마다 주의를 주면 자기 이야기를 안 들어 준다고 생각할 수도 있으니까요. 그럼 자신감을 잃을 수도 있거든요."

"아, 정말요? 아미한테 미안한 일을 했네요. 마음 상했으려나."

"괜찮아요. 저렇게 밝고 건강하잖아요. 앞으로 혹시 발음이 신경 쓰이는 말이 있어도 우선 끝까지 이야기를 충분히 들어 주세요."

"이야기 중간에 말을 고쳐 주지 않아야겠네요."

"네. 끝까지 들은 후에, 아미가 제대로 발음하지 못한 단어를 고쳐 주는 게 아니라 어머니가 정확한 발음으로 대답을 해 주세

요. 그때 어머니의 입모양을 아미가 잘 볼 수 있게 해 주면 좋아
요. 그러면 바른 입모양이나 발음을 자연스럽게 배울 수 있으니
까요."

"구체적으로 어떻게 하면……."

"예를 들어, 아미가 '래따.'라고 하면 어머니는 '그래, 됐구나!
잘했네.'라고 하는 거죠."

"아! 그러면 이야기하면서 자연스럽게 정확한 발음을 알 수
있겠네요. 알겠어요. 해 볼게요."

"그 외에 다른 질문 있으세요?"

"아뇨, 괜찮아요."

"그리고 어머니, 오늘 이야기를 유치원 선생님께 제가 설명해
드릴 수도 있는데, 그러면 집뿐만 아니라 유치원에서도 아미한
테 도움이 되는 형태로 관계를 만들 수 있을 거 같아서요. 어머
니하고 선생님이 서로 정보 교환도 할 수 있고요. 어떠세요? 연
락해 드릴까요?"

"부탁드려도 될까요? 그렇게 해 주시면 아미도 유치원에 가는
게 더 즐거워질 거 같아요. 초록반이고 담임 선생님은 다카야마
선생님이에요."

"알겠습니다. 꼭 연락드릴게요. 그럼, 반년 후에 예약 전화 주
시겠어요? 그리고 혹시 궁금한 게 있으면 아무 때나 연락 주세
요."

"네, 감사합니다. 잘 부탁드려요."

"저희야말로 잘 부탁드려요."

아미의 어머니와 아미는 아주 환한 얼굴로 아동 상담소를 나섰다. 처음 만났을 때 답답해 보였던 어머니의 표정은 밝게 바뀌어 있었다. 사토자키는 즐겁게 돌아가는 모녀를 배웅했다. 그 옆에는 활짝 웃고 있는 미도리카와가 기분 좋아 보이는 모습으로 서 있었다.

"미도리카와 씨, 그렇게 부드러운 표정도 지을 수 있나 보네요. 저랑 이야기할 때는 항상 미간을 찌푸리잖아요. 그런 걸 이중인격이라고 하지 않나요?"

"아니거든요. 구분하는 거예요. 소중한 사람을 대할 때하고, 귀찮은 사람을 대할 때를 나누는 거죠."

"구분……!"

욱하는 사토자키를 내버려 두고 미도리카와와 니시무라는 서둘러 사무실로 들어갔다. 두 사람의 뒤를 쫓듯이 사무실로 돌아온 사토자키는 아까 있었던 면담에서 한 결과 전달에 대해 미도리카와에게 질문했다.

"어째서 검사 결과를 제대로 말해 주지 않는 거예요? 결과도 나와 있었는데. 언젠가는 요육 수첩도 필요하게 되는 거죠? 그럼 제대로 말해 주는 편이 좋지 않아요? 저대로라면 저 애가 안고 있는 발달상의 문제가 어머니한테 전혀 전해지지 않는 거 아니에요?"

미도리카와는 오른쪽 눈썹을 조금 올리고 후하고 짧은 숨을
내쉬더니, 제대로 알지도 못하면서 잘난 척을 하냐는 표정으로
천천히 말을 시작했다.

"대체 뭘 보고 있었어요? 설마 정말 엉성한 오브제 역할에만
집중하고 있었던 건 아니죠? 아미의 어머니는 아미의 발달이 늦
는 것에 대해서 충분히 수용하지 못하고 있었잖아요. 그러니까
일부러 발달이 늦은 것에 대해서는 직접적인 표현을 피한 거라
고요."

"아, '수용'은 뭐예요?"

"수용이라는 건 부모가 아이의 발달이 늦는 것에 대해 확실히
받아들여서 이해를 하는 상태를 말하는 거예요. 오늘 온 어머니
는 수용이 안 돼 있었잖아요."

"그랬나? 수용이 안 됐는지 어떻게 아는 거예요?"

"우선, 어머니는 자신의 의지로 상담을 하러 온 게 아니에요.
유치원 선생님이 가라고 해서 어쩔 수 없이 온 거잖아요. 아미의
말투에서도 조금 신경 쓰이는 부분이 있기도 했고, 그런 부분은
어머니가 제일 잘 알고 있었을 거란 말이에요. 그런데도 자기 의
지로는 상담하러 오지 않았어요."

확실히 아미 어머니는 입을 열자마자 유치원 선생님이 가 보
라고 해서 어쩔 수 없이 왔다고 이야기했다. 미도리카와의 말을

듣고 기억이 났다.

"게다가 처음에 만났을 때 어머니 표정이 많이 굳어 있고 방어하는 느낌이었죠? 대체 무슨 말을 들을까 긴장하는 모습이었잖아요."

사토자키 자신도 긴장한 탓에 눈치채지 못했지만, 듣고 보니 그랬던 것 같았다.

"그리고 아미는 전혀 불안해 보이지 않았고, 사실은 다른 방에 데리고 가도 전혀 문제없이 검사할 수 있었어요. 그런데 어머니는 다른 방에 데리고 가는 걸 원하지 않았어요. 니시무라 씨가 어떤 검사를 하는지 옆에서 보고 싶었던 거예요."

"아미가 아직 어려서 걱정한 게 아니고요?"

"그것도 있었을 거예요. 하지만 저하고 이야기하고 있는데 몇 번이나 아미한테 말을 걸었잖아요. 집에서는 했는데 긴장했다든지."

"아, 그랬었죠."

"평소에는 잘한다는 말은 감싸는 거잖아요. 아미는 조금도 긴장한 모습도 아니었고, 정말 니시무라 씨하고 즐겁게 묻고 답하고 있었어요. 그걸 어머니도 충분히 알고 있었는데도 아미가 오늘 상태가 안 좋은 것 같은 인상을 주려고 했어요. 그러니까 수용이 안 돼 있다고 판단한 거예요. 알겠어요?"

"그렇게 어머니하고 즐겁게 이야기하면서도 그런 걸 관찰한 거예요?"

"당연하죠. 발달이 늦는 아이가 있는 어머니는 정말 괴로워하는 경우가 많아요. 임신 중에 자기가 한 사소한 행동, 예를 들어 단 한 알이지만 두통약을 먹은 게 원인이 아닐까 하고 계속 자책하거나 한다고요. 그러니까 마음에 상처가 되지 않게 충분히 주의할 필요가 있어요."

"그렇게 괴로워한다니……."

"게다가 오늘 온 어머니한테는 유치원 선생님이 거북한 존재라는 생각이 들었어요. '가라고 해서 왔다.'라고 했잖아요. 그래서 선생님한테 오늘 한 면담 결과를 전하겠다고 이야기한 거예요."

"싫어할 거라고는 생각 안 했어요?"

"물론 생각했죠. 하지만 선생님을 협력자라고 인식하게 되면 어머니와 선생님이 좋은 관계가 될 거라고 생각했어요. 양쪽에서 아미를 신경 써서 보면 더 긴 시간 동안 아미를 서포트할 수 있잖아요. 제일 좋은 서포트 방법이 뭔지 충분히 생각하지 않으면 안 돼요. 그걸 실현하기 위한 케이스워크를 구성해야죠."

사토자키는 한마디도 받아치지 못했다.

뭐야, 미도리카와 대단하네. 겨우 30분 정도 면담한 걸로 여기까지 알아내다니. 심지어 유치원까지 엮어서 어머니와 선생님의 관계 개선까지 해내고. 대체 뭐야, 이 자식은. 이런 통찰력 차이까지 보여 주니 내가 한심하게 느껴지잖아.

사토자키는 미도리카와의 냉정한 분석과 적확한 대응에 그저 감탄만 하고 있었다.

그리고 사토자키는 오후 3시에 시작하는 고토, 니시무라 팀의 발달 상담에서 미도리카와에게 배운 시점으로 클라이언트를 관찰하려고 정리한 메모를 반복해서 읽었다.

창밖에는 움트기 시작한 자작나무의 가는 나뭇가지가 밝은 햇살 아래 포개지면서 한들한들 바람에 흔들리고 있었다. 사토자키는 메모에서 눈을 떼고 한가로운 봄의 풍경을 아련하게 바라보았다. 평온한 풍경이 사토자키의 술렁이는 마음속의 긴장을 풀어 주는 것 같았다.

"시간 다 됐어요오. 자, 갑시다아. 사토자키 씨."

사토자키의 등 뒤로 과하게 부드러운 목소리가 들려왔다. 시곗바늘은 정확하게 3시를 가리키고 있었다. 다시 현실이 눈앞에 펼쳐졌다. 고토와 니시무라는 이미 사무실을 나가 복도를 걷고 있었다. 사토자키는 자리에서 일어나 종종걸음으로 두 사람 뒤를 따라갔다.

고토가 망설임 없이 면담실의 문을 열었다.

"안녕하세요? 처음 뵙겠습니다. 케이스워커 고토라고 합니다아."

"아동 심리사인 니시무라라고 합니다."

"저, 저는 케이스워커 사토자키라고 합니다."

비슷한 자기소개로 면담을 시작했다. 하지만 이번에는 앞의 상담에서 본 아이 어머니의 모습과 전혀 달랐다. 아이의 발달이 늦어지는 것에 대해 충분히 수용한 모습이었다. 상담에 온 이유도 아이의 발달이 늦어지는 게 신경이 쓰여서라고 확실하게 말했다. 고토와의 대화에서도 발달이 늦어지는 것을 인정하는 듯한 대답이 여러 번 있었다. 사토자키는 이번에는 고토도, 니시무라도 검사 결과를 확실히 전달할 거라고 짐작했다.

그런데 고토도 니시무라도 사토자키의 예상과 다르게 상당히 완곡한 표현을 쓰면서, 한마디 한마디 말을 신중하게 골라서 정중하게 결과를 전했다. 마지막으로 아이 어머니의 질문에 아이의 지적 능력에 대해서 정확하게 설명을 했지만, 그건 어디까지나 어머니의 요구에 맞춰서 답을 하는 형태였다.

결과적으로 이 면접도 아이 어머니와 아이가 모두 만족한 모습으로 마무리되었다. 어린이집과 연계하고 앞으로 계속적인 경과 관찰을 하겠다는 걸 아이 어머니에게 자연스럽게 동의를 이끌어 내는 것도 마찬가지였다.

사토자키는 이해가 되지 않았다. 어째서 아이의 상태를 수용하는 어머니에게도 저렇게 답답한 대응을 해야 하는지. 있는 그대로 숨김없이 전해도 좋을 텐데 하고 의아하게 생각했다.

"고토 씨, 잠깐만요."

"왜 그러세요오?"

"방금 한 면접 말인데요, 어머니가 아이의 지적 발달이 지연되는 것에 대해 충분히 수용을 하는 것 같았는데, 그런데도 신경을 쓰면서 과하게 정중한 대응을 할 필요가 있었어요? 그냥 검사 결과나 수치를 알려 드리는 걸로 충분하지 않았어요? 방금 그 어머니라면 놀라거나 하지 않았을 것 같은데."

"어머, 사토자키 씨 뭘 보고 있었던 거예요오? 안 돼요오."

"네? 무슨 말이에요? 수용을 못했던 거에요?"

"아니에요오! 확실히 충분히 수용은 하셨어요오. 하지만 그 어머니는 상당한 지식인으로, 아이의 발달에 대해서도 독학으로 꽤 공부를 한 것 같았어요오. 그런 타입은 프라이드도 높고 우리가 어떻게 대응하는지를 가만히 관찰한다고요오."

"그, 그래요?"

"상대를 비전문가 취급해서 대충 말하지는 않는지, 처음 만나는 상대에게 절도를 지켜서 대응하는지, 상대를 배려하는 언어를 사용하는지 같은 거요오. 신뢰할 수 있는 상대인지 어떤지를 따진다고요오. 그러니까 어머니 장단에 맞춰서 건조하게 설명하거나 하면 안 된다고요오."

"그런가……. 어머니는 꽤 적극적으로 아이의 발달 지연에 대해 이야기했잖아요. 너무 예민하게 생각하는 거 아니에요?"

"어머니가 적극적으로 말씀하신 건, 거기에 넘어가서 우리가 배려가 없는 표현을 아무렇게나 쓰지 않을까 시험한 거예요오.

그걸 눈치채지 못하고 툭툭 말을 뱉으면 큰일 나요오."

"어떤 식으로요?"

"그런 지식인 타입은 경솔하게 감정을 드러내거나 하지 않으니까 아무 일도 없었던 것처럼 면담을 끝낼 거라고 생각하지만, 다시는 이상에는 오지 않는다고요오. 그렇게 여기저기 상담 기관을 전전하게 돼요오. 만족할 만한 장소를 못 찾으니까 어머니도 아이도 계속 적절한 스킬을 배우지 못한 채 시간만 흐른다고요오. 그거야말로 불행한 일이잖아요오."

"상담 기관을 신용 못 하게 돼서 자기 식대로 처리하게 된다는 건가……."

"그러니까 꼭 우리가 붙들어 두어야 하는 사람이었다고요오. 우리가 관계를 잘 이어 나가서, 어머니와 아이가 더 많은 기관에 좋은 형태로 접촉할 수 있도록 관리해야 한다고요오. 아시겠어요오?"

"고토 씨도 그렇게 신나게 이야기하면서 그런 것까지 관찰했던 거예요?"

"그럼요오. 뭘 위해서 일부러 면담까지 한다고 생각하는 거예요오! 상대를 제대로 알기 위해서잖아요오! 상대의 기분을 제대로 모르면서 어떻게 케이스워커를 할 수 있겠어요오? 커피숍에서 친구하고 수다 떠는 게 아니라고요오, 사토자키 씨. 역시 저를 바보 취급하는 거죠오? 무례하시네요오!"

바보 취급 같은 건 하지 않았다. 저들에 비해서 얼마나 자신의 통찰력이 허술한지를 깨달았을 뿐이다. 면담이라는 정해진 시간 안에 상대의 성격이나 기분을 파악하는 게 만만치 않은 일이라고 진심으로 생각했다.

"미도리카와 씨, 고토 씨, 고마워요. 정말 공부가 많이 됐어요. 근데 다마루한테 케이스워크를 훈련받았다고 했죠? 그렇다는 건 다마루는 그쪽들보다 대단하다는 거예요?"

"마리코 선배가 우리들보다 대단하냐고요? 그런 바보 같은 질문을 잘도 하시네요. 우리 같은 건 마리코 선배의 발끝도 못 따라간다고요. 어쨌든 마리코 선배는 특별한 존재예요."

"특별한 존재……."

"상대의 성격을 알아채는 것도 빠르고, 상대에 따라서 자신의 캐릭터를 다양하게 구분해서 쓸 수도 있고, 폭력배가 소리를 질러도 얼굴색 하나 변하지 않고 대응하는 배포도 있어요. 게다가 관계 기관의 신뢰도 두터워서 운용할 수 있는 사회자원 수도 굉장히 많다고요. 선배가 손대면 꽉 막힌 상태의 난해한 케이스도 바로 정리가 돼서 움직였거든요. 우리가 보기엔 신 같은 존재예요. 그렇죠? 고토 씨."

"맞아요오. 마리코 선배는 정말 대단한 사람이에요오. 그리고 정말 다정하고 클라이언트한테 어떻게 하는 게 베스트인지를 항상 생각해서 행동하는 사람이에요오. 정말 존경스러운 선배라고요오. 어째서 사토자키 씨 같은 인상 안 좋은 사람하고 친구인지 도무지 모르겠어요오."

"아하하하. 진짜. 그건 이해가 안 가네. 아, 그래도 모자란 애일수록 귀엽다고들 하잖아요. 그거랑 같은 거 아닐까요? 모자란 동기를 내버려 두지 못한다는 거지."

"꺄하하하하. 미도리카와 씨 말 잘하네요오. 분명히 그거네요오. 그 내버려 두지 못한다는 거어. 꺄하하."

"작은 다마루에 억센 심장 둘 다 참 시끄럽네! 사람이 모처럼 고마움을 표했더니! 다마루교 신자니까 다마루를 칭송하는 건 본인들 마음이겠지만, 일일이 나에 대한 험담은 끼워 넣지 말라고요!"

"잘난 척은! 아까 면담에서 이것저것 가르쳐 줬더니 그 말투는 뭐예요? 고맙다고 말한 것만으로도 감사하라는 거예요? 겸손이라고는 모르는 사람이네."

"꺄하하하. 미도리카와 씨 진짜 말 잘하네요오. 겸손이라고는 모르는 사람이라는 말이 딱이에요오!"

정말 도저히 상종할 수 없는 녀석들! 그건 그렇다 치고, 다마루는 정말 대단하네. 저 밉살스러운 둘이 저렇게 극찬하는 걸 보면. 지금의 나로선 저 둘도 충분히 대단해 보이는데, 입을 모아서 발끝도 못 따라간다고 하는 다마루의 실력은……. 뭐, 분하지만 당분간은 저 둘을 따라잡는 게 목표다. 사토자키는 조용히 투지를 불태웠다.

하지만 다음 날 사토자키는 당분간의 목표로 정한 둘에게 '면담 롤 플레이'라고 부르는 모의 면담 연수에서 철저히 깨지고 만다.

모의 면담

면담 롤 플레이 연수 당일, 사토자키의 출근길
은 의욕으로 가득 차 있었다. 어제 있었던 발달 상담에서 두 명
의 천적에게 배운 게 꽤 많다고 생각한 사토자키는 오늘 면담 연
수를 그럭저럭 해낼 수 있을 거라고 생각했다.

조례를 하고 나서 바로 연수할 장소인 대회의실을 정리했다.
책상을 밖으로 빼고 큰 원 형태로 의자를 배치했다. 그리고 원
가운데에는 면담실과 같이 책상과 의자를 설치해 준비를 마쳤다.

아마도 연수를 받는 사람이 가운데에서 면담 롤 플레이를 하
고, 다른 직원들이 둘러싸듯이 앉아서 그 모습을 관찰하고 평가
하는 형태 같았다. 판정계 시마 계장의 사회로 모의 면담 연수를
시작했다.

"그러면 매월 정기 스킬 업 연수를 시작하겠습니다. 오늘 연수는 면담 기능 향상을 목적으로 한 롤 플레이를 실시합니다. 그럼 누구부터 할까…… 라는 말은 됐고, 이미 정해져 있으니. 사무직에서 아동 상담소 케이스워커로 넘어온 사토자키 씨가 첫 번째로 하겠습니다. 사토자키 씨, 준비됐나?"

"준비는 안 됐지만, 어쨌든 잘 부탁합니다."

"사토자키 씨는 누구 면담에 같이 들어갔었지?"

"네, 어제 미도리카와 씨하고 고토 씨가 하는 발달 상담에 들어갔습니다."

"아, 그래? 우리 판정계에서는 누가 들어갔었지?"

"양쪽 다 니시무라 씨가 들어갔습니다."

"그럼, 같은 멤버로 롤 플레이 하자고. 설정은 어제하고 같은 발달 상담으로 하면 되겠지? 그럼 미도리카와 씨가 어머니 역할, 고토 씨가 아이 역할, 사토자키 씨는 당연히 케이스워커 역할, 니시무라 씨는 사토자키 씨 옆에 앉아 주겠나?"

"알겠습니다."

"적당히 사토자키 씨를 지원해 줘. 그럼 검사 결과는 아이가 경계에, 어머니는 수용이 안 돼 있는 걸로. 검사 결과를 전달하는 장면부터 하려고 하는데, 사토자키 씨 괜찮겠지?"

"네, 그렇게 하겠습니다."

"미도리카와 씨, 고토 씨도 준비됐나?"

"네, 준비됐습니다."

"그럼, 시작해 주세요."

롤 플레이를 시작하는 신호가 떨어지자, 미도리카와와 고토의 모습이 달라졌다. 사토자키 앞에 앉아 있는 건 미도리카와였지만 미도리카와가 아니었고, 고토였지만 고토가 아니었다. 둘은 완전히 역할에 빠져든 모습으로, 고토는 검사에 지친 아이인 듯 지루한 것처럼 발을 버둥거리거나 몸을 뒤틀기 시작했다. 그리고 때때로 어머니 역할인 미도리카와에게 바짝 붙어서 어리광을 피우거나 빨리 집에 가고 싶다고 떼를 썼다. 미도리카와는 미도리카와 대로 그런 고토가 연기하는 아이를 잘 다루는 어머니를 완벽하게 연기했다. 아동 상담소 연극단이라고 해도 될 정도였다.

사토자키는 둘의 열연에 완전히 압도돼서 롤 플레이라는 것도 잊고 몹시 긴장하고 말았다.

미도리카와와 고토가 불안으로 가득 찬 사토자키의 모습을 놓칠 리가 없었다.

"저, 저, 많이 기다리셨습니다. 검사 결과를 니시무라 씨가 설명하겠습니다."

니시무라는 어제의 면접에서와 같이 먼저 아이가 할 수 있는 것을 중심으로 설명하기 시작했다. 수용하지 못하는 어머니에게 플러스 메시지도 전했다. 롤 플레이가 순조롭게 진행되는 것처럼 보여서 사토자키도 조금은 마음을 놓은 순간, 어머니 역할인 미도리카와가 사토자키에게 질문을 던졌다. 이때부터 이 롤플레이는 미도리카와와 고토의 독무대로 변해 갔다.

"저기, 사토자키 씨라고 했던가요? 여러 가지로 설명을 해 주셔서 우리 애가 할 수 있는 게 많이 있다는 건 잘 알았습니다. 그래서 다른 아이들과 비교해서 어떤가요? 그게 알고 싶은데요."

"저, 그러니까. 음, 다른 아이보다는 조금 발달이 늦지만, 자기 속도에 맞춰서 잘하고 있습니다."

"네? 발달이 늦다는 게 무슨 말이에요? 우리 애가 다른 아이들에 비해서 멍청하다는 겁니까?"

"아뇨, 저, 그, 멍청하다고는 안 했습니다. 다만, 조금 발달이 늦다고 했을 뿐입니다."

"그러니까, 발달이 늦다는 건 다른 아이들보다 상태가 나쁘다는 말이잖아요! 당신, 겨우 한 번 테스트한 걸로 그렇게 단정하는 거야? 오늘은 긴장해서 제대로 못했을 수도 있잖아!"

"엄마, 나, 멍청이야? 나 다른 애들보다 멍청해? 잉잉……."

"그런 거 아냐, 걱정 안 해도 돼. 이봐! 어떻게 할 거예요! 우리 애가 상처 받아서 울잖아! 이게 트라우마라도 되면 책임져야 할 거예요!"

"그, 그렇게 책임지라고 하셔도……. 저는 그저 검사 결과를 설명했을 뿐인데요."

"검사, 검사! 그러니까 겨우 한 번 검사해 놓고 단정해서 말하냐고 아까부터 말하잖아요! 애초에 저기 니시무라라는 사람, 많이 어려 보이는데 괜찮은 거예요? 경험이 별로 없으니까 우리 애도 긴장한 거 아니에요? 더 경력이 많은 사람이 다시 검사해 줘요!"

"어머니, 검사를 하루에 두 번 하면 아이한테 부담이 됩니다."

"니시무라 씨, 경력이 많은 사람이 검사하면 자기가 제대로 못한 걸 들킬 것 같으니까 그렇게 말하는 거죠?"

사토자키는 니시무라를 도우려고 대화에 끼어들었다.

"어머니, 따님은 긴장하지 않았어요. 재미있게 검사를 했다고 생각합니다."

"당신, 어떻게든 우리 애를 멍청하다고 결론 내리고 싶은 거네. 인권 문제네 이건. 우리 애한테 사과해요! 이런 모욕은 처음이야!"

"어머니, 그렇게 흥분하지 마시고, 조금 진정하세요."

"아까부터 당신이 흥분하게 만들잖아! 이유도 없이 흥분하는 것처럼 말하지 말라고! 이제 나까지 멍청한 사람 취급하는 거야?"

"엄마도 나도 멍청이야? 잉잉잉."

"무슨 말이야, 아니야. 엄마도 사쿠라코도 멍청이 아니야. 사쿠라코는 정말 똑똑한 아이니까 걱정 안 해도 괜찮아."

"응, 응. 힝, 잉잉……. 엄마, 배고파. 집에 가고 싶어. 끝나면 아이스크림 사 준다고 했잖아. 빨리 아이스크림 먹고 싶어. 얼른, 엄마. 빨리! 가자! 가자!"

사토자키는 고토가 연기하는 사쿠라코를 달래려고 말을 걸었다.

"사쿠라코, 지금 엄마하고 이야기하는 중이니까 조금만 기다려."

"뭐예요, 우리 애한테 마음대로 말 걸지 말아요! 트라우마가 된다고요!"

사토자키가 말하면 말할수록 어머니 역인 미도리카와는 더 흥분해서 더더욱 수습이 되지 않았다. 그러고 나서 실컷 화를 낸 끝에 책상을 있는 힘껏 치고 면담실을 나갔다. 사토자키의 첫 롤플레이는 강제 종료됐다.

트라우마가 생긴 건 사쿠라코가 아니라 사토자키였다.

시마 계장이 싱글싱글 웃으며 말했다.

"네, 수고하셨습니다. 사토자키 씨 그럼 안 되지. 어머니가 화가 나서 가 버렸잖아. 제대로 검사 결과를 듣고 가게 해야지. 하하하하하."

"아니, 그게, 미도리카와 씨도 고토 씨도 저한테 개인적인 감정이 있어서 그러는 걸로밖에 안 보이는데요."

"무슨 무례한 말씀을! 저는 사토자키 씨처럼 공과 사를 구분하지 못하는 수준 낮은 사람이 아니거든요! 안 그래요? 고토 씨!"

"맞아요오. 무례해요오. 자기가 상대의 기분을 거슬리게 하는 말을 해 놓고 남 탓하지 말아 주세요오."

"자, 자. 그러면 지금의 롤 플레이에 대해서 평가를 진행할 텐데, 누가 먼저 할까요? 그러면 먼저 중진인 마에야마 차장님이 해 주시겠습니까? 어떠셨습니까, 방금 한 롤 플레이는."

"음, 세세한 것까지 말할 생각은 아닌데, 아무튼 사토자키 씨, 좀 더 자신을 가지고 대응을 해야지. 그렇게 벌벌 떨면서 자신 없이 하면 상담에 온 사람이 불안해지지. '이 사람 신뢰할 수 있나?' 하고 생각한다고. 허풍이라도 좋으니까 당당하지 않으면 케이스워커를 할 수 없어. 조금 자신이 없는 부분이라도 당당하게 이야기를 하면 듣는 쪽은 그런가 보다 생각한다고. 사토자키 씨가 움찔움찔 불안해하면서 이야기를 하면 상대방도 같이 불안해지지. 농담이 아니라 케이스워커한테는 허풍도 중요한 거라고."

시마 계장이 공감한다는 듯 고개를 끄덕이며 마에야마 차장의 말을 보충했다.

"맞습니다. 확실히 차장님 말씀대로 아상은 전문 기관이라서 상대는 여러 기대를 가지고 오니까요. 허풍이라도 당당하게 대응하는 게 사실은 굉장히 중요한 거지요. 이쪽이 괜찮다는 듯 느긋한 자세를 취하면 신기하게도 클라이언트는 그것만으로도 안심하기도 하니까요. 그럼 다음으로 나카야마 계장님은 어떠십니까?"

"음, 처음이니까 어쩔 수 없지만, 앞으로는 강약을 조절을 하면
좋겠군요. 면담을 하면서 좀 분위기가 나빠지거나 하는 건 자주
있는 일인데, 그럴 때 상대가 신경을 쓰는 부분이나 화를 내는 부
분을 재빠르게 감지해서 분위기를 확 바꾸는 게 중요하거든."

"분위기를 확 바꾸라고 하셔도……."

사토자키는 난감한 표정을 지었다.

"오늘 면담을 보면, 어머니가 민감하게 반응한 건 '늦다'라는
말이었잖아. 상대방 마음에 거슬리는 말이 뭔지 알았으면 뜸 들
이지 말고 방향을 바꾸는 게 좋지."

"어떤 식으로요?"

"예를 들면 '발달이 늦었다는 말은 적절하지 않았네요. 마음이
상하셨다면 사과하겠습니다. 죄송합니다.' 하는 식으로 말이야.
일단 솔직하게 사과하는 거지. 그 다음에 자신이 전하고 싶었던
말을 전하는 거야. '사람은 각자 개성이 있어서, 빠른 걸음으로
걸어가는 아이도 있으면, 천천히 발을 디뎌가면서 걷는 아이도
있거든요. 사쿠라코는 신중하게 천천히 걸음을 옮기는 타입이
네요.' 하는 식으로 말을 바꿔서. 분위기를 바꾸면 아마 어머니
도 그렇게 흥분을 안 했을 테고 역으로 자기가 오해해서 미안하
다고 생각할지도 모르지. 어때? 기리코 엄마?"

"역시, 나카야마 계장님. 정말 말씀하신 대로예요. 사토자키

씨는 제가 신경 쓰는 싫어하는 말을 써 놓고도 사과도 안 하고 변명만 늘어놓는 것 같았어요. 그런 주제에 자신도 없어 보이고, 이런 믿음이 안 가는 사람한테 제 아이가 발달이 늦다는 말을 들었다고 생각하니까 너무 화가 났어요. 게다가 '흥분하지 말라.'라는 말도 어딘가 거만해 보여서 너무 기분이 나빠지고 점점 감정이 격해졌어요."

미도리카와에 이어서 고토가 바로 말을 했다.

"맞아요오. 뭔가, 엄마를 화나게 만드는 이 아저씨가 싫었어요오. 그리고 중간중간에 멍청하다는 말이 튀어나오거나 해서 마음이 안정이 안 됐다고요오. 여기에서 빨리 나가고 싶은 불안한 마음이 들었어요오. 어른들끼리 흥분해서 다투는 장면을 보면, 어린이는 정말 무서워져서 동요하잖아요오. 그러니까 역시 나카야마 계장님 말씀처럼 방향을 잘 전환해 줬으면 했어요오."

"사회자인 제가 안 시켰는데도 미도리카와 씨도 고토 씨도 먼저 말해 줘서 고마워요."

"아, 죄송합니다. 근데 불만이 많이 쌓여서 말하지 않으면 못 견딜 것 같아서요."

"그렇군. 네, 여러분 감사합니다. 사토자키 씨, 오늘 평가 듣고 어땠나? 납득이 안 가는 부분이 있었어?"

"아뇨, 하나도 없습니다. 아직 어렵네요. 어제 미도리카와 씨하고 고토 씨한테 여러 가지 이야기를 들어서 조금은 잘할 수 있지 않을까 생각했는데요. 실제로 해 보니까 엄청 긴장되네요. 미도리카와 씨가 흥분하기 시작하니까 뭘 어떻게 말해야 할지 혼란스러워서…… 왠지 제가 한심해지네요."

어깨가 축 처진 사토자키의 얼굴에는 낙담한 기색이 역력했다.

"처음이니까 어쩔 수 없지. 처음부터 잘하면 지도하는 보람이 없잖아. 뭐, 전체적으로 다들 느낀 것처럼 역시 케이스워커는 항상 안정돼 있지 않으면 안 돼. 우리가 혼란스러워 하면 상대도 혼란스러워져서 수습이 안 되니까. 우리는 항상 냉정해야지."

"그게 참 어렵네요."

자신 없는 듯한 사토자키를 타이르듯이 시마 계장이 확실한 어조로 말했다.

"항상 냉정하게 침착한 태도를 취하면 상대가 아무리 흥분해서 마구 소리를 치더라도 분명히 흥분을 가라앉히고 자리에 앉게 되니까."

"그럴까요?"

불안을 완전히 씻어 내지 못한 사토자키에게 시마 계장은 확신에 찬 말을 계속했다.

"이건 경험에서 하는 말인데, 예를 들어 학대 면담에서 속수무책으로 흥분한 부모 앞에서도 똑같아. 막 흥분해서 때리려고 덤비는 부모라도 이쪽이 냉정하고 침착한 태도를 보이면 반드시 자리에 앉거든. 얻어맞는 일은 거의 없어. 그건 마음에 새겨 두라고. 봐봐, 다들 고개를 끄덕이잖아."

사토자키가 주위를 둘러보니, 확실히 다들 같은 생각을 하고 있는 것 같았다.

"알겠습니다. 항상 냉정하게."

"뭐, 발달 상담이라는 건 익숙해지면 요령이 생겨서 하기 쉬운 상담이긴 한데."

"그런가요?"

"다만, 발달 상담에 오는 부모는 기본적으로 성실한 사람이 많아. 아이를 진심으로 걱정하기도 하고, 발달이 늦는 원인을 자신의 탓이라고 생각하는 사람도 많아. 그래서 사소한 말에도 심하게 상처받거나, 진짜 속마음은 건드리지 말았으면 할 때도 있고. 무엇보다 신중하게 말을 골라서 해야 하는 면담이라고도 할 수 있지."

"그건 어제 미도리카와 씨한테 들어서 알고 있었는데……."

사토자키는 고개를 숙인 채 작게 고개를 끄덕였다. 그 모습을 본 시마 계장이 다정한 말투로 조언했다.

"될 수 있는 한 자신을 상대의 입장에 두는 게 중요해. 사토자키 씨도 자기한테 발달이 늦는 아이가 있다면 어떤 기분이 들지 실제 상황처럼 그려 보고, 상대를 따뜻하게 감싸 주는 말을 고르려고 신경 쓰면 좋겠지. 뭐, 익숙해질 때까지 어렵겠지만."

"알겠습니다. 주의하겠습니다."

"네, 그러면 사토자키 씨 수고하셨습니다."

"그럼, 다음은 학대 아동을 직권으로 일시 보호한 후, 부모와의 첫 면담 장면을 상정해 볼까요?"

사회자 시마 계장의 말을 들으면서 사토자키는 말이 가지는 커다란 힘에 대해 깊이 생각했다.

말은 정말 중요한 거구나. 뭐, 인간만이 가진 커뮤니케이션 수단이니까 당연할 수도 있지만, 이게 바로 말에는 혼이 담겨 있다는 거군. 상대의 마음 상태나 상황에 따라 다른 언어를 사용할 수 있는가 없는가에 따라서 면담의 흐름이 전혀 달라지니까, 말의 의미나 이미지에 따른 감각을 평소 예민하게 인식하려고 노력하지 않으면 안 되겠군.

사토자키는 생각했다. 말은 사람을 구하기도 하고 사람을 상처 입히기도 한다. 그것을 마음에 똑똑히 새겨 두어야겠다고.

그 뒤로도 롤 플레이 연수는 아동 상담소 연극단을 중심으로 몇 가지 상황을 더 설정해서 계속 이어 갔다. 사토자키는 경력이 많은 케이스워커들의 면담 진행 테크닉을 뚫어지듯 바라봤다. 그리고 그들의 숙련된 화술에 매료되었다.

자신도 저런 면담을 할 수 있었으면 좋겠다. 하지만 할 수 있을까?

정열과 불안이 사토자키의 마음속에서 팽팽히 맞섰다. 지름길이 없는 건 확실했다. 사토자키는 매월 있는 이런 롤 플레이 연수나 현장에서 경험을 쌓는 것 외에는 자신의 미숙한 면담 기능을 향상시킬 방법은 없다고 확신했다.

연수가 끝난 후, 사토자키는 중요한 일을 앞두고 있다는 사실을 떠올렸다. 인수인계 받은 비행 케이스 면담이 드디어 다음 주 월요일로 다가와 있었다.

사토자키는 비행 케이스 면담에 대해서 시마 계장과 상의를 하기 위해 판정계로 발을 옮겼다.

"계장님, 다음 주 월요일에 할 비행 상담에 대해 상의하고 싶은데요, 괜찮으세요? 처음 하는 면담이다 보니 걱정이 돼서요."

"응, 그렇지. 긴장되지?"

"엄청나게 떨려요."

"하하하하……. 그렇겠지. 미도리카와 씨도 첫 면담 때는 4시간 전부터 안절부절못해서 화장실만 들락거렸으니까."

미도리카와의 밝은 귀는 시마 계장의 낮은 목소리도 놓치지 않았다.

"저기요, 시마 계장님 다 들려요! 쓸데없는 말씀은 하지 마세요. 나중에 귀찮아진다고요."

"귀찮아진다는 말은 뭡니까. 계장님하고 이야기하는 데 맘대로 끼어들지 말라고요!"

시마 계장은 또 시작이라는 얼굴로 둘의 험악한 대화에 끼어들었다.

"저기, 사토자키 씨. 케이스 내용은?"

"오토바이 도난 두 건입니다."

"신규 아동 통지인가?"

"그렇네요. 신규예요. 저한테도 이 애한테도 첫 면담이네요."

"어디 중학교?"

"가난 중학교예요."

"학교에서 조사서에 대한 답은 왔나? 왔으면 내용 읽어 봐."

"네, 왔어요. 음, 성적은 중하. 2학년이 되고부터 갑자기 나쁜 친구들과 어울리게 되어 생활 태도가 악화. 부모는 양쪽 다 학교에 협력적으로 특별히 문제없음. 아버지는 엄한 사람으로, 아이의 태도가 나빠서 학교에 불려 가게 되면 선생님 앞에서도 아이를 심하게 때리기도 한답니다. 아버지가 올해부터 단신부임(직장인이 전근 갈 때 가족은 집에 그대로 머물고 혼자 지방 근무지로 부임해 가는 것)을 해서, 그때부터 생활 태도가 악화됐다고 나와 있네요."

"알겠어. 뭐, 엄한 아버지한테 억눌려 있던 게 사춘기가 되고부터 갑자기 누름돌이 없어져서 튀어 나갔다는 거구먼. 계속 혼나서 자존감이 낮겠네. 다음은 당일 이것저것 이야기를 들어 보고 어떻게 할지 정할까?"

"준비해야 할 게 있을까요?"

"본인한테 그림 그리라고 할 거니까 종이하고 연필만 준비해 줘. 사토자키 씨는 면접 상황을 기록해야 하니까 물론 메모 준비

도 해 두고. 이번이 처음이기도 하고, 우선은 상황을 관찰하면
돼. 다음은 내가 할 거니까. 긴장 안 해도 돼. 괜찮아."

"네, 알겠습니다. 그럼 이번에는 메모하면서 견학하면 되겠네
요. 조금 안심이 되네요. 그러면 월요일에 잘 부탁드립니다."

"응, 잘 부탁해."

시마 계장님은 어떻게 면담을 진행할까. 진행 방법은 이미 정
한 것 같고 결과까지 예상하시는 것 같은데……. 어떻게 될까?
기대가 되네.

사토자키는 자신 넘치는 시마 계장의 모습을 보고, 이번 비행
상담에서 어떤 기술을 보여 줄까 궁금해서 견딜 수 없었다.

그리고 월요일, 사토자키는 시마 계장의 실력을 생생하게 보
게 된다.

마술사

드디어 월요일이 되었다. 아니나 다를까 사토자키는 아침부터 안절부절못했다. 자리에서 앉았다 섰다, 화장실에 왔다 갔다 하기를 몇 번이나 반복했다. 꼭 배곯은 곰이 배회하는 것 같았다.

"저기, 사토자키 씨. 정신없으니까 가만히 좀 앉아 있어요. 면담은 1시부터잖아요. 아직 9시 반이에요! 한참 남았잖아요. 덩치가 크니까 눈에 띄어서 거슬린다고요!"

"거참, 미도리카와 씨도 첫 면담 전에는 네 시간 전부터 안절부절못했다면서요! 남 말할 처지예요?"

"아무튼 앉으세요."

"알았어요."

사토자키는 자리에 앉아도 진정이 되지 않았다. 긴장이 되어 오전 내내 몇 번이나 시계를 봤다. 점심시간에는 식사를 빨리 끝내고 커피를 몇 잔이나 마시면서 그저 면접 시간이 오기를 기다렸다.

12시 50분. 사무실의 문이 드르륵 열렸다.

"실례합니다. 오늘 1시에 오라고 하셔서 왔습니다. 스나가와 노부히로 아비 되는 사람입니다. 사토자키 선생님 계십니까?"

"네, 사토자키입니다. 노부히로 아버지시지요? 오시느라 고생하셨습니다. 면담실로 안내하겠습니다. 이쪽으로 오세요. 노부히로, 안녕?"

"……."

"이 자식, 노부히로! 제대로 인사 못 해? 이 꼴통!"

"아버님, 괜찮습니다. 노부히로도 긴장해서 그럴 뿐인데요."

"선생님, 저는 노부히로 엄마입니다. 이번 일로 폐를 끼쳐서 정말 죄송합니다. 잘 부탁드립니다."

"아, 아닙니다. 아버님, 어머님, 마음 편하게 계세요. 면담실로 안내하겠습니다."

조금 어두운 복도에 네 명의 발소리가 불규칙하게 울렸다.

"이쪽에서 기다려 주시겠습니까? 금방 아동 심리사하고 같이 오겠습니다."

"네, 알겠습니다."

노부히로의 아버지와 어머니는 깊이 머리를 숙였다. 사토자키는 면담실에서 나와 시마 계장이 있는 곳으로 달려갔다.

"계장님, 계장님! 오셨어요. 드디어 오셨어요. 아버지하고 어머니하고 노부히로, 가족 세 명이 다 왔어요!"

"아버지도 오셨어? 오호, 좋네. 이 케이스는 좋은 방향으로 흐를 것 같은 느낌이 드는군."

"어째서요?"

"그야 평일 이 시간에 아버지까지 왔다는 건, 당연히 회사를 쉬고 왔다는 거잖아. 그 정도로 가족 모두 최선을 다하겠다는 얘기라고. 아들을 어떻게든 바로잡고 싶다는 생각에 긴장감이 높아져 있다는 증거야. 이런 걸 가족의 응집력이라고 하는데, 이 가족은 지금 응집력이 높으니까 잘 정리가 될 것 같아."

오, 응집력이 높아져 있다는 말이 뭔지 잘 모르겠지만 계장님은 긍정적인 쪽으로 보는구나. 하지만 비행 소년 면담이라는 건 어떤 식으로 진행되는 걸까? 계장님이 갑자기 싹 변해서 호되게 꾸짖거나 하는 걸까? 시마 계장님이 취조하는 경찰처럼 화내는 건 상상이 잘 안 되지만.

"그럼, 사토자키 씨. 가 볼까?"

"네, 이번에도 잘 부탁드립니다."

"니시무라 씨, 아이랑 대화 좀 해 줄래?"

"네, 알겠습니다. 검사도 할까요?"

"필요 없어. 이야기만 들어 주면 돼."

"네, 알겠습니다."

"사토자키 씨, 당당하게 하라고. 당당하게."

"네, 알겠습니다. 노력하겠습니다."

"그럼, 문 엽니다."

"네."

"안녕하세요? 처음 뵙겠습니다. 판정 계장 시마라고 합니다."

"케이스워커 사토자키입니다."

당당하게 하자. 당당하게!

사토자키는 마음을 진정시키려고 마음속으로 몇 번이고 되뇌었다.

"아동 심리사 니시무라라고 합니다."

"안녕하세요? 스나가와라고 합니다. 정말 죄송합니다. 잘 부탁합니다."

긴장해서 얼굴이 굳어진 노부히로 아버지의 표정을 보고 시마 계장은 다정하게 말을 걸었다.

"아버님, 그렇게 긴장하지 마세요. 여기는 경찰서가 아니니까요. 노부히로, 오늘은 왜 아동 상담소에 왔는지 알아? 자기 입으로 설명할 수 있어?"

"오토바이, 훔쳐서……. 경찰한테 걸려서 붙잡혔어요……."

"그래서 반성했어? 스스로도 나쁜 짓 했다고 생각해?"

"네."

"그래. 이 일에 대해서 아버지하고 어머니하고 같이 이야기했어?"

"엄청 혼났어요."

"혼낼 때 누가 더 무서워?"

"아버지."

"그렇구나. 아버지가 박력 있는 분이시네. 그러면 우선, 이번 아동 통지서에 대해서 설명하겠습니다."

시마 계장의 목소리 톤은 평소와 다름없이 안정돼 있었다.

"노부히로는 지금 만 14세이지만 이 사건이 있었을 때는 아직 만 13세였지? 만 14세 미만인 소년이 법률을 위반하면 아동 복지법에 따라 경찰 쪽에서 아동 상담소로 아동 통지서라고 해서 이런 문서를 보내."

노부히로는 시마 계장이 내민 아동 통지서를 조용히 바라보았다.

"만 14세 이상이 되면 소년법이라는 법률로 지도하게 되어 있어서 경찰이 가정 재판소에 서류를 보내거든. 가정 재판소에서 판결을 내리니까. 그래서 노부히로는 여기 아동 상담소로 오게 된 거야. 알겠니?"

노부히로는 작게 고개를 끄덕였다.

"그러면 아동 통지서 내용을 확인할 테니까 들어 봐. 내용이

틀리면 곤란하니까. 그럼 읽을게. 촉법 소년, 스나가와 노부히로는 2014년 12월 21일 오후 2시경 JR 삼와역 주변에 주차되어 있던 오타 신지 소유의 오토바이를……."

시마 계장은 아동 통지서 내용을 당사자에게 읽어 주고 내용에 문제가 없는지를 확인했다.

"어때? 노부히로, 통지서에 틀린 부분은 없어?"

"전부 맞아요."

"그래? 그럼 노부히로는 이렇게 법률에 저촉되는 나쁜 행동을 했으니까 제대로 반성하고 앞으로 같은 잘못을 하지 않겠다는 걸 선생님이나 아버지, 어머니한테 보여 주지 않으면 안 돼. 오늘은 그렇게 하기 위해서 어떻게 하는 게 좋을지 다 같이 생각해 볼 테니까 노부히로도 같이 생각해 보자. 할 수 있겠어?"

"네. 할 수 있어요."

"좋아. 그렇다면 지금부터 노부히로는 니시무라 선생님하고 다른 방에 가서 이야기를 할 거니까 니시무라 선생님을 따라가렴. 니시무라 씨, 안내해 주세요."

"네. 그럼 노부히로는 선생님 따라올래?"

아니, 노부히로하고는 더 이상 이야기를 안 하는 건가? 전혀 혼내지 않았잖아. 혼내기는커녕 말투가 엄하지도 않았잖아! 오토바이를 훔친 아이한테 이렇게 부드럽게 말해도 되는 걸까? 계장님은 무슨 생각인 거지? 돌아오면 심하게 혼낼 생각인 건가?

사토자키는 시마 계장의 대응이 이해가 가지 않았다.

시마 계장은 노부히로가 방에서 나간 것을 확인하고 아주 온화한 눈빛으로 부모님을 바라보았다.

"아버지, 어머니께 몇 가지 이야기를 듣고 싶습니다. 잘 이야기해 주세요."

"저희야말로 잘 부탁드립니다."

"그러면 어머니, 아버지, 노부히로가 어릴 때부터 어땠는지 이야기를 듣고 싶은데요. 괜찮습니까?"

"네, 괜찮아요."

시마 계장은 어머니가 노부히로를 임신했을 때부터 최근까지 성장 과정을 자세히 들었다. 하지만 그것은 단순히 정보를 수집하는 느낌은 아니었다. 노부히로를 임신했을 때 부모가 느꼈던 기쁨과 노부히로가 태어났을 때 행복했던 기분, 어릴 때 즐거웠던 추억을 천천히 풀어 내서 다시 한 번 떠올리는 작업을 하는 것 같았다. 노부히로의 부모는 '그러고 보니 그런 일이 있었네. 이런 일도 있었지.' 하고 노부히로와 즐거웠던 추억을 떠올리고, 웃는 얼굴로 그리운 듯 이야기를 했다.

사토자키는 시마 계장이 무언가를 준비하고 있다는 건 눈치를 챘지만 무엇을 하려고 하는지까지는 확실히 알지 못했다. 다만 부모의 표정이 침통한 표정에서 아주 부드럽고 온화한 표정으로 변한 것만은 분명했다.

그때 면접 직전에 시마 계장이 말했던 '높은 응집력'이라는 말이 사토자키의 머릿속을 스쳤다.

그렇구나! 계장님은 이 가족의 응집력을 단숨에 높이려고 하는 거구나. 문제를 일으킨 못난 아들에 대한 걱정과 초조함, 어딘가 마음에 안 드는 아들에 대한 마이너스 이미지를 단숨에 플러스로 전환하려고 하고 있다. 부모에게 노부히로가 더 없이 소중했던 때의 추억을 되살려서 말이다. 부모에게서 아들을 꼭 바로잡겠다는 강한 의지를 끌어내려는 건가. 뿔뿔이 흩어지려던 가족을 다시 뭉칠 수 있게 하려는 거구나.

"아버지도 어머니도 그렇게 오래전 일을 세세하게 기억하고 계시네요. 노부히로를 정말 소중하게 생각하셨군요. 아까 한 이야기로는 결혼하고 노부히로가 태어날 때까지 조금 시간이 있었던 것 같은데요."

"맞습니다. 아이가 너무 안 생겨서 거의 포기했을 때쯤 생긴 아이예요. 그래서 저도 아내도 정말 기뻐했던 걸 기억합니다."

"그렇군요. 정말 고대하던 아이였군요. 학교 선생님 말씀으로는 아버지는 노부히로를 꽤 엄하게 키우신다고……."

"네. 어렵게 얻은 아이라 그런지 기대가 커지더라고요. 착실하고 듬직한 남자로 키워야 한다는 생각이 드니까 이상하게 매사 힘이 들어갔어요. 꽤 엄하게 키웠습니다. 말을 좀 알아들을 때부터는 야단만 쳤던 것 같습니다."

"그래요? 그렇게 엄하게요? 그래도 혼낸 만큼 칭찬할 때는 확실히 칭찬해 주셨죠?"

"아뇨, 그게⋯⋯. 아무래도 칭찬하는 게 멋쩍어서요. 거의 칭찬한 기억이 없네요. 지금 생각하면 너무 못할 짓을 했네요."

"음, 혼나기만 하면 위축되기도 하고, 숨이 막히는 느낌을 받았을 수도 있겠네요. 안타깝네요."

"그건 무슨 말씀이신지."

"아까부터 이야기를 들어 보니, 아버지도 어머니도 마음속 깊이 노부히로를 사랑하는데, 어쩌면 그 마음이 노부히로에게 별로 전해지지 않았을지도 모르겠네요. 좀 더 정확하게 마음을 표현해서, 애정을 알기 쉽게 표현하는 게 좋을 것 같아요."

천천히 고개를 끄덕이던 어머니가 조용히 입을 열었다.

"맞아요. 저 애는 정말 착한 애예요. 옛날부터 집안일도 많이 도와줬어요. 그런데 저는 고마움을 제대로 표현하지도 않았어요. 어쩐지 오늘 선생님하고 이야기를 하니까 정말 저 아이에게 매정했다는 생각이 드네요."

"어머니도 아버지도 그런 기분을 노부히로에게 솔직하게 전해 보세요. 민망하시겠지만 역시 말로 하지 않으면 잘 전해지지 않으니까요. 어떠세요? 모처럼 생긴 기회인데 오늘 노부히로한테 사과하는 건."

"오늘 여기서요?"

아버지는 조금 놀란 모습이었다.

"창피하신가요? 하지만 이런 기회가 아니면 더 하기 어려우실 텐데요. 오늘 여기서 눈 딱 감고 사과하면, 분명히 노부히로와 더 솔직한 관계가 될 거라고 생각해요. 노부히로도 부끄러워할지도 모르지만 그래도 기뻐할 거라고 생각합니다."

"알겠습니다. 선생님이 하신 말씀이 맞습니다. 이런 기회를 놓치면 절대로 못 하겠지요. 해 보겠습니다."

그때 노부히로와 면접을 끝낸 니시무라가 혼자 돌아왔다.

"어땠어? 이것저것 많이 이야기했나?"

"정말 솔직한 아이네요. 꽤 진솔하게 마음을 말해 주더라고요."

"그럼 아버지하고 어머니께 말씀 드려요."

"네. 먼저 이번 사건에 대해서는 정말 반성하고 있는 것 같아요. 아동 상담소까지 오게 되어 부모님께 걱정을 끼쳤다면서 이제 절대로 하지 않겠다고 말하더라고요. 지긋지긋하다고."

"아하하하하. 그래? 지긋지긋하대?"

"네. 그리고 아버지가 엄청나게 무섭다고 하더라고요. 아버지에 대해서는 꽤 강한 공포심이랄까 경외심 같은 걸 가지고 있었어요. 자주 혼난다고 하기에 어떨 때 혼나냐고 물어봤거든요."

"그랬더니 뭐래?"

"걸핏하면 혼난다고 막연한 답을 하더라고요. 단, 혼나는 원인은 자기한테 있다고 생각하는 것 같아요. 계속 하는 말이, 자기가 모자라서 그렇다고도 하고, 아버지의 기대에 못 미쳐서라고 말하기도 하고, 자신을 비하하는 말을 하더라고요. 아무래도 자기 자신에 대해서 좋은 이미지가 서 있지 않은 것 같고 자존감이 낮은 것처럼 보였어요."

"그렇구먼. 고마워. 노부히로는 지금 뭐 하고 있나?"

"나무를 그리고 있어요."

"아, 그래. 그럼 금방 끝날 테니까 잠깐 가서 끝났으면 가져와요."

"알겠습니다."

니시무라가 나간 후, 부모님은 조금 겸연쩍어 하는 분위기였다. 둘의 생각을 금방 알아챈 시마 계장은 조금 밝은 톤으로 말을 걸었다.

"음, 아버지하고 어머니께는 좀 충격적인 이야기였네요."

"네. 어쩐지 애한테 너무 잘못했다는 생각이 드네요. 그저 부끄러울 뿐이에요."

"그렇지만 노부히로는 역시 아버지하고 어머니를 싫어하지 않네요. 절대로. 이번 사건에 대해서도 부모님께 걱정을 끼쳤다고 생각하고 있고. 아버지한테 혼났다고는 말하지만 아버지를 나쁘게 말하지 않고요. 그러니까 아버지하고 어머니가 노부히로를 사랑하는 마음이 전해지지 않은 건 아니네요. 분명히."

"그, 그럴까요? 별로 자신이 없네요."

"괜찮아요. 노부히로는 아버지하고 어머니의 애정을 느끼고 있을 거예요. 그러니까 앞으로는 직접적으로 칭찬해서 애정을 바로 느낄 수 있게 합시다. 그쪽이 분명 서로한테 좋아요."

부모는 시마 계장의 눈을 가만히 바라보며 고개를 끄덕였다.

그때 니시무라가 돌아왔다.

"실례합니다. 계장님, 그림 다 됐어요."

"어디 어디, 보여 줘 봐. 아, 그렇구먼. 아버지하고 어머니께도 보여 드리지."

시마 계장은 니시무라가 가지고 온 나무 그림을 부모 앞으로 내밀었다.

"이건 나무 그림 테스트라는 심리 검사인데요. 실제로 나무를 그리라고 해서 어떤 나무를 그리느냐에 따라 그 사람의 심리 상태를 보는 검사예요. 먼저 나무 이파리 부분을 보시죠. 이건 수관이라고 해서 나무줄기 위에 많은 가지가 달려 있는 부분인데 종이 밖으로 튀어나갔잖아요."

"네, 그러네요."

부모는 관심 깊게 그림을 바라보았다.

"이건 노부히로가 가지고 있는 에너지가 상당히 많다는 걸 의미해요. 종이 안에 다 담지 못할 정도로 에너지가 넘치네요. 그런데 그걸 지탱하는 몸통을 보면 수관에 비해서 얇고 빈약하죠? 이건 자신이 없다는 걸 나타내고 있어요."

"그런 뜻이……."

"그리고 이 나무는 뿌리가 안 그려져 있잖아요. 어디 공중에 떠 있는 것처럼 보이죠. 뿌리가 제대로 그려지지 않은 건, 역시 발이 땅에 닿아 있지 않은, 둥둥 떠 있는 정신 상태를 의미해요. 아주 큰 에너지를 가지고 있는데 그걸 제대로 컨트롤 못 할 정도로 정신적으로는 성장하지 못한, 아주 불안정한 상태네요."

"……."

부모는 침통한 표정으로 노부히로의 그림을 가만히 바라봤다. 시마는 조용히 설명을 계속했다.

"그리고 나무 열매가 드문드문 그려져 있죠? 이건 지금까지 인생에 있어서 성취감을 느낀 게 적었다는 걸 나타냅니다. 역시 좀 더 칭찬해 주고 노부히로의 자신감을 키워 주는 게 중요하겠네요."

"왠지 노부히로한테 정말 미안한 마음이 드네요."

어머니가 슬픈 눈을 하고 작게 중얼거렸다.

"아이는 칭찬해 주면 자신을 가지게 돼요. 자신이 붙으면 점점 자주적으로 뭔가에 도전하게 되니까 주체성이 생기고요. 주체성을 가지고 뭔가를 달성하면 더욱 더 자신이 붙습니다. 이걸 반복하면서 인간은 성장해 가니까요. 앞으로는 노부히로를 많이 칭찬해 주세요."

"네, 그렇게 할게요."

"그럼 노부히로를 오라고 해서 같은 잘못을 반복하지 않겠다는 본인의 의지를 듣도록 하겠습니다. 그러기 위해서 스스로 노력할 수 있도록 뭔가 과제를 정하도록 하지요. 혹시 과제를 하지 못했을 경우에 가족 모두가 받을 벌을 정할 텐데, 아버지도 어머니도 같이 힘내 주세요. 노부히로가 열심히 못하면 가족 모두가 협력해서 같이 열심히 하겠다는 자세가 정말 중요하니까요."

"열심히 해 볼게요."

"그러면 니시무라 씨, 노부히로를 불러와 줘요."

"네, 알겠습니다."

노부히로가 조금 멋쩍은 듯이 방에 들어왔다. 아버지와 어머니가 노부히로를 따뜻한 웃음으로 맞아 주었다.

"노부히로, 니시무라 선생님하고 이야기 잘 했어?"

"네."

"그래. 선생님은 노부히로가 니시무라 선생님하고 이야기할 동안에 아버지하고 어머니한테 노부히로에 대해서 들었는데, 두 분 다 노부히로가 어릴 때 있었던 일을 지금도 엄청 자세히 기억하고 계시네. 깜짝 놀랐어. 그렇게 세세한 것까지 기억하고 계시는구나 하고. 노부히로도 그렇게 생각하지?"

"몰라요. 그런 이야기 들은 적이 없어서."

"아! 그렇구나. 노부히로가 어릴 때는 어떤 아이였는지 별로 들은 적이 없어?"

"음, 아마 없던 것 같아요."

"그래? 그럼 방금 이야기를 들은 선생님이 노부히로보다 노부히로가 어릴 때 모습을 잘 아는 거겠네."

"그럴지도……."

노부히로는 아주 살짝 웃으며 작게 고개를 끄덕였다. 시마 계장은 노부히로에게 다정하게 말을 건넸다.

"사실은, 아버지하고 어머니는 아이가 잘 안 생겼대. 그래서 이제 안 되겠다 하고 포기하려고 하는데 노부히로가 생긴 거래. 그러니까 어머니가 노부히로를 임신했을 때는 그렇게 기쁠 수가 없었대."

"……."

노부히로는 많이 부끄러운 듯이 웃었다.

"노부히로가 태어났을 때 최고로 기뻤는지 그때 이야기를 하실 때 아버지하고 어머니 얼굴은 엄청나게 행복해 보이시더라고. 어렸을 때 이야기를 하실 때도 그랬어. 노부히로는 정말 부모님한테 사랑받고 자란 것 같아서 선생님은 많이 부러웠어."

"앗, 진짜요?"

"그럼. 근데 노부히로는 믿기 어려울지도 모르겠다. 아버지가 맨날 화만 내셨으니까. 그래도 아버지가 엄하셨던 건 나름대로 이유가 있으셨어."

"이유?"

"아까 말한 것처럼 어렵게 생긴 아이였으니까, 아버지한테 너무 힘이 들어간 거지. 남자아이기도 하고, 강하고 바른 아이로 키워야 한다고 너무 무리하셨대. 그래서 자기도 모르게 엄하게 하고 말았다고."

"……."

노부히로는 가만히 시마 계장의 말에 귀를 기울였다.

"그래도 이유가 뭐든 간에 혼나기만 하면 괴롭지. 숨이 막히는 것 같잖아. 혼날 때 혼나더라도 역시 칭찬받을 일이 있으면 칭찬을 해 줘야지. 노부히로, 근데 아버지도 그거에 대해서 지금은 정말 미안하게 생각한대. 그래서 아버지가 할 말이 있는 것 같으니까 이야기를 들어 줄래?"

"그, 그래요? 뭔데요?"

"노부히로, 아버지가 오늘 시마 선생님하고 여러 가지 이야기를 하고 노부히로가 어렸을 때를 떠올렸더니, 너무 너한테 내 생각만 강요한 것 같아서 정말 부끄럽다."

"왜 아버지가 부끄러워?"

"사실은 나도 내 아버지한테 혼나기만 했거든. 그 결과 내 자신이 강한 사람이 됐냐 하면 전혀 아니야. 소심하고 회사에서도 주위 눈치만 보거든. 내가 아버지한테 혼나기만 해서 이런 인간이 됐는데도 너한테 같은 방식으로 대했다는 게 그저 부끄럽구나."

"할아버지도 아버지한테 소리 질렀구나."

"응. 확실히 아까 시마 선생님이 말씀하신 것처럼 아버지는 노부히로가 강한 사람이 되길 바랐어. 그래서 많이 엄하게 대했고 화만 냈지. 그래도 선생님하고 이야기하고 깨달았어. 혼내기만 하면 강한 사람이 되기는커녕 스스로 자신감도 가지지 못하는 위축된 사람이 되고 만다고. 칭찬을 못 받으면 인간은 자신이 생기지 못한다고."

"……."

노부히로는 아주 진지한 얼굴로 아버지를 바라봤다. 아버지도 그런 노부히로의 얼굴을 제대로 바라보면서 따뜻한 목소리로 이야기를 이어 갔다.

"어릴 때 노부히로는 내가 피곤해하면 어깨를 주물러 주거나 집 고치는 일을 도와주거나 하는 정말 착한 아이였는데, 나는 제대로 고맙다는 말도 안 하고 칭찬도 하지 않았지. 노부히로, 정말 미안하다. 잘못했다."

아버지는 깊이 머리를 숙였다. 눈에는 눈물이 맺혀 있었다.

아동 상담소에 막 도착했을 때는 호랑이 같은 얼굴이었던 아버지가 지금은 전혀 다른 얼굴이 되어 있었다. 부드러운 표정으로 눈물을 머금고 노부히로에게 머리를 숙이고 있었다. 노부히로는 자신이 다른 방에 가 있던 30분이라는 짧은 시간 동안 아버지에게 무슨 일이 생긴 건지 몰라 어안이 벙벙했다. 하지만 아버지의 다정한 말과 진지한 태도에 갑자기 꽉 막힌 가슴이 뚫린 것 같았다. 정신을 차려 보니 눈에 눈물이 가득했다.

"아빠, 사과 안 해도 돼. 나도 잘못한 게 많은데. 오토바이까지 훔쳐서 마음고생시켰으니까 그렇게 미안해하지 마."

둘의 이야기를 한동안 조용히 듣고 있던 시마 계장이 노부히로에게 가만히 말을 걸었다.

"노부히로, 아버지 멋있지? 상대가 자식이더라도 자기가 잘못했다고 생각한 걸 알고 머리까지 숙여 제대로 사과하고. 정말 훌륭하시네. 그렇지?"

"네."

"아버지도 어머니도 이번 일로 정말 노부히로를 걱정하고 계시니까, 노부히로도 이제 절대 그런 나쁜 짓은 하지 않겠다는 마음을 행동으로 표현해 주지 않을래?"

"행동으로요?"

"응. 노부히로가 계속 열심히 할 수 있는 일을 정하는 거야. 아버지도 어머니도 같이 마음으로 응원해 주실 거니까. 뭐든지 좋은데 처음부터 너무 어려운 건 하지 마. 너무 간단한 것도 의미가 없겠지. 본인이 노력하면 할 수 있는 걸로 정하면 좋겠어. 예를 들어 팔 굽혀 펴기를 매일 50회 한다거나. 어때?"

"음, 그럼 땡땡이 쳤던 축구부 연습에 매일 나갈게요. 그리고 집에 가서는 매일 팔 굽혀 펴기 50번씩 하고요."

"와! 대단하네. 공부는?"

"숙제도 꼭 할 거예요."

"좋아. 그걸로 결정! 잘할 수 있지? 바꾸고 싶으면 지금밖에 없어. 괜찮아?"

"할 수 있어요."

"그럼 아버지, 어머니. 혹시 노부히로가 오늘 한 약속을 지키지 못했을 때 가족 모두가 받을 벌을 정해 주시면 좋겠는데요."

"음, 제가 이래 봬도 옛날에 역전 경주(도로를 달리는 장거리 릴레이 경기)를 했었거든요. 마라톤을 하는 건 어떨까요?"

"네? 저도 달리나요? 마라톤은 못해요. 달려 본 적이 없는데……."

"괜찮아. 처음에는 천천히 달리니까. 그리고 당신은 당신 속도에 맞춰서 달리면 되지."

"어쩔 수 없네요."

시마 계장은 어머니 표정이 싫지만은 않다는 걸 알아챘다.

"네, 그럼 그걸로 정하기로 해요. 그러면 노부히로, 오늘 한 약속 잘 지켜."

"네."

"2주 후에 노부히로가 어떻게 하고 있는지 들을 거야. 알았지? 아버지는 일이 있으실 테니까 무리해서 오지 않으셔도 됩니다."

"아뇨, 될 수 있는 한 일을 쉬고 오겠습니다. 잘 부탁드립니다."

아버지의 표정은 아주 밝고 말에는 힘이 넘쳤다. 시마 계장은 그런 아버지의 모습을 보고 기뻐하며 말을 건넸다.

"오랜 시간 수고하셨습니다."

"시마 선생님, 오늘 정말 감사합니다. 노부히로하고 제대로 마주 보고 이야기한 게 정말 오랜만이네요. 정말 고맙습니다."

"아버지 멋있으셨습니다. 그럼 2주 후에 뵙겠습니다."

면담실에서 복도로 나온 가족은 시마와 사토자키에게 정중히 인사하고 천천히 입구로 향했다.

사토자키는 즐겁게 이야기 나누면서 돌아가는 가족의 모습을 바라봤다. 상담소에 들어올 때와는 전혀 다른 모습이었다. 사토자키는 속이 아주 시원했다.

"시마 계장님, 대단하시네요! 저렇게 해결이 되네요! 여기에 왔을 때만 해도 인사 제대로 하라고 아이를 혼내기만 했는데 면담실에서는 두 분 다 우셨어요. 하마터면 저도 울 뻔했어요."

"정말 울 뻔했어? 방금 그 면담을 보고? 안 돼, 그렇게 쉽게 감동해서야. 그러면 매번 면접에서 울게 된다고. 정말 재미있는 사람이야."

"네? 정말요? 방금 건 감동하죠, 당연히! 근데 계장님. 잘 모르겠는 게 하나 있는데요. 오토바이를 훔친 벌이라고 하기에 클럽 활동을 계속하는 것과 팔 굽혀 펴기는 너무 가볍지 않나요? 그걸로 재범을 예방할 수 있을까요? 형사 드라마에 나오는 취조실처럼 계장님이 책상을 탁 치면서 박력 있게 화낼 거라고 생각했거든요. 너무 상상한 것 하고 달라요. 그걸로 괜찮나요?"

"하하하하……. 형사 드라마라니. 화를 내거나 타이르거나 열심히 말하면 사람은 분명 변한다는 건 망상이라고. 케이스워커는 그런 '말하면 알아듣는 증후군' 같은 망상에는 빠지지 않는 게 좋아."

"'말하면 알아듣는 증후군'이요?"

"사토자키 씨, 누구한테 한마디 들은 정도로 사람이 바뀔 거라고 생각하나? 인격이나 성격이라는 건, 부모가 아이를 키우는 과정에서 형성되는 거라고. 오랜 시간이 걸려서 만들어진 성격이 그렇게 간단하게 변할 리가 없잖아."

"조금은 효과가 있지 않을까요?"

"사람의 성격이 변한다고 한다면, 그건 본인이 자신의 성격에서 개선하고 싶은 곳을 찾아내서 매일 그 부분을 진지하게 마주하고 포기하지 않으면서 죽도록 훈련을 반복했을 때가 아닐까. 본인한테 바꾸고 싶은 마음이 없다면 남이 아무리 열정적으로 정당한 주장을 해도 그렇게 간단하게 성격이 변하지 않을 거라고."

"그럴까요?"

"만약에 성실하고 정의감이 강한 초등학교 선생님이 있다고 해 봐. 그 선생님 반에 화를 잘 내고 폭력을 휘두르는 난폭한 성격의 어린이가 있다고 한다면 그 선생님은 그 어린이한테 뭐라고 할까?"

"그야 폭력은 안 된다고 주의를 주겠죠."

"그럼, 왜 폭력은 안 되지?"

"왜냐니, 사람을 다치게 하면 안 되잖아요."

"왜 사람을 다치게 하면 안 되지?"

"그건 사람으로서 당연한 거잖아요. 사람을 다치게 하지 않는 게 옳은 거잖아요."

"말하자면, 일반적으로 통용되는 이론이나 정의에서 벗어나 있으니까 안 된다고 말하는 거네."

"맞아요. 틀렸습니까?"

"물론 틀린 건 없어. 하지만 일반적인 정의나 논리를 내세워서 폭력을 휘두르는 건 나쁜 거니까 그만둬, 모두와 사이좋게 지내, 상대방을 배려해 줘, 타인에게는 친절하게 대해야 해, 그렇게 열심히 말한다고 그 어린이가 바뀔까?"

"끈기 있게 말하면 점점 바뀌지 않을까요……."

"끈기 있게 이야기했는데도 안 바뀌면 어떡하지? 계속 반복하나? 아니면 포기해?"

"……."

"표면적으로 보이는 현상만 좇아서 그 현상을 옳은 말로 바꾸려고 하거나 억누르려고 해도 현상은 해결되지 않아. 중요한 건 현상을 일으키는 원인을 밝혀내서 환경을 개선하는 거야."

"원인 규명과 환경 개선……."

"혹시 그 어린이가 집에서 항상 부모한테 맞고 있다고 한다면 어떨까? 부모는 짜증이 나면 이유도 없이 그 어린이를 때려. 부모는 누구한테도 혼나지 않아. 하지만 자신은 학교에서 폭력을 휘두르면 안 된다고 혼나. 어째서 부모는 괜찮고 자기는 안 되는 거지? 부모도 선생님도 그 어린이한테는 큰 스트레스 거리가 아닐까?"

"집에서는 이유도 없이 맞고, 그 스트레스가 쌓여서 학교에서 폭발하면 선생님한테는 잔소리를 듣는다. 어떻게 스트레스를 풀어야 할지 고민하는 게 또 스트레스로……."

"이제 알겠지? 우리는 정의나 논리를 호소하기만 해서는 안 돼. 케이스워커가 해야 할 일은, 그 어린이가 왜 폭력을 휘두르는가를 알아내서 폭력을 휘두르지 않고도 지낼 수 있도록 환경을 정리해 주는 것. 중요한 건 본인이 바뀌려는 의지를 가질 수 있도록 하는 거야."

"바뀌려는 의지를 가질 수 있도록……."

"이야기를 오늘 케이스로 가져와서, 노부히로는 지금까지 엄하게 꾸중을 듣기만 했던 인생을 보내서 자존감도 낮고, 자신도 없어. 그런데 사춘기를 맞아서 에너지는 점점 높아지니까 폭발할 것 같아. 이런 어린이한테는 제대로 자신감을 갖게 하는 게 우선 필요하다고 생각해."

"그건 어쩐지 알 것 같아요."

"그러기 위해서는 뭐든지 좋으니까 자기가 정한 목표를 달성해서 만족감을 얻는 게 중요해. 그런데 이때, 가족의 협력도 절대적으로 필요해. 서로 으르렁거리거나 불신감을 가지고 있으면 잘 해결이 안 되지. 그러니까 오늘은 아버지하고 어머니한테 다시 한 번 노부히로에 대한 좋은 이미지를 심어 주는 게 필요하다고 생각했어."

"아, 응집성!"

"그래. 그래도 노부히로는 착한 어린이라거나, 아버지도 더 칭찬해 주라거나 하는 말을 내가 하는 건 의미가 없어. 아버지 자신이 느껴야지."

"바뀌려고 하는 본인의 의지네요."

"응. 그 아버지도, 어머니도 지적인 느낌이었어. 내가 가족이 행복했던 때를 떠올리게 하면 뭐가 잘못됐는지 자연스럽게 알게 될 거라고 생각했지."

"그렇구나."

"실제로 아버지는 자신과 자기 아버지와의 관계까지 거슬러 올라가서 분석했잖아. 그런 걸 할 수 있는 사람은 바뀔 수 있겠지. 내가 지금 노부히로한테 하고 있는 건 '과제 달성법'이라고 해."

"과제 달성법이요?"

"실현 가능한 과제를 정해서 그걸 달성하게 하고, 해냈다는 성취감을 맛보게 하는 거지. 자기도 하면 된다는 자신감이 점점 붙는다고. 그러면 주체성이 몸에 붙게 되니까 주변에 흔들리지 않고, 자신을 컨트롤할 수 있게 되는 거야."

"주어진 과제를 해내는 걸로 자신을 키우는 거군요."

"그래. 혹시 실패한다고 해도 가족이 같이 버티고 있어. 그걸 아니까 그 가족의 응집성은 높아지고 단번에 가족이 단결될 수 있지."

"아, 멋지네요!"

"기껏 팔 굽혀 펴기라고 했지? 뭐, 반신반의하는 것도 이해가 돼. 실제로 얼마나 변하는지 눈으로 확인해 보라고. 잘 해결되면 나를 시마가 아니고 시마 님이라고 부르라고 할까. 하하하하하……. 말해 두지만 농담이야. 사토자키 씨는 뭐든 정말이라고 믿으니까."

시마 계장은 조금 장난스러운 웃음을 지었다. 사토자키도 덩달아 씩 하고 하얀 이를 보였다. 면담을 끝낸 사토자키의 마음은 상쾌한 기분으로 가득 찼다.

이때부터 사토자키는 겉으로는 차갑고, 때로는 냉담한 말을 뱉지만 휴머니스트인 시마 계장을 존경하는 마음으로 조용히 '마술사'라고 불렀다.

그 뒤, 사토자키는 사흘도 채 지나지 않아서 가난 중학교 학생부에 전화를 걸어 노부히로의 상태를 확인했다. 결과는 매우 좋왔다. 노부히로는 매일 지각하지 않고 등교해서 아침 훈련을 포함한 모든 축구부 연습에 참가했다. 집에 돌아가서도 팔 굽혀 펴기와 숙제를 열심히 한다고 했다.

사토자키는 2주 간격으로 이 가족을 만나는 것이 즐거웠다. 만날 때마다 부모와 자식의 거리가 가까워지고 만날 때마다 웃음이 늘었다. 가족이 강하게 결속되어 가는 것을 실감할 수 있었다.

결국 노부히로가 약속을 지키지 못한 것은 단 한 번이었다. 꼭 보고 싶은 텔레비전 방송이 있어서 팔 굽혀 펴기를 쉬었던 모양인데, 그때도 어머니가 웃는 얼굴로 이렇게 말했다고 한다.

"주말에 셋이서 마라톤하는 것도 재미있겠네."

떨리는
가정 방문

5월이 되었다. 사토자키가 아동 상담소에 온 지도 한 달이 지났다. 갑자기 여름이 얼굴을 내밀어 더운 날이 이어지나 했는데, 다시 초봄 같은 상쾌한 바람이 부는 묘한 5월이었다. 그날은 아침부터 아주 더웠다.

사토자키 방의 창문으로 밖을 바라보니, 동백나무 잎이 강한 햇살을 받아 눈을 제대로 뜰 수 없을 정도로 밝게 반짝반짝 빛났다. 습도가 높아서 한층 더 더위가 심해지는 것 같았다. 우중충한 바람이 한 장, 또 한 장 피부에 달라붙는다. 사토자키는 꽉 묶은 넥타이를 조금 느슨하게 풀고 크게 숨을 들이쉰 후 직장으로 향했다.

사토자키가 사무실의 문을 열자 바로 미도리카와가 말을 걸어왔다.

"사토자키 씨! 내일쯤 하야카와 씨 집에 가정 방문 가려고 하는데요. 인수인계도 할 겸 사토자키 씨를 소개하고 싶은데 스케줄 어때요? 면담 잡혀 있어요?"

"오전에는 비행 상담이 있고 오후는 비어 있어요."

"오후……. 내일도 더울 것 같아서 오전에 가고 싶었는데, 뭐 어쩔 수 없네요."

"오전이든 오후든 뭐가 달라요. 일일이 트집 잡지 마세요."

"그게 전혀 다르다고요. 오전하고 오후는. 뭐, 가 보면 알겠죠. 케이스 읽어 봤죠?"

"네, 읽었어요. 방임 케이스잖아요. 근데요 미도리카와 씨, 너무 각색을 많이 한 거 아니에요? 왠지 황폐한 미래를 그린 영화 각본 같던데."

"뭐라고요? 저는 각색 같은 거 전혀 안 하거든요. 있는 사실을 충실하게 쓴 것뿐이에요. 사토자키하고는 다르거든요."

"그렇다고 해도 과장이 심하던데. 무슨 할리우드 B급 SF 영화도 아니고, 소설도 아니고. 물론 임팩트는 있었어요. 하하하하. 뭐, 내일 인수인계 잘해 주세요."

"네에, 네에. 옷 잘 챙겨 입고 오세요. 그럼 내일 1시에 나갈게요."

"알았어요."

미도리카와가 말한 '옷을 잘 챙겨 입어라.'라는 말에는 매우 중요한 의미가 포함돼 있었지만 사토자키는 알 길이 없었다.

다음 날 역시 아주 습도가 높고 더웠다. 양복에 넥타이라는 스타일을 만들어 낸 서양 사람이 너무 원망스러웠다. 가정 방문을 하니 예의에 어긋나지 않아야 한다고 생각한 사토자키는 최근에 맞춘 새 양복을 몸에 걸쳤다. 첫인상이 중요하니까. 마지막으로 거울을 보고 옷차림을 체크하면서 사토자키는 방을 나왔다.

출근하자 미도리카와가 평소답지 않게 밝게 웃으면서 사토자키에게 다가왔다. 미도리카와는 사토자키의 새 양복을 보더니 오른쪽 입꼬리만 살짝 올리며 히죽 웃었다. 이 표정은 미도리카와가 뭔가 좋지 않은 일을 꾸몄을 때나 어리석은 인간을 만났을 때 보여 주는 표정이었다.

"어머, 사토자키 씨. 오늘 양복 멋있네요! 근사한데요! 혹시 새 옷 아니에요?"

"어, 알아보겠어요? 미도리카와 씨도 칭찬할 줄 아는 사람이었네. 이게 바로 엊그제 맞춘 거라 오늘 처음 입고 온 거거든요. 어울려요?"

"네, 잘 어울려요. 근데 왜 그렇게 좋은 옷을 입고 온 거예요?"

"그야, 오늘은 하야카와 씨를 처음 만나잖아요. 예의에 어긋나지 않아야 하니까요. 첫인상은 중요하잖아요."

"역시 신사네요. 그럼 1시에 출발할 테니까 그때 봐요."

점심시간이 끝나자 미도리카와가 사토자키에게 말을 걸었다.

"그럼 슬슬 가 볼까요? 사토자키 씨."

미도리카와는 오늘 아침에 입고 있던 세련된 원피스에서 낡고 캐주얼한 바지로 갈아입고 나왔다.

"미도리카와 씨는 그 옷으로 가는 거예요? 옷을 왜 갈아입었어요? 너무 편한 차림새네요. 발목에 고무줄이 들어간 특이한 바지네."

"패션이에요. 이것도 패션이라고요! 뭐가 이상해요? 암튼 가자고요."

하지만 30분 후에 사토자키는 자신이 비웃은 미도리카와의 바지가 얼마나 적절한 차림인지 온몸으로 깨닫게 된다.

둘은 경차를 타고 가정 방문을 하기 위해 출발했다. 목적지는 사무실에서 북쪽으로 10킬로미터 정도 가면 나오는 주택 밀집 지역에 위치한 아파트다. 미도리카와는 의외로 운전을 잘했다. 핸들을 다루는 솜씨도 좋고 좁은 골목길도 거침없이 빠져나갔다.

"도착했어요. 저기 2층 건물, 초록색 아파트예요. 그럼 갈까요?"

미도리카와는 다시 오른쪽 입꼬리를 올리며 웃었다.

"뭐예요, 그냥 보통 아파트잖아요. 어서 가죠."

"안녕하세요? 어머니, 집에 계세요? 센터에서 나온 미도리카와예요."

미도리카와가 현관문을 열자 문 위에서 거무스름하고 작은 무언가가 떨어졌다. 사토자키는 먼지가 떨어졌나 하고 떨어진 것을 눈으로 좇았다. 하지만 그 먼지는 땅에 떨어지자마자 엄청난 속력으로 움직였다. 먼지의 정체는 2센티미터 정도의 갈색 날개 바퀴벌레였다. 차츰 열리는 문 안쪽에는 무서운 광경이 펼쳐져 있었다. 미도리카와가 케이스 파일에 썼던 대로였다. 방 안 곳곳에는 꿈틀대는 바퀴벌레로 가득했다.

그 안에 아이들과 어머니가 태연히 잠들어 있었다. 아이들의 얼굴이나 머리 위에도 갈색 날개 바퀴벌레가 꿈틀대고 있었다. 하지만 아이들은 쫓으려고도 하지 않고 전혀 신경도 쓰지 않았다. 이미 이 가정에서 바퀴벌레는 위생 곤충이 아니라 완전한 동거인이었다. 아니 오히려 바퀴벌레 집에 인간이 세를 들어 사는 것처럼도 보였다.

사토자키는 온몸에 소름이 돋았다. 몸서리 쳐지는 아비규환의 광경이 눈앞에 펼쳐져 있었다. 사토자키는 지금이라도 비명을 지르고 싶은 충동을 온 힘을 다해 억눌렀지만, 바퀴벌레가 꿈틀댈 때마다 바스락바스락거리는 소리가 끊이지 않고 들려왔다. 그리고 코를 찌르는 고약한 냄새가 감돌았다. 어디에선가 맡아 본 적이 있는 냄새였다. 그래, 동물원 냄새다. 짐승들한테 나는 고약한 냄새다.

사토자키는 시각, 청각, 후각을 바퀴벌레에게 모두 빼앗기고 말았다. 사토자키는 그제서야 미도리카와가 가정 방문을 오전에 가자고 했던 이유를 알게 되었다. 기온이 높아지는 오후는 바퀴벌레의 활동도 활발해지기 때문이었다.

뭐야, 바퀴벌레가 왜 이렇게 많아? 게다가 이 냄새는 뭐야? 인간이 사는 집에서 나는 냄새가 아니잖아. 설마 안에 들어가진 않겠지?

사토자키의 마음속이 복잡하던 그때, 미도리카와가 주저하지 않고 집으로 들어갔다.

"안녕? 쇼타, 유코. 잘 지냈어? 오늘은 뭐라도 먹었어? 어머니, 아침부터 뭐 먹은 거 있어요?"

"컵라면."

"쇼타하고 유코한테도 만들어 줬어요?"

"만들어 줬어. 먹었으니까 자지."

어머니는 엄청 귀찮다는 듯이 대답했다.

"정말? 오늘은 있잖아요, 저 다음으로 담당할 케이스워커를 데리고 왔으니까 소개할게요."

"미도리카와 씨, 담당자 바꾸는 거야?"

"네, 바뀌어요. 다음 담당자는 사토자키라고 해요. 사토자키 씨! 뭐 하고 있어요? 얼른 들어와요. 어머니한테 소개할 테니까. 어서 빨리! 이쪽으로 와요."

방으로 들어오라는 미도리카와의 재촉에 사토사키는 순순히

따를 수가 없었다.

제발 부르지 마! 내 이름을 부르지 말라고! 뭘 빨리 오라는 거야, 나쁜 자식! 어떻게 들어가라는 거야. 온 사방에 지뢰처럼 바퀴벌레가 널려 있는데!

아니, 그건 그렇고 저 자식은 어떻게 들어간 거야?

의아하게 생각되어 미도리카와가 지나간 자리를 보니, 거인 미도리카와에게 무참히 짓밟히고 단말마의 비명을 지르는 갈색 날개 바퀴벌레가 비참한 상황을 연출하고 있었다.

이봐, 제발 좀 봐줘. 말이 되냐고 이게! 저 자식은 어떻게 저렇게 아무렇지 않을 수 있는 거지? 으아, 정신이 이상해질 것 같아.

사토자키도 바퀴벌레처럼 비명을 지르고 있었다.

"사토자키 씨! 제발 빨리 좀 와요! 어머니가 기다리시잖아요!"

"아, 아, 알겠다고요. 지금 갈 테니까 조금만 기다려요."

사토자키는 어떻게든 진정하려고 애썼다. 당황하는 자신에게 온 힘을 다해 말을 걸었다.

어이, 소타로 정신 차려. 알겠어? 소타로, 이 다리는 너의 다리가 아니야! 이건 마네킹 다리야! 그러니까 뭘 밟아도 아무렇지 않아. 무슨 느낌이 나도 그건 착각이야. 그러니까 소타로 정신을 똑바로 차려. 알겠어? 간다!

사토자키는 결심하고 신발을 벗은 후, 드디어 첫발을 내딛으려고 했다. 그 전에 입구에 아무렇게 놓여 있던 종이 상자를 옆으로 치우려 들어올렸다. 발을 디디는 데 방해가 될 것 같았다. 순간, 상자의 바닥 모양에 딱 맞게 몸을 맞대고 있는 바퀴벌레 수십 마리가 눈에 들어왔다. 사토자키는 들어 올린 발을 다시 신발 속에 넣었다.

"사토자키 씨, 얼른요!"

미도리카와의 목소리는 초조함이 가득했다.

"알겠어요. 알겠다고요!"

드디어 사토자키는 각오를 하고 한 발을 내딛었다.

발바닥에 뭔가가 밟혀서 꿈틀대고 있었다. 사토자키는 정신이 나갈 것 같았다.

"내 다리가 아니다. 내 다리가 아니다."

"뭘 그렇게 중얼거리고 있어요? 사토자키 씨 얼른 여기 와서 앉아요."

"앉아요? 앉는 게 뭐죠?"

이미 사토자키의 의식은 허공을 헤매고 있었고, 그저 미도리카와의 호령에 반응하는 로봇 같았다.

사토자키는 미도리카와가 말하는 대로 그 자리에 털썩 주저앉았다. 바짓부리로 뭔가가 들어왔다. 이제 촉각마저 바퀴벌레에게 통제되고 말았다. 사토자키는 자신이 아이들 어머니와 이야기를 하고 있다는 건 알았지만 무슨 말을 하고 있는지는 몰랐다. 아무래도 미도리카와가 재촉해서 자기소개를 하는 것 같았다. 하지만 완전히 유체이탈 상태였다.

정신을 차려 보니 사토자키는 공용차 옆에 우두커니 서 있었다. 미도리카와가 사토자키의 슈트를 탁탁 털어 주고 있었다. 옷을 털 때마다 발밑으로 갈색 날개가 달린 바퀴벌레가 떨어졌다. 그 장면을 마주한 사토자키는 최면에서 깨어난 것처럼 정신을 차렸다.

"으악! 바, 바퀴벌레! 징그러워! 징그럽다고! 미도리카와 씨빨리 좀 떼 줘요. 빨리요!"

"다 뗐어요. 전부! 이제 없어요!"

"바, 바, 바지 안에 뭐가 있어요. 뭐가! 어떡해, 어떡해요!"

"뭐라니, 바퀴벌레겠지! 뭐 해요? 얼른 바지를 탈탈 털어요! 그러면 밑으로 떨어질 거니까, 얼른! 발을 쿵쿵 해 봐요! 거참, 성가시네! 남자가!"

"안 돼! 바지 안 벗으면 안 떨어져요!"

"이봐요, 이런 데서 벗지 마요! 경찰한테 잡혀 가요! 이봐요, 이봐, 안 된다고요! 사, 사, 사토자키! 벨트 채워요! 으이구, 뛰어요. 뛰라고요! 아, 나왔다, 나왔네요. 이제 괜찮죠? 이제 바지 안에서 아무것도 안 움직이죠?"

"응? 아, 저, 정말이다. 이제 아무것도 없는 것 같아요."

"어휴, 한심해! 뭘 울어요! 정신 좀 차려요. 바퀴벌레 정도로 호들갑이에요!"

"바퀴벌레 정도라니, 나는 이 세상에서 바퀴벌레가 제일 싫고 무섭다고요! 한 마리만 봐도 살충제로 죽이지 않으면 잠도 못 잘 정도로 싫단 말이에요! 바퀴벌레 정도라니, 바퀴벌레 정도라니! 죽는 줄 알았다고요!"

"그럼 죽어요. 난 갈 거니까."

"죽으라니 너무하네! 대체 그렇게 바퀴벌레가 많으면 말을 좀 해 줬으면 좋잖아요! 옷을 잘 챙겨 입고 오라고 해서 양복까지 입고 왔더니! 어쩔 거예요!"

"그러니까, 말했잖아요! 케이스 파일에 적혀 있는 대로라고. 다른 사람 탓하지 마세요! 자기가 맘대로 거짓말이라고 생각한 거잖아요! 그리고 방임 가정에 갈 때 제대로 챙겨 입는 옷이 양복일리가 없잖아요. 확인 부족도 정도가 있지. 작업복 같은 걸 입는 게 당연하잖아요! 됐으니까 차에 타세요. 저는 다음 면담이 꽉 차 있어서 가야 돼요."

사토자키는 차에 탄 후에도 5분 정도는 혼자 중얼중얼 불만을 토했지만 미도리카와는 완전히 무시했다. 시간이 조금 흐르자 사토자키도 점차 냉정을 찾았다. 마음이 진정되자 가정 방문한 집의 심각한 장면이 점차 머릿속에 떠올랐다. 그중에서도 어린 두 아이가 안쓰럽고 걱정이 되어 견딜 수가 없었다. 사토자키가 무거운 마음으로 미도리카와에게 말을 꺼냈다.

"저대로 둬도 괜찮아요? 아이들 모습이 눈에 밟혀요. 그렇게 심각한 환경에서 생활하고, 밥도 그렇고……."

"괜찮을 리가 없잖아요! 나한테 다그치듯 말하지 마세요. 꼭 구할 거예요!"

"그런데 오늘도 일시 보호 안 하고 가잖아요."

"제가 그 애들을 보고도 못 본 척했다고 생각하는 거네요."

"아니, 그렇게까지는 말 안 했는데……."

"그런 식으로 말했잖아요. 저도 엄청 괴로워요. 근데 지금 당장은 어려워요. 지금까지도 두 번, 어머니 동의하에 일시 보호를 했단 말이에요. 그때마다 생활을 개선하겠다고 약속해서 아이들을 돌려보냈는데 전혀 약속을 안 지켜요. 그래도 세 번째는 없어요."

"세 번째는 없다니, 일시 보호를 안 하겠다는 거예요?"

"아니에요. 제33조에 의거해 일시 보호를 할 거예요."

"아동 상담 소장 직무 권한에 의한 일시 보호!"

"역시 사무직. 아동 복지법은 꿰고 있네요."

"직권으로 일시 보호를 한 후에 아동 양호 시설 입소에 동의를 받는 거네요. 그럼 바로 보호하면 되잖아요."

"어머니는 절대로 동의 안 할 거예요. 일시 보호를 할 때도 죽어라 설득했는데 안 됐어요."

"대체 왜요? 제대로 키우지도 못하면서."

"돈이에요. 돈."

"돈? 아이가 있으면 양육비가 들잖아요."

"그 집은 삼와시에서 생활 보호를 받고 있어요. 어머니가 C형 간염으로 일을 못 하거든요. 아이들하고 같이 살면 아이 두 명분의 보호비가 더해져요. 그게 꽤 돈이 크거든요. 혹시 아이들이 시설에 들어가게 되면 아이들 몫의 돈이 안 들어오잖아요. 어머니는 그게 싫은 거예요. 그러니까 아이들이 시설에 입소하는 건 절대로 동의 안 할 거예요. 아시겠어요?"

"근데 이상해요. 아이들 보호비가 안 나오더라도 어머니 생활비는 나오잖아요. 그걸로 생활할 수 있잖아요."

"뭘 모르시네. 원래는 아이들한테 쓰라고 돈이 나오는 거지만 어머니 유흥비하고 술값으로 없어진다고요. 노는 데 쓸 돈이 없어지거나 술 마실 돈이 없어지는 게 싫은 거죠. 그래서 절대로 시설에 넣는 데 동의 안 해요."

"아, 엄청 열 받네. 그럼 어렵게 직권으로 보호해도 시설에 못 보내잖아요. 어떡해요……. 아, 28조 생각하고 있는 거죠!"

"네. 사무직이라 그런가, 서류 쪽으로는 빠삭하네요."

"거참, 일일이 말대꾸하기는. 그래서 언제 해요? 28조. 네, 네?"

"변호사하고 상담했는데, 아이들 모습을 신중하게 관찰하면서 2개월 동안 자세한 양육 상황 관련 자료를 확실하게 모으라고 지시 받았어요. 이번 주말로 딱 2개월이니까, 다음 주에는 직권으로 일시 보호하고 시설 입소에 동의 안 하면 28조를 적용할 거예요."

"2개월이나 시간을 들여야 하는 거예요? 그 사이에 아이들한 테 문제가 생기면 어떻게 해요?"

"그러니까 관계 기관이 번갈아 가면서 가정 방문을 해서 아이 들 상황을 확인한 거예요. 어머니가 학교에도 어린이집에도 보 내려고 안 하니까, 될 수 있는 한 초등학교하고 어린이집에서 아 이들을 데리러 오도록 해서 등교 일수를 늘리려고 애썼어요."

"안전을 확보하려고 일부러 집에까지 데리러 왔군요……."

"여러모로 장점이 있어요. 집에서 데리고 나온 날은 학교나 어 린이집에서 급식을 충분히 먹일 수 있고, 샤워도 시킬 수 있고, 체중도 잴 수 있어서 마르지 않았는지 체크할 수도 있고요. 될 수 있는 한 위생적이고 건강하게 생활할 수 있도록 관계 기관이 협력했어요."

"근데 왜 그렇게까지 해서 경과 관찰을 할 필요가 있어요? 시 간을 들이면 그만큼 리스크도 커지잖아요. 재판소도 저런 상황 이면 금방 인정해 주지 않아요?"

"안 돼요. 우리 시설도 방임 재판에서는 몇 번 진 적이 있어요."

"재판소가 시설 입소를 허가 안 해 줬다는 거예요?"

"네, 방임은 신체 학대랑 다르게 아이들 생명하고 직접적인 관 계가 적잖아요. 그러니까 심각하지 않으면 친권의 벽을 넘지 못 해요."

"허, 친권이라고 해도 부모다운 걸 아무것도 안 하는데. 뭐가 친권이라는 거예요?"

"몰라요! 그런 이야기할 거면 국회의원이라도 돼서 민법 개정이나 해 주세요. 어쨌거나 어떤 부모라도 친권이 있고, 그건 어지간해서는 넘을 수 없는 벽이라고요."

"그래서 2개월이나 걸려서 양육 상황 조사를 한 거예요? 어떤 조사예요?"

"이를 테면 양육자로서 부적절하다는 걸 증명해야 해요. 언제가도 이런 상황이라거나, 내내 술만 마시고 있다거나, 그런 막연한 정보는 아무리 모아도 재판소에서는 인정해 주지 않아요. 몇월 며칠에 가정 방문을 했더니 어머니는 뭘 하고 있었고, 집 안은 어떤 모습이었고, 아이들이 어떤 상황이었는지 사실만을 자세히 정리해서 내야 해요."

"그렇게 세세하게 상황을 확인할 필요가 있군요."

"그래서 가정 방문을 했을 때 어머니나 아이들하고 무슨 이야기를 하고 어떤 반응이 있었는지, 전부를 사실대로 상세히 메모해서 문서로 정리해요. 언제 방문해도 어머니는 양육을 포기하고 술만 마시고 있다는 것을 객관적인 사실로 인정받는 거죠. 이게 바로, 양육 포기 증거 굳히기예요."

"증거 굳히기라니, 경찰 같네요."

"방임 재판에서 이기려면 이런 착실한 노력이 꼭 필요해요. 지역 사람들도, 관계 기관 사람들도, 다들 하루라도 빨리 저 상황에서 아이들을 구하고 싶어 해요. 근데 그러려면 꼭 밟아야 할 과정이 있어요."

"친권이라는 게 그렇게 강한 권리였군요."

"네. 그러니까 다들 비가 오나 바람이 부나 열심히 가정 방문을 하고 증거가 되는 메모를 착실하게 모아요. 다들 꼭 재판에서 이겨서 저 아이들을 구하자는 구호 아래 결집했으니까요. 결코 그냥 내버려 두는 게 아니에요. 다들 참을 인자를 새기면서 애쓰고 있어요."

"미안해요. 오해했어요. 방임 재판이 그렇게 어려울 거라고 생각 못 했어요. 정말 미안해요."

"어머, 어쩐 일로 그렇게 순순하게 나오세요? 바퀴벌레 쇼크로 인격이 바뀌었나? 크크크."

"으, 생각했더니 또 소름끼쳐. 으윽, 징그러워……. 미도리카와 씨, 저 애들을 위해서라도 28조 신청 보고서 열심히 쓰세요."

"무슨 소리예요? 사토자키 씨, 오늘 하야카와 씨 집에 뭐 하러 갔었죠?"

"뭐 하러 가냐니, 업무 인수인…… 앗, 뭐야! 진짜? 제가 써야 한다고요?"

"당연하죠! 사토자키 씨 케이스니까요."

"잠깐만! 저 아직 여기 온 지 겨우 한 달 됐어요! 그런 생초보한테 28조 신청서를 쓰라니 이상 입장에서도 곤란하지 않을까요? 그러니까 이번은 미도리카와 씨가 써 주세요. 부탁해요, 제발! 네? 부탁이에요. 친구잖아요! 게다가 이 케이스에 관해서는 미도리카와 씨가 훨씬 잘 알기도 하고요. 네? 부탁합니다."

"싫어요! 필요할 때만 친구라고 하는 거 그만두세요. 케이스 내용은 케이스 파일에 확실히 적혀 있어요. 혹시 모르는 게 있으면 저한테 물어보세요. 그럼 친절하고 자상하고 정중하게 가르쳐 드릴 테니까요. 오호호호호……."

"냉정하시네. 저는 신청서 같은 거 써 본 적이 없다고요. 어떻게 하라는 거예요."

"거참, 끈질기시네. 그쯤에서 포기해요. 구질구질하게! 누구에게나 처음은 다 있는 법이잖아요. 과거에 제출한 신청서가 몇 통 있을 테니까 그걸 보고 쓰면 돼요. 사토자키 씨는 사무직이잖아요!"

"뭐예요? 그럴 때만 사무직, 사무직. 평소에는 사무직을 바보 취급하면서! 재판소에 낼 서류면 엄청 특수한 거 아니에요? 아무리 사무직이라고 해도 그렇게 쉽게는 못 할 것 같은데."

"잘 들어요. 빠르면 2주 후에는 서류 작성을 시작해야 할지도 모르니까 그렇게 불평할 시간이 있으면 키보드를 두드리세요. 알겠어요? 저 애들을 구할 수 있을지 없을지는 전부 사토자키 씨의 신청서 상태에 달려 있으니까요. 제대로 작성해 주세요, 사토자키 씨! 크크크."

"후우……."

참나, 왜 이렇게 된 거야. 평소에 면담하는 것만 해도 벅찬데. 이 상황에서 28조 신청서까지 써야 하다니. 그건 그렇고 얼마나 복잡한 양식이려나. 재판소에 내는 거니까 분명히 복잡하겠지? 골치 아프네. 대체 어찌해야 하나.

사토자키한테는 청천벽력 같은 일이었다. 아무리 사무직이라고 해도 재판소에 제출할 서류라니, 생각지도 못한 작업이었다. 이 긴급 사태에 사토자키가 가장 먼저 도움을 청하려고 떠올린 것은 역시 그 사람이었다.

믿음직한
사람

사무실로 돌아온 미도리카와는 사토자키가 겪은 바퀴벌레 지옥의 전말을 고토에게 보고했다. 그 주위는 큰 웃음이 터졌다. 하지만 오늘 사토자키는 그걸 신경 쓸 여유가 없었다. 자기를 놀리는 말도 귀에 들어오지 않았다. 그저 신청서 생각만 했다. 그리고 천천히 핸드폰을 꺼내서 비트적비트적 복도로 나갔다.

"여보세요. 다마루? 사토자키인데 지금 통화할 수 있어?"

"어머, 사토자키. 왜 그래? 무슨 일 있어?"

"정답! 큰일이 있지. 미도리카와 씨한테 받은 방임 케이스 말인데, 28조 신청서를 써야 돼. 재판소에 보낼 서류라고, 재판소에."

"뭐야, 그런 걸로. 쓰면 되잖아. 그 일 때문에 전화했어?"

"쓰, 쓰면 된다니. 그렇게 간단하게 말하지 마. 여기 온 지 아직 한 달 정도밖에 안 됐는데 나한테는 책임이 너무 무겁다고. 응? 다마루, 너 신청서 쓴 적 있어?"

"있지. 세 통 정도지만."

"세 통이나 썼어? 다마루! 가르쳐 줘. 응? 부탁할게. 가르쳐 주라."

"좋은데, 비싸. 요전에 한 약속 안 잊어 버렸지?"

"프렌치인지 이탈리안 코스라고 한 거 말인가요?"

"그렇사옵니다. 가리바산에 있는 '르 자르댕 드 프랑스'라는 가게에 가 보고 싶어. 내가 예약해 둘 테니까 돈 많이 챙겨 와."

"프랑스 정원? 어쩐지 비쌀 것 같은 가게 이름이네. 살살해 주세요."

"호오. 사토자키, 프랑스어도 할 줄 알아? 은근슬쩍 번역까지 하시고. 자기가 인텔리라는 걸 그렇게 보여 주고 싶나. 아무튼 얄미워."

"프랑스어는 몰라. 그냥 애거사 크리스티가 쓴 소설 중에 '노란 붓꽃'이라는 단편이 있는데 '르 자르댕 드 시뉴'라는 레스토랑이 나오거든. 그게 백조의 정원이라는 의미라서, 백조 대신에 프랑스를 넣었을 뿐이야."

"그렇다고 해도 웬지 밉상이야."

"알았어. 뭐라도 좋으니까 나 좀 살려 줘."

"내일 저녁이면 가능해. 어때 너는?"

"빠를수록 좋은데 다행이다. 고마워. 그럼 내일 봐."

사토자키는 다마루의 자신만만한 목소리를 듣고 조금 안심했다. 역시 곤란할 땐 다마루 마리코다.

다마루는 사토자키와 통화가 끝나자 바로 예약 전화를 걸었다.

"여보세요? 내일 밤에 5천 엔 코스로 네 명 예약할 수 있을까요? 네, 네, 가능해요? 다행이다. 그럼 7시로 예약해 주세요."

더 비싼 코스도 있지만 이번에는 제일 싼 코스로 봐줄까? 다마루는 그렇게 마음속으로 중얼거리고는 가볍게 입꼬리를 올려 웃었다.

다음 날 근무 시간이 끝나자 사토자키는 다마루를 만나기 위해서 서둘러 퇴근 준비를 했다. 그때 천적 둘이 수상한 웃음을 띠며 말을 걸어왔다.

"어머, 사토자키 씨. 오늘은 벌써 가세요? 데이트 있어요? 데이트라니, 그럴 리 있나? 이런 귀찮은 사람하고 사귈 대단한 사람은 없을 거야."

"맞아요오. 사토자키 씨하고 사귀다니 마더 테레사 정도가 아니면언. 아무리 사랑이지만 자원봉사 같은 사랑이라니요오. 꺄하하하."

"거참 시끄럽네. 그쪽들이야말로 오늘은 일찍 가는 거예요? 이상하게 빠르네. 둘이 같이 '높임말 교실'에라도 가나 봐요?"

"짜증 나! 뭐, 됐어요. 오늘은 맛있는 거 사 줄 사람이 있거든요. 좋겠죠?"

"호오, 그쪽들한테 맛있는 거 사 주는 사람도 있구나! 그런 의미 없는 봉사 정신을 가진 멍청이가 있나 봐요."

"네, 있어요오. 그런 멍청이가. 엄청 멍청해요오. 그럼 먼저 가 볼게요오."

"저 자식들, 진짜 피곤하게 만드네. 나도 슬슬 출발할까?"

사토자키는 마음을 가다듬고 다마루가 기다릴 가게로 향했다. 핸들을 잡고 가면서 사토자키는 막연하게 불안했다. 재판소에 제출할 서류라는 건 대체 어떤 걸까? 자신이 평소에 다루는 행정 문서와 비슷한 걸까? 아니면 특수한 표현을 잔뜩 쓴 독특한 문서일까? 상상이 안 되는 만큼 불안감이 앞섰다.

가게는 신흥 주택지 안에 감춰져 있었다. 입구로 이어지는 뜰은 짙은 노란색 벽돌이 부드러운 곡선을 그리고 있었고, 뜰 양쪽에 피어 있는 색색의 장미는 상큼하고 풍부한 향기로 사토자키를 맞아 주었다.

"어서오세요."

"7시에 다마루로 예약했는데요."

"네. 다마루 님은 이미 와 계십니다. 이쪽으로 오세요."

종업원의 안내를 받아서 간 안쪽 테이블에는 다마루가 두 명의 여성과 즐겁게 이야기를 나누고 있었다. 사토자키는 자기 눈

을 의심했다. 활짝 웃는 얼굴로 사토자키를 맞이한 것은 분명히
미도리카와와 고토였다.

"아니! 그런데 미도리카와 씨하고 고토 씨는 여기서 뭐 하는
거예요?"

"뭐하긴요, 멍청이한테 프렌치 얻어먹으러 왔어요. 그렇죠?
고토 씨."

"맞아요오. 멍청이가 밥 사 줄 거예요오."

"어떻게 된 거야, 다마루!"

"뭐 어때. 평소에 이 두 사람한테 도움받고 있잖아. 그리고 미
도리카와한테 받은 케이스라고 하길래. 같이 있으면 구체적인
이야기도 들을 수 있으니까 좋고."

"그럼, 고토 씨는?"

"사쿠라코야 바늘 가면 실 가는 거지. 됐으니까 앉아, 앉으라
고. 돈 많이 챙겨 왔어? 아, 오르되브르 나왔다. 우아, 맛있겠다!
잘 먹겠습니다. 자, 다들 먹어, 먹어."

"뭐야, 다들 먹어 라니, 참나."

"안 먹어?"

"먹어!"

사토자키는 아름답게 담겨 나온 오르되브르를 앞에 두고 신
나 소란스러운 세 사람을 향해 불만에 가득 찬 차가운 시선을 보
냈지만, 셋은 전혀 신경 쓰지 않는 모습이었다.

"그럼 사토자키, 바로 시작할까? 먼저 뭐부터 알고 싶어?"

다마루가 볼이 터지게 음식을 입에 넣으면서 사무적으로 말했다.

"흠! 그래. 양식부터. 무슨 무슨 법 부령, 제 몇 조, 몇 호 같은 양식이 있지? 분명히 엄청 번거로운 게."

"없어. 특별히 정해진 양식은 없어. 그러니까 자기가 쓰고 싶은 대로 쓰면 돼."

"뭐? 정해진 양식이 없다고? 재판소에 보내는 서류인데?"

"없어. 정해진 게 있다면, 제일 먼저 시설 입소 허가를 받는 게 누구라는 걸 쓰는 정도. 이번에는 하야카와 쇼타하고 하야카와 유코, 두 아이 이름이 되겠네. 다음은 보호자 이름을 그 아래에 쓰는 정도지, 정해진 양식은 없어. 케이스 별로 뭘 중점적으로 호소해야 하나 생각해서 내용을 정하면 돼."

"뭐야! 정말 의외네. 그럼 스타일은 정말 쓰는 사람에 따라 각기 다른 거네. 별로 까다롭지 않구나."

"그래. 그러니까 어렵게 생각할 필요 없어. 목적은 아이들을 시설에 입소시키는 거니까. 어떤 케이스라고 해도 부모가 양육자로서 부적절하다는 걸 호소하는 게 기본인 거지. 재판관이 봤을 때 시설 입소가 필요하다고 생각할 수 있게 정리하는 게 신청서 작성에 가장 중요한 거야."

"그럼 혹시, 이거 프레젠테이션하고 같은 건가?"

"맞아! 바로 그 프레젠테이션이야. 재판관에게 입소의 필요성을 알기 쉽게 문자만으로 프레젠테이션 하는 게 28조 신청서야. 역시 사토자키, 이해가 빠르다니까. 프레젠테이션이라면 재정과하고 예산 협의할 때 많이 해 봤으니까 마음이 편하지?"

"그러네. 재판소에 하는 프레젠테이션이라고 생각하니까 마음이 편해졌어. 문자로만 하는 프레젠테이션. 할 수 있을 것 같아. 다음은 정리할 내용에 대해서인데, 방임인 경우에 논점을 어디에 두는 게 좋을까? 제대로 양육하지 않는다는 건 알지만, 구체적으로 어떤 식으로 그걸 설명하면 좋겠어?"

"음, 방임은 양육 포기니까, 제대로 된 양육하고 반대잖아. 제대로 된 부모는 아이들을 키울 때 무엇을 할까를 생각해 보면 좋아. 방임은 그게 전혀 되고 있지 않은 거니까."

"그러네. 보통 부모는 아이한테 밥을 먹이고, 목욕을 시키고, 옷을 갈아입히고, 집을 정기적으로 깨끗하게 청소하고, 병에 걸리면 병원에 데리고 가기도 하지. 그런 게 안 되고 있다는 걸 호소하면 되는 거네."

"맞아, 맞아. 그리고 하나 더 중요한 건 교육이야. 학교나 어린이집에 보내서 집단생활을 통해 사회성을 익히거나, 놀이나 공부로 발달을 촉진시키거나 하는 게 정말 중요하잖아. 그런 게 안 돼 있다고 증명하면 좋아. 그런 건 학교나 어린이집 등교, 등원 상황으로 확인할 수 있지. 미도리카와, 이 케이스는 언제부터 관여했어?"

"그러니까, 딱 1년 전부터네요."

"쇼타하고 유코 발달 검사는 했어?"

"네. 관여하고 바로 첫 검사를 했어요. 그리고 반년 후에 두 번째 검사를 했고요."

"발달 지연은 보여?"

"아뇨, 선천적인 지연은 없는 것 같아요. 다만 전체적으로 경험이 부족해서 그런지 수치는 늘지 않더라고요. IQ는 둘 다 90 정도였을 거예요."

"첫 번째하고 두 번째에서 수치 변화는?"

"음, 반년밖에 시간차가 없긴 하지만, 아주 조금 낮아진 것 같아요."

"그럼, 이번에 직권으로 일시 보호하면 한 번 더 검사해서 수치가 떨어진 것 같으면 교육 방임에 대해서도 증명이 되겠네. 발달 전반에 관해서 경험 부족이 원인으로 지연됐다고 설명할 수 있으면 완벽하겠다."

"그렇군요. 역시 선배! 그 방법이 좋겠어요."

"그리고 지금까지 제대로 영유아 검진이나 예방 접종을 받았는지 어떤지는 아이의 건강한 성장을 위해서는 중요한 요인이 잖아. 육아 수첩이 있으면 알 수 있을 텐데, 없으면 지역 보건소나 보건 센터에 확인해. 미도리카와, 이 세대는 수입원이 뭐야?"

"어머니가 생활 보호를 받고 있어요."

"흠, 생활 보호를 받고 있군. 그러면 시약소(시청) 생활 보호 담당 케이스워커한테 생활 형편도 확인할 수 있겠네. 기록도 정확하게 남아 있을 거니까. 문제가 있는 사람이니까 생활을 개선할 의사가 없는 건 생활 보호 케이스워커의 증언이나 기록으로 확실하게 할 수 있고. 아이들 때문에 받는 가산금도 아이들한테 쓰지 않을 거고. 관계 기관에 가정 방문을 해 달라고 했겠지만 기록도 제대로 하고 있어?"

"그럼요. 두 달 동안 자세히 기록하고 있으니까 괜찮아요."

"관계 기관은?"

"아상하고, 생활 보호 워커, 시약소 아동계 워커, 학교, 어린이집, 민생 의원, 주임 아동 위원이요."

"그 정도로 준비했으면 충분하네. 각각의 기관이 정리한 기록을 자료로 첨부하면, 꽤 객관성이 높은 자료로 채택될 거야. 어때 사토자키, 지금 이야기한 내용을 재판소에서 봤을 때 알기 쉽도록 조리 있게 구성할 수 있으면 28조 신청서는 문제없을 것 같은데."

"다들 대단하다. 다마루하고 미도리카와 씨는 남의 흠을 찾는 데는 천재네."

생각 없이 한마디를 한 사토자키를 미도리카와가 희번덕거리며 노려보았다.

"그 말투는 뭐예요! 누굴 위해서 이렇게 열심히 생각하고 있는데. 흠을 찾는 게 아니라 아이를 보호하기 위해서 애쓴다고 해야죠. 기분 나빠! 고토 씨, 글라스 와인 세 잔 추가로 주문해 주세요."

"네에. 저기요오, 글라스 와인 주세요오."

"잠깐만, 알았어. 미안해. 좀 봐주라."

"선배, 사토자키 씨는 항상 이래서 정말 밉상이에요. 저하고 미도리카와 씨한테 맨날 도움을 받으면서도 고마워하는 마음이 전혀 없어요오."

"뭐예요, 고토 씨는 여기 뭐 하러 왔어요? 먹고 마시고 와인 주문한 것뿐이지 전혀 도움이 안 되잖아요."

"이거 봐요오, 항상 이렇다고요오."

"자, 자. 그래서 사토자키, 어때? 할 수 있겠어?"

"응. 구체적인 이야기를 듣고 나니까 정리하기 쉬워진 것 같아. 과거 신청서를 보고 내 나름대로 한번 써 볼게."

"그래, 다행이네. 그럼 힘들겠지만 열심히 해 봐. 혹시 또 모르는 게 있으면 언제든지 전화하고."

"응, 그럴게. 고마워."

뭘 어떻게 해야 하나 생각했는데, 다마루 덕분에 꽤 정리가 됐네. 어떻게 보면 이상 업무 중에 나한테 제일 잘 맞는 일 아닌가? 어쨌든 펜의 힘으로 아이들을 구할 수 있으니까. 갑자기 의욕이 생긴다. 당장 내일부터 스크립트를 만들어 볼까.

사토자키는 볼이 터져라 맛있게 요리를 먹고 있는 셋을 멍하니 보면서 어떤 신청서를 쓸까 하고 이리저리 머리를 굴렸다.

다마루, 미도리카와 그리고 고토, 셋은 사토자키의 지갑을 꽤나 홀쭉하게 만들고는 만족한 모습으로 기분 좋게 돌아갔다. 사토자키는 꽤 비싼 수업료를 냈지만 28조 신청서 작성에 대해서는 사무직인 자신이 다른 복지 전문직에게 뒤지지 않고 해 볼 수 있는 유일한 업무일지도 모른다고 생각했다. 사토자키는 다시 투지를 불태우기 시작했다.

직권 일시 보호를
향해

　　다음 날부터 사토자키는 면담 사이 짬짬이 시
간을 내서 신청서를 쓰는 데만 집중했다. 과거 신청서를 참고하
고 케이스 파일을 숙지하면서 관계 기관에서 객관적인 정보를
모아 쌓아 갔다. 케이스 파일을 읽을수록 아이들을 생활 보호비
수급의 수단으로밖에 보지 않는 아이들 엄마에게 화가 치밀어
올랐다. 그런 분노를 모두 담아 신청서를 정리했다. 그리고 이틀
후, 사토자키는 신청서 원고를 완성했다.

　　"미도리카와 씨, 고토 씨, 잠깐만 와 보세요."

　　"왜요?"

　　"삼깐, 이거 좀 봐 줄래요?"

　　"뭐예요, 이거? 어머, 신청서 아니에요! 벌써 다 쓴 거예요?"

"와! 아직 이틀밖에 안 지났잖아요오. 제대로 쓴 거 맞아요오? 아직 일시 보호도 안 했는데 너무 빠르네요오."

"이번에 할 직권 일시 보호에 관해서는 아직 안 썼어요. 일시 보호 후에 할 발달 검사 결과에 대해서도 아직이고요. 그리고 일시 보호를 하면 생활 전반에 걸친 경과 관찰을 일시 보호과에 맡길 거잖아요. 물론 그쪽에서도 방임에 의한 경험 부족을 증명할 수 있게 추가로 자료를 작성할 거라고 생각해요. 어쨌거나 전체 구성은 잡아 놨고, 지금 단계에서 어떤가 싶어서요."

"뭐, 알겠어요. 근데 겨우 이틀 동안 뭐 얼마나 됐겠어요."

하지만 신청서를 읽기 시작하자마자 미도리카와와 고토의 얼굴에서 장난기가 사라졌다.

"사토자키 씨, 이걸 겨우 이틀 만에?"

"역시, 별로예요?"

"아뇨, 그게 아니라 대단해서요. 소문으로는 들었지만 사토자키 씨 사무직으로는 우수하네요. 마리코 선배하고 잡담처럼 했던 이야기를 이렇게 정리하다니."

"진짜요오. 불필요한 부분이 없고, 정말 질서 정연하네요오. 이런 걸 이틀 만에 만들 수 있군요오. 나도 모르게 감탄했어요오."

"이 신청서만 보면, 그렇게 면담을 못할 거라고는 상상이 안 되네요. 분하지만 솔직히 인정할 수밖에 없네요. 그래도 역시 처음 쓰는 사람이 이렇게 잘 쓰면 얄밉다고……."

"맞아요오. 역시 좀 기분 나빠요오."

"정말, 가끔은 평범하게 칭찬해 줘도 좋잖아요! 아무튼 이런 식으로 하면 된다는 거죠?"

"훌륭해요."

"좋아! 두고 봐, 하야카와 요코! 사무직을 무시하지 말라고!"

"바퀴벌레 때문에 꽁해 있군요."

"아니에요! 아이들을 구하고 싶은 거예요."

"사토자키 씨가 정말 좋은 신청서를 만든 건 맞는데, 이런 이 야기를 하기 좀 그렇지만 하야카와 씨는 결코 우리 적이 아니에 요. 그것만은 알아 두셨으면 좋겠네요."

"네?"

"저는 결코 하야카와 씨가 미워서 28조 신청을 생각한 게 아 니거든요. 지금 생활에서 벗어나기 위해서는 28조를 쓸 수밖에 없다고 생각한 거예요."

"무슨 말을 하는 거예요. 그런 사람, 아이를 밥줄로밖에 안 보 잖아요! 답이 없는 부모니까 28조에 걸리는 거 아니에요!"

"확실히, 지금 하야카와 씨는 변호할 여지도 없는 상황으로 보 일 거예요. 하지만 하야카와 씨 성장 과정도 읽어 보셨어요?"

"물론, 읽었죠."

"하야카와 씨가 자란 가정도 아버지가 도박에 빠져서 빚에 쫓 기는 방임 가정이었어요. 주변 친구들은 고등학교에 진학하는

데 하야카와 씨만 중학교를 졸업하자마자 집에서 나와 일을 해야 했어요."

"그, 그건 알고 있어요."

"위법이라는 걸 알면서도 미성년자를 고용한 간이주점을 시작으로 성매매를 하게 되고, 남자들한테 속고, 아이가 생기니까 누구 애냐며 버림받고. 그래도 너무 외로우니까 또 남자한테 매달렸다가 속고…… 결국 아버지가 다른 아이 둘을 끌어안고 살다 보니 현재에 이른 거거든요."

"하야카와 씨가 힘든 생활을 해 왔다는 건 알고 있어요. 알지만 그렇다고 해서 아이들을 돈줄로 생각하는 건……."

"속고 또 속았어요. 그런 하야카와 씨한테 사람을 믿으라고 하는 건 말도 안 되죠. 돈 말고는 믿지 못한다고 해도 저는 비난할 수 없어요. 만약에 내가 하야카와 씨하고 같은 환경에서 태어나서 자랐다면, 그녀와 같은 길을 절대 가지 않았을 거라고는 나역시 자신 있게 말할 수 없으니까요."

"……."

"그리고 저런 어머니라도 가끔은 정말 따뜻한 표정으로 아이들을 대할 때가 있어요. 저는 그때의 얼굴이 진짜 하야카와 씨 얼굴이라고 생각하고 싶어요. 하야카와 씨와 아이들이 계속 그런 얼굴로 생활하게 해 주고 싶어요. 하지만 지금 이대로는 하야카와 씨를 바꿀 수 없어요. 그래서 억지로라도 아이들을 떼 놓고 나서, 저 아이들이 하야카와 씨에게 그저 돈줄인지 아닌지를 생각하게 해 주고 싶어요."

"저 가족을 그런 식으로……."

"아이들이 눈앞에서 없어지면 자기에게 아이들이 정말 어떤 존재인지를 생각하겠죠. 저는 28조를 이용해서 하야카와 씨에게 자신의 인생과 마주하고 한 번 더 어머니가 될 기회를 주고 싶어요. 그러니까 사토자키 씨, 아이들이 시설에 들어가는 게 끝이 아니에요. 시작이에요."

"시작……."

"우리가 목표로 하는 건, 저 가족이 앞으로 행복하게 살 수 있도록 해 주는 거예요. 사토자키 씨는 하야카와 씨에게 다시 사람을 신뢰하고 싶게 하는 첫 번째 사람이 돼야 해요. 앞으로 사토자키 씨가 저 가족을 하나로 만드는 일에 책임을 져야 하니까요."

"내, 내가 저 가족을 하나로……. 하야카와 씨가 신뢰하는 첫 번째 사람이……. 그, 그랬구나."

"상담을 하면서 하야카와 씨한테 용기를 주고 역량을 키우도록 돕는 거예요. 하루라도 빨리 가족이 함께 살 수 있도록 원조하는 거죠. 하야카와 씨를 다시 한 번 진짜 어머니가 될 수 있게 해 주세요. 그러니까 사토자키 씨, 하야카와 씨를 적이라고는 생각하지 말아요."

"난 정말 안 되겠네요. 이 이야기와 비슷한 이야기를 부임하자마자 과장님께 들었어요. 그 말을 마음에 새기라고 했는데…….
완전히 잊어버리고 있었어요. 정말 나란 인간은 약함이나 슬픔
같은 걸 모른다니까. 뭐든지 단순하게 적과 아군으로 금세 나눠
버리고, 케이스의 깊은 곳에 있는 본질은 못 보네요. 정의의 사
도라도 된 것 같은 기분으로 28조 신청서를 만들던 자신이 부끄
럽네요. 미도리카와 씨, 말하기 어려운 걸 말해 줘서 고마워요."

"아니에요. 다 아는 척 말해서 제가 죄송해요. 하지만 신청서
를 정말 잘 쓰셔서 제 마음까지 알아주셨으면 하고 덧붙여 말한
거예요. 미안해요."

"사과하지 마세요. 정말 고맙게 생각해요. 고맙습니다."

사토자키는 새삼 아동 상담소 케이스워커들의 끝없는 따뜻함
을 본 것 같았다. 아이들의 미래에 빛을 비추겠다며 한마음으로
봉사하는 자세와, 무법자로 살아가는 것밖에 알지 못하는 슬픈
인생을 짊어진 부모에게 쏟는 따뜻한 눈빛까지. 그들의 자세는
지금까지 사무직으로 일한 자신과 근본적으로 다르다는 것을
말해 주었다. 미도리카와가 케이스와 마주하는 자세에서는 인
간의 본질적인 약함과 무름에 대한 깊은 이해와 깊은 측은지심
이 스며 나오는 듯했다.

사토자키는 자신이 아동 상담소의 케이스워커로서는 얼마나
미숙하고 부적절한지를 다시금 확인했다.

하지만 사토자키는 자신이 미숙하다는 것에 슬퍼하고만 있지

않았다. 아상 케이스워커들은 상대의 미숙함을 말로 지적하거나 행동으로 티내지 않고 몸에 배어 있는 묵직한 경험을 내보여 스스로 인정하게 만들었다. 한 발짝, 아니 반 발짝이라도 좋으니 그들의 능력치에 가까워지고 싶다고 진심으로 바라게 되었다.

"미도리카와 씨, 내가 쓴 신청서는 말만 그럴듯하지 너무 공격적인 것 같아요. 아이들을 일시 보호한 후에 부족한 부분을 보충하고, 마지막에 미도리카와 씨 마음을 담은 한 구절을 넣을까 하는데 어때요? 아상이 진짜 추구하는 건 가족의 재결합이라는 한 구절을."

"좋네요! 그렇게 해 주시면 정말 기쁠 것 같아요."

"아이들 어머니 입장에서 이해하는 건 정말 어려울 것 같지만요. 나중에 또 가르쳐 주세요."

"알겠어요. 힘내자고요, 사토자키 씨!"

"네. 다음 주 화요일에 있는 원조 방침 검토 회의에서 발표할 거죠? 직권 일시 보호하고 28조 신청하고 싶다는 거."

"네. 이 신청서가 있으면 분명히 허가가 떨어질 것 같아요."

순식간에 화요일이 찾아왔다. 사토자키가 원조 방침 검토 회의에 케이스를 제출한 것은 이번이 처음이었다. 언제나처럼 하세베 과장이 사회를 봤다. 오늘은 사토자키의 케이스가 28조를 염두에 둔 직권 일시 보호라는 무거운 내용이었기에 다른 케이스는 신속하게 검토가 끝났다. 그리고 드디어 사토자키의 순서가 되었다.

"그러면, 오늘의 메인 디쉬라고 할 수 있는 사토자키 씨의 케이스를 검토하겠습니다. 사토자키 씨 설명해 주세요."

"네. 그 전에 먼저 서류를 봐 주셨으면 좋겠는데요."

"그래요? 원조 방침 검토표 이외에 뭐가 있어요?"

"조금 미리 만들어 본 서류가 있어서요."

사토자키가 돌린 서류를 보고 하세베 과장은 조금 놀란 표정을 지었다.

"아, 이건 신청서잖아. 벌써 만들었어요? 검토 회의 전에? 너무 준비를 많이 한 거 아니에요?"

"시간이 있어서요. 그리고 오늘 보여 드리는 게 여러모로 의견도 들을 수 있어서 좋을 것 같기도 했고요."

사토자키는 조금 부끄러운 듯이 대답했다.

"그렇군요. 그럼 바로 설명해 주세요."

"네. 오늘 제출한 건 일곱 살 하야카와 유코와 다섯 살 쇼타 남매에 관한 내용입니다. 이 두 아이는 지금까지 두 번에 걸쳐서 어머니의 동의를 얻어 일시 보호를 실시했었습니다. 일시 보호를 해소하기 전에는 어머니가 반드시 생활 개선을 하겠다고 약속을 했지만 지금까지 전혀 이행되지 않았습니다."

사토자키는 미도리카와가 담당하여 서류를 작성한 시기를 포함해서 하야카와 남매 케이스의 개요에 관해 설명을 시작했다.

이제는 지역 사회의 협력 없이는 정상적인 생활을 할 수 없을 정도로 생활 환경이 악화되었다는 것도 설명했다. 지금은 아이들 어머니가 지도에 따르지 않는 상황이기 때문에 직권 일시 보호로 모자 분리를 시행하는 것이 가장 좋은 대책이라는 것을 열심히 호소했다. 어머니가 생활 환경을 개선할 때까지 아이들은 시설에서 지내는 게 좋겠다고 판단했다는 결론이었다.

그리고 최근 2개월 동안 이미 28조 신청을 염두에 두고 관계기관이 계속적인 가정 방문을 통한 조사를 실시했으며, 28조 신청이 승인될 가능성이 충분하다고 보고했다.

마지막으로 사토자키가 다마루, 미도리카와의 조언을 받고 작성한 신청서의 구성이나 재판소를 대상으로 한 프레젠테이션 방법에 이르기까지 자세히 설명했다.

일련의 설명이 끝나자 마에야마 차장이 먼저 입을 열었다.

"역시 사무직이네. 신청서가 잘 정리되어 있군. 조리 있고 설득력도 있어. 여기에 아까 사토자키 씨가 말한 것처럼 일시 보호 후에 발달 검사 결과나 경과 관찰 기록 같은 걸 추가하면 흠잡을 데가 없겠어. 이렇게 하면 이번에는 이길 것 같은데, 어떻게 생각하십니까? 히가시무라 소장님."

"네, 저도 동감입니다. 뭐니 뭐니 해도 신청서 마지막에 가족 재결합을 향한 한 구절이 적혀 있는 게 따뜻하고 좋네요. 직권 일시 보호를 하고 28조 신청을 하는 방법 괜찮을 것 같은데요.

사토자키 씨, 애쓰셨네요."

"감사합니다. 과장님, 실시 날짜는 언제로 할까요?"

"글쎄, 음, 빠른 편이 좋으니까 이번 주 금요일은 어떤가요? 아이 둘을 데리고 나올 역할에 니시무라 씨하고 고토 씨, 어머니 대응은 사토자키 씨하고 미도리카와 씨, 운전수는 시바타 씨. 이렇게 다섯 명이 어떨까 싶은데. 미도리카와 씨, 어머니가 난폭한 타입이면 조금 더 사람을 붙일게요. 어때요?"

"난폭한 타입은 아니에요. 혹시 흥분해서 날뛰어도 사토자키 씨가 한 손으로도 붙들 수 있을 것 같으니까 괜찮아요."

"그럼 그 멤버로 갑니다. 사토자키 씨 괜찮아요?"

"네, 괜찮습니다."

"이번 주 금요일 오전에 직권 일시 보호를 실시합니다. 사토자키 씨는 직권을 통한 일시 보호 조치서를 써 두세요. 당일 날 어머니한테 드려야 하니까."

하세베 과장이 거듭 확인하듯 사토자키에게 말했다.

"알겠습니다."

"그럼 이상으로 오늘의 원조 방침 검토 회의를 마치겠습니다. 수고하셨습니다."

회의가 끝나자 사토자키는 미도리카와에게 달려갔다.

"미도리카와 씨, 금요일로 결정됐네요. 왠지 벌써부터 긴장돼요."

"벌써 긴장하다니 너무 일러요. 그리고 사토자키 씨, 아마 괴로운 일시 보호가 될 것 같으니 이번엔 울지 마세요."

"음? 어째서 괴로운 일시 보호예요? 아이들은 그런 곳에서 벗어나니까 기뻐할 텐데. 어떤 의미에서 괴로운 거예요?"

"전에 두 번 일시 보호를 했을 때도 아이들이 집을 떠나는 걸 엄청나게 싫어했어요. 어머니하고 떨어지기 싫어서 엉엉 울고. 이번에는 직권 일시 보호라서 하야카와 씨도 꽤 저항할 테니까 아이들이 전보다 더 불안정해질 가능성이 있어요. 아마도 떨어뜨려 놓는 게 힘들 거예요. 많이 울 테니까."

"그런 집에서 나오는 걸 싫어한다는 거예요? 어째서?"

"어째서라뇨. 그 애들한테는 그 집 환경이 보통인걸요. 특별히 사는 데 불편을 느끼는 것도 없어요. 신체 학대를 당하는 것도 아니니까요. 어머니가 보살펴 주지 않아도 그 애들한테는 단 한 명의 어머니잖아요. 그렇게 형편없는 집이라도 그 애들한테는 안심할 수 있는 장소라고요."

"그렇게 엉망인 환경이 안심할 수 있는 장소라니……. 바퀴벌레로 뒤덮인 집이……. 왠지 안타깝네요. 계속 그 안에서 생활해서 감각이 마비돼 버린 건가. 인간은 살기 위해서는 어디까지 감각이 둔해질 수 있는 건지. 무섭네……."

"그러게요. 안타까운 이야기네요. 그래도 앞으로는 달라질 거니까요. 아니 되돌릴 거예요. 저 애들이 살기 위해서 봉해 버린 감각을."

"그렇게 되기를 진심으로 바라요."

"어쨌든, 각오하세요! 꽤 괴로운 일정이 될 테니까."

"알겠어요. 각오할게요."

사토자키에게 있어서 첫 경험인 이 직권 일시 보호는 미도리카와가 말한 대로 사토자키의 마음을 흔드는 괴로운 경험이 될 터였다.

흔들리는 마음

드디어 금요일이 되었다. 사토자키에게는 첫 일시 보호 업무가 실시되기 직전이었다. 더군다나 아동 상담 소장 직권에 의한 일시 보호였다.

아침부터 사토자키는 극도로 긴장한 모습이었다. 그런 사토자키를 보고 미도리카와가 말을 걸었다.

"사토자키 씨, 하나 배웠네요. 오늘은 슈트가 아니잖아요!"

"당연하죠! 그런 끔찍한 경험을 했는데."

"하하하하. 지금 생각해도 웃기네요. 공공장소에서 바지를 벗으려고 하다니. 뭐, 오늘은 작업복이니까 알맞은 복장이네요."

"거참, 소란스럽긴. 웃지 말라고요."

사토자키는 긴장이 단숨에 풀렸다.

차 두 대에 각 팀별로 나누어 타고 출발했다. 사토자키와 미도리카와가 탄 차는 아이들을 분리한 뒤 불안정해질지도 모를 히야카와 요코에게 대응할 팀이었다. 고토, 니시무라, 시바타 팀은 신속하게 아이들을 차에 태우고 일시 보호과로 직행할 준비를 했다. 직권 일시 보호를 실시할 경우, 현장에서는 될 수 있는 한 시간을 들이지 않고 신속하게 분리를 진행하는 게 철칙이다. 보호자 페이스에 맞춰서 이야기를 듣거나 요구를 들어줘서 시간을 질질 끌면 끌수록 분리가 어려워지기 때문이다. 그렇게 되면 아이들에 대한 부담도 커진다.

"도착했어요. 사토자키 씨, 갈까요?"

"네."

분리한 아이들을 태운 후에 바로 출발할 수 있도록 시바타는 시동을 걸어 놓고 대기했다. 사토자키, 미도리카와, 고토, 니시무라는 하야카와의 아파트로 향했다.

사토자키 눈앞에는 분명 전날과 같은 풍경이 펼쳐져 있었다. 하지만 사토자키의 마음이 투영된 건지, 아파트 주변 공기는 긴장감으로 가득 차 보였다.

사토자키는 심장이 크게 뛰는 것을 느꼈다.

미도리카와가 평소와 다름없이 문을 열고 안으로 들어갔다.

"어머니, 안녕하세요? 어린이 가정 센터에서 나온 미도리카와예요."

"어머, 미도리카와 씨. 사토자키 씨도⋯⋯. 응? 다른 사람도 있네. 무슨 일이에요? 네 명이나 오고."

하야카와와 아이들의 위치가 너무 안 좋았다. 하야카와가 아이들을 양쪽에 끼고, 아이들도 엄마에게 매달리듯이 붙어 있었다. 그 모습을 본 네 사람은 상황이 좋지 않다고 생각했다. 하지만 사토자키를 제외한 나머지 세 사람은 그런 생각을 내색하지 않고 하야카와에게 다가갔다.

미도리카와는 직권에 의한 일시 보호 조치서를 보여 주면서 입을 열었다.

"어머니, 지금까지 몇 번이나 생활 환경을 개선해 달라고 부탁했죠? 그런데 아무것도 개선이 안 돼서 오늘은 동의 없이 아동 상담 소장 직권에 의한 일시 보호를 할 거예요. 아이들 건강과 복지를 지키기 위해서예요. 이게 조치서고요. 이 조치에 불복할 경우에는 60일 이내에 심사 청구를 할 수 있으니까, 지사 앞으로 신청하세요. 아시겠죠? 그럼 아이들을 데리고 갈게요."

그 순간 하야카와는 힘을 꽉 주어 아이들을 자신의 가슴 쪽으로 끌어당겼다. 아이들을 뺏기지 않겠다는 의지였다.

"웃기지 마. 무슨 말을 하는 거야! 맡길 생각 없으니까 그만가! 부모인 내가 싫다고 하잖아. 맘대로 아이들을 데리고 가다니, 안 돼! 이제 두 번 다시 오지 마!"

"방금도 말했지만 이건 직권에 의한 일시 보호예요. 어머니가 싫어도 아동 복지법 권한으로 아이들을 데리고 갈 수 있어요. 그러니까 아이들한테서 손 떼세요."

"싫어! 절대로 안 돼! 절대로 이 손 안 놓을 거야. 나가!"

"니시무라 씨, 고토 씨, 아이들 보호하세요."

"네! 그럼 쇼타, 유코, 선생님하고 같이 가자."

니시무라와 고토가 각각 쇼타와 유코를 안으려고 했다. 하지만 하야카와가 필사적으로 저항하면서 아이들을 놓으려고 하지 않았다. 아이들도 떨어지지 않으려고 죽을힘을 다해 매달렸다.

니시무라와 고토가 꿋꿋하게 억지로 떼어 내려고 하자 하야카와도 아이들도 단숨에 불안정해졌다.

"싫어! 엄마, 무서워! 살려 줘! 하지 마! 그만해! 놔 줘! 싫어, 싫어, 놔 줘! 살려 줘, 무서워! 엉엉엉."

쇼타가 소리 높여 울기 시작했다. 유코도 온 힘을 다해 자신의 엄마 옷을 꽉 잡고 매달려서 떨어지지 않으려고 했다.

"싫어! 놔! 엄마하고 같이 있을 거야! 놓으라고! 싫어! 하지 마! 아, 아! 그만, 그만! 싫다고! 엄마 도와줘!"

"이봐, 당신들! 너무하잖아! 싫어하는 거 안 보여? 놓으라고! 그만! 이러는 거 사람 납치하는 거랑 뭐가 달라!"

아이들은 발버둥 치고 때때로 니시무라와 고토를 세게 때리면서 온 힘을 다해 저항했다. 아이들이 울부짖는 소리가 사토자키까지 동요하게 만들었다.

"미도리카와 씨, 이렇게 싫어하는데 오늘은 그만하는 게 좋지 않을까요? 날을 다시 잡아서 오는 게 좋을 것 같은데."

미도리카와가 낮은 목소리로 사토자키에게 매섭게 말했다.

"사토자키 씨, 싸구려 동정하지 마세요. 뭘 위해서 다들 두 달 동안 애썼다고 생각해요? 앞으로를 위해서잖아요. 빨리 돕기나 해요!"

미도리카와의 꾸짖음에 사토자키는 번쩍하고 정신이 돌아왔다. 빠르게 유코에게 다가가서 그 커다란 손으로 유코를 안고 있는 하야카와의 팔을 잡아 천천히 떨어뜨려 놓았다. 니시무라는 지체 없이 유코의 겨드랑이에 손을 끼워 단숨에 하야카와에게서 빼냈고, 미도리카와와 같이 유코의 몸을 감싸 빠르게 차로 데리고 갔다.

다음으로 사토자키는, 양손으로 세게 쇼타를 안고 있는 하야카와의 양 손목을 잡고 천천히 아이한테서 떼어 놓았다. 그 순간 고토가 쇼타를 단숨에 자기 쪽으로 끌어당겨 끌어안고는 쏜살같이 차까지 데리고 갔다. 사토자키는 등 뒤로 아이들의 울부짖는 목소리가 점점 작아지는 걸 느끼면서 아이들을 따라가려는 하야카와의 양 어깨를 세게 잡고 있었다.

차가 떠나는 소리를 듣고 하야카와는 이제 어쩔 수 없다는 걸 깨달았는지 작은 소리로 중얼거렸다.

"알았어. 놔 줘. 이제 됐어. 하고 싶은 대로 해. 맘대로 데리고 갔으니까 앞으로는 그쪽에서 책임지고 키워. 나는 이제 상관없으니까. 이제 상관없어."

미도리카와가 숨이 차 어깨를 들썩이면서 방으로 돌아왔다. 하야카와와 사토자키의 주변에는 격렬한 다툼에 휘말려 목숨을 잃은 바퀴벌레들의 사체가 흩어져 있었다.

"사토⋯⋯."

사토자키에게 말을 걸려던 미도리카와가 가만히 사토자키의 얼굴을 바라봤다.

사토자키의 눈에는 눈물이 가득했다. 사토자키는 자신이 생각한 대로 자신의 언어로 천천히 하야카와에게 말을 걸었다. 그건 아무런 테크닉도 없는, 사토자키의 솔직한 마음 그대로를 전하는 말이었다.

"어머니, 죄송해요. 이런 방법을 써서. 어떻게든 어머니한테 지금의 생활을 그만두게 하고 싶어요. 쇼타나 유코도 더 즐거운 생활을 했으면 좋겠어요. 지금도 즐겁다고 할지도 모르겠지만, 그래도 더 이상 이대로 두고 볼 수가 없어요. 저도 도울 테니까 다시 한 번 저 아이들과 같이 살 수 있도록 힘내세요. 부탁드립니다."

"이제 됐다고 했잖아!"

하야카와는 내뱉듯이 말했다. 사토자키는 포기하지 않았다.

"생활이 안정될 때까지 아이들이 시설에서 지내는 걸 동의해 주세요. 동의하지 않으시면 재판소에 시설 입소 신청을 하게 됩니다. 그렇게 되면 쉽게 아이들하고 만날 수 없어요. 그러니까 시설 입소에 동의하시고 하루라도 빨리 생활을 재정비해서 쇼타하고 유코를 데리고 가 주세요. 신청서를 만든 건 저지만 그걸 재판소에 보내고 싶지는 않아요."

"시끄러워! 어서 나가! 이제 아무 말도 하기 싫어. 다 꼴도 보기 싫어! 얼른 가 버려."

"어머니! 제 말을 들어 보세요."

"시끄러워! 가라고! 나가라니까!"

"사토자키 씨, 갑시다."

"그래도 미도리카와 씨……."

"됐어요. 가자고요. 얼른."

미도리카와가 팔을 잡아당겼다. 사토자키는 어쩔 수 없이 차에 탔다.

"사토자키 씨, 오늘은 이만 가요. 더 이상 무슨 이야기를 해도 지금은 화를 돋울 뿐이에요. 하지만 하야카와 씨, 사토자키 씨가 하는 이야기는 확실히 듣고 있었어요. 그러니까 잠시만 혼자 생각하게 두자고요."

"아이들의 우는 얼굴이 눈에 밟히고 울부짖는 소리가 귀에서 떠나질 않아요. 괴로운 일시 보호가 될 거라고 해서 각오까지 했는데……. 이렇게까지 괴로울 줄이야. 정말 나쁜 짓을 한 것 같아서."

"지금 사토자키 씨한테 감상에 빠지지 말라고는 안 하겠지만, 조금 냉정해지세요."

"이렇게 한 게 잘한 걸까……."

"저대로 그냥 두는 편이 훨씬 나쁘지 않을까요? 잠깐은 힘들지도 모르지만 저 애들이 앞으로 살아갈 긴 인생을 생각하면 필요한 일이 아닐까요? 교육도 안 받고 사회로 나가는 것과 교육을 받고 사회에 나가는 것, 어느 쪽이 행복할지 냉정하게 생각해 보세요. 아이들 미래를 내다봐야죠."

"그렇네요. 그래도 오늘 하야카와 씨 모습을 보니까 정말 돈만 보고 아이들을 키우는 걸까 하는 생각이 들었어요. 아이들을 뺏기지 않으려는 그 필사적인 얼굴…… 돈 때문만은 아닌 것 같이 느껴져서. 어떻게든 시설 입소에 동의를 받아야겠어요. 여기 올 때까지는 28조만 생각했는데 지금은 솔직히 28조를 꼭 써야 하나 하고……."

"그러게요. 지금까지 보여 준 적 없는 절실한 모습이었어요. 자신도 몰랐던 뭔가가 하야카와 씨 안에서 움직이기 시작한 거 아닐까요. 뭐랄까, 모성 같은 거요. 어쨌거나 이삼 일 혼자 생각하게 두자고요. 그러고 나서 한 번 더 만나러 가 봐요. 지금은 기다리는 게 필요한 것 같아요."

"알겠어요. 하야카와 씨한테 시설 입소 동의를 받는 방법은 없을까요? 어떻게든 동의를 받으면 좋겠는데."

뭔가 좋은 방법이 없을까 진지하게 생각하기 시작한 사토자키였지만, 미도리카와가 1년이 걸려도 해결하지 못한 것을 어떻게 해서 실현할 수 있을지 지금은 전혀 떠오르지 않았다.

하지만 사토자키는 이 어려운 문제를 해결하기 위해 조언을 해 줄 사람을 떠올렸다. 그렇다. 첫 비행 상담에서 멋지게 가족의 재결합을 이끈 마술사, 시마 계장이었다.

SOSA

사무실로 돌아오자 사토자키는 바로 시마 계장이 있는 판정계로 향했다.

"계장 님, 지금 시간 괜찮으세요?"

"왜?"

"요전에 원조 방침 검토 회의에 올린 하야카와 남매 케이스 건으로 상담을 하고 싶은데요."

"아, 사토자키 씨가 28조 신청서를 작성한 거 말이지? 그건 회의에서 정한 대로 하면 되는 거 아닌가?"

"네. 그런데 28조를 적용하는 게 내키지 않아서요. 어떻게 시설 입소에 동의하게 만들 방법이 없을까요?"

"어머니가 생활 보호에 아이들 돈이 가산되지 않는 게 싫어서 절대 동의하지 않을 걸로 예상한 거 아닌가?"

"그랬는데 아까 일시 보호를 하겠다고 했을 때 어머니 모습을 보니까 아무래도 돈만 보고 그러는 것 같지 않았어요."

"어째서 그렇게 생각했지?"

"확실히 돈 문제는 현실적인 부분이니까 가산금도 큰 이유 중 하나일 거예요. 하지만 그게 다는 아닌 것 같아요. 필사적인 표정으로 온 힘을 다해 아이들을 붙잡았거든요. 그건 엄마의 얼굴이 아니었나 싶어요."

"흠, 그랬군. 잠깐 미도리카와 씨 좀 불러 주겠어?"

"미도리카와 씨요? 저기, 미도리카와 씨! 이쪽으로 좀 와 봐요."

"왜 그러세요? 그렇게 큰 소리로 말 안 해도 들려요."

다가오는 미도리카와를 향해서 시마 계장은 장난기 어린 웃음을 띠고 말했다.

"사토자키 씨가 미도리카와 씨 욕을 하는데."

"네? 아니에요! 욕 같은 거 안 했잖아요, 계장님!"

"또요? 이번에는 어떤 욕을 했어요?"

"아니, 욕이 아니라, 아까 오면서 이야기한 거 말이에요. 미도리카와 씨도 느꼈다면서요. 하야카와 씨의 모성 같은 거."

"아, 그 이야기예요?"

"어때? 미도리카와 씨는 1년 정도 하야카와 씨를 봐 오면서 28조밖에 방법이 없다고 생각한 거지? 그게 바뀌었나?"

시마 계장은 안정된 표정으로 미도리카와에게 물었다.

"음, 글쎄요. 극한의 상황에서 처음 보여 준 모성이라 확신은 없지만요. 어쨌든 지금까지는 너무 심했으니까요. 다만 제가 담당한 동안 하야카와 씨가 아이들을 생각하는 마음을 가지고 있다고 생각하긴 했어요. 그래도 어지간한 자극으로는 도저히 변할 것 같지 않아서 28조라는 처방이 필요하다고 생각하긴 했는데……."

시마 계장은 조용히 고개를 끄덕이더니, 미도리카와에게 계속 이야기를 하라는 듯 눈썹을 위로 올렸다.

"직권 일시 보호로도 꽤 충격을 받은 것 같았어요. 뭐랄까, 어머니 자신도 모르는 새에 둔감해진 부분에 전기 충격이 온 느낌이었을 거예요. 생활이 어려우면 판단력이 흐려지기도 하잖아요. 생활에 쫓겨서 희미했던 모성이 강한 자극으로 각성된 것 같은 느낌이었어요."

"흠, 그렇군. 모성이 되살아나고 있다고, 두 사람 다 그렇게 느꼈다는 거지. 그런데 미도리카와 씨, 지금까지 어떤 식으로 어머니하고 지내 왔나?"

"어떤 식…… 이요? 어떤 식이냐면, 역량을 끌어올리기 위해서 격려하거나 같이 힘내자고 응원하는 식으로요."

"어머니의 생활이 어떤 식으로 바뀌면 좋겠다거나, 구체적인 이미지를 전달했나?"

"구체적인 이미지요? 음, 방을 깨끗하게 하라거나 일을 찾아서 열심히 해 보라거나 하는 건 전달했어요."

"SOSA는 써 봤어?"

"네? SOSA요? 아니요, 그런 학구적인 건 잘 몰라서."

"사토자키 씨, 지금 이야기 들었지? 여기 복지 전문직들은 아무래도 장인 기질이 있어서 자기들이 경험해서 습득한 독자적인 기술을 많이 가지고 있다 보니까 거기에 의존하는 경향이 있거든. 내가 연구해서 알려 준 스킬을 써 보려고 하질 않는다고."

"그, 그런 거 아니에요……."

"SOSA는 이미 몇 번 연수에서 전수한 적이 있는데, 다들 전혀 실전 현장에서 써 주지를 않아. 정말 곤란하다고. 연수한 보람이 없어. 사토자키 씨, 어때? 하야카와 씨에게 SOSA를 써 보겠나?"

"써 보겠냐고 하셔도 애초에 SOSA가 뭔지 몰라요. 처음 듣는 말인데요."

사토자키는 곤란한 표정을 지었다.

"그렇지. 사토자키 씨는 아직 롤 플레이 연수를 한 번밖에 안 받았지. 그럼 SOSA를 설명하기 전에, 방임 케이스를 다룰 때 특히 효과가 있는 기술을 가르쳐 줄까?"

"와! 그런 게 있어요? 가르쳐 주세요. 제발, 제발."

"사토자키 씨, 거북을 아나?"

"네? 거북이라면 파충류, 등딱지가 있는 거북 말씀이세요?"

"그래. 그 거북."

"계장님, 저 의무 교육은 다 받았는데요."

"하하하. 그래, 그래. 거북을 만져 본 적 있나?"

"있어요. 그 정도는."

"거북 머리나 발 찔러 본 적은?"

"있죠! 물론."

"그럼 그때 어떤 반응을 하는지 알고 있겠네."

"아, 계장님, 왜 그러세요? 알죠. 머리를 움츠리거나 발을 움츠리거나 하잖아요."

"오, 잘 아네. 그러면, 한동안 거북의 머리나 발을 계속 찌르면 어떻게 될 것 같나?"

"그건, 끈질기게 찔러 대면 한동안은 경계하면서 목도 다리도 빼지 않겠죠. 아니 왜 그러세요? 무슨 말씀을 하고 싶으신 거예요?"

"그렇지. 계속 찔러 대면 거북은 머리도 발도 꺼내기 싫어지겠지. 그래서 등딱지 안에 틀어박혀서 시끄러운 인간이 어디론가 가 버릴 때까지 가만히 밖의 상황을 살펴보면서 참고 있을 거야. 대부분의 사람은 이 거북의 마음은 이해하면서 방임 가정의 마음은 이해를 못 하지."

"무슨 뜻이에요? 좀 더 알기 쉽게 설명해 주세요."

"아직 모르겠나? 곤란하네, 사토자키 씨. 설명 과다가 된다고."

"아니죠, 계장님. 명백한 설명 부족이라고 생각하는데요."

"그래? 어쩔 수 없고만. 사토자키 씨, 케이스워커로서 하야카와 씨 집에 처음 방문했다고 했을 때, 바퀴벌레로 꽉 찬 집을 보고 어머니한테 뭐라고 하겠나?"

"그야, 이런 끔찍한 환경에서 아이들이 지내는 건 안됐으니까, 부모라면 제대로 방을 청소하고, 아이들을 위해서 위생적인 환경을 만들라고 설득하겠죠."

"사토자키 씨, 나는 '케이스워커로서'라고 일부러 말했는데 그 의미를 모르는군. 얼마 전에, 작은 일에도 폭력을 휘두르는 어린이에게 몇 번이고 정당한 주장을 반복해서 설득하려고 한 정의감 넘치는 선생님 이야기를 했는데, 잊어 버렸나?"

"물론, 기억하죠."

"방금 사토자키 씨가 한 대답은 논리관이나 정의감에 호소하는 선생님의 답이잖아. '말하면 알아듣는 증후군'에 케이스워커가 걸리면 안 되지."

"아! 그렇구나! 사람은 타인에게 무슨 말을 들어도 자신이 변하려고 하지 않으면 결코 변하지 않는다는 거였죠?"

"그렇지. 그 어머니는 어쩌면 여러 지역을 전전하지 않았을까? 어때, 미도리카와 씨?"

"맞아요. 빠르면 반년, 길면 1년 정도 만에 이사를 다녔어요."

"거보라고, 어머니는 이사하고 싶지 않은데, 주변에서 이사를 하게 만드는 거야. 어디 살더라도 이웃이나 학교, 유치원에다가 어린이집 같은 관계 기관이, 방금 사토자키 씨가 말한 것 같은 대의명분을 금과옥조처럼 매일 반복해서 말한다고 생각해 봐. 어떤 생각이 들까? '부모면 부모답게 해라.' 혹은 '성실하게 일해라.', '아이를 생각해 줘라.', '집을 깨끗하게 해라.' 하는 식으로."

"……."

사토자키는 자기 입장을 하야카와와 바꿔서 생각해 보았다. 잠자코 있는 사토자키에게 시마 계장은 이어서 말을 했다.

"어디를 가도 주위에서 같은 말을 반복해서 듣고, 지적당하고, 때로는 혼나고. 어머니가 정착할 수 있다고 생각해? 어머니도 그 말대로 할 수 있으면 고생 안 하지. 그런데 빚투성이 가정에, 더 심각한 방임 환경에서 자랐다고. 어떻게 하면 좋은지 알 리가 없지."

"그러네요……."

사토자키는 작게 읊조리듯 중얼거렸다.

"방법을 모르는 사람에게 방법을 가르쳐 주지 않고 그저 문제를 풀고 답하라고 계속 말하는 거랑 같아. 듣는 쪽은 견딜 수가 없겠지. 그러니까 누구와도 교류하지 않고, 가정 방문도 받아들이지 않고. 마냥 등딱지에 틀어박힌 거북처럼, 재난이 지나가긴 기다릴 수밖에 없다고. 그러니까 방임 가정에 가서 불쑥 힘내라고 하는 건 말도 안 되고, 배려가 부족한 거지."

"그럼, 계장님이라면 어떤 식으로 말씀하시겠어요? 그 어머니한테."

사토자키는 의지하는 눈빛으로 시마 계장에게 물었다.

"글쎄, 상대는 아동 상담소 직원이 오면 엄청 엄하게 지도할 거라고 생각하겠지. 예상한 대로 말을 하면 '또 이러네.' 하고 생각할 거고. 그러면 안 돼."

"그러면 어떤 말을 하면 돼요? 끌지 말고 얼른 가르쳐 주세요."

"나라면 이렇게 말할 거야. '어머니, 어린아이를 둘이나 데리고 고생 많으셨네요. 게다가 병 때문에 몸도 생각처럼 움직여 주지 않을 텐데, 혼자서 생활 보호를 신청하러 시약소까지 가셨다면서요. 가스, 수도, 전기도 끊기지 않고 생활하다니 정말 대단하세요. 저라면 혼자서 시약소까지 못 갔을 테고, 벌써 전기도 가스도 끊겼을 것 같은데. 어머니는 어떻게 그렇게 하신 거예요? 비결 좀 가르쳐 주세요.' 하고. 시작은 이런 식으로 하는 거지."

"그, 그렇군요. 어떻게든 살아 있는 걸 칭찬하는 거네요."

"그렇지. 자기 상식에 사로잡혀서 가르치듯이 말하지 않는 것. 현재 상태에서 되고 있는 걸 순서대로 좋게 평가하는 게 중요하다고 생각해."

"또 어떤 걸 좋게 평가할 수 있을까요?"

미도리카와도 흥미로운 듯이 시마 계장에게 물었다.

"음. 예를 들어, '아이들이 밝고 표정이 좋네요. 생활이 어려우면 부모가 화가 나서 아이들을 때리는 일이 많으니까, 그런 집에 가면 표정이 어두운 아이들이 많은데, 이 집 아이들은 정말 쾌활하고 밝은 표정을 하고 있네요. 생활은 힘들어도 밝게 생활해서 그런가? 힘든 중에도 화내지 않고 잘하셨네요. 어머니는 근본이 밝고 느긋한 성격이신가 봐요. 정말 놀랐어요.' 같은 식."

"그러게요. 아이들이 밝고 표정이 좋아요. 그걸 칭찬하는 거구나."

미도리카와가 생각지도 못했다는 표정으로 중얼거렸다.

"상대가 자신을 비난할 거라고 생각했던 어머니는 허탈할 거고, 지금까지 집에 왔던 사람들하고 전혀 다른 반응을 표한 상대에게 관심이 생기겠지. 이 사람은 어떤 사람인가 하고. 이 방을 보고도 자신을 좋게 평가하는 이 사람은 대체 어떤 사람일까. 그렇게 생각하게 만들면 된 거야. 받아들여진 거지."

"또 비난할 거라고 생각해서 방어하려고 했는데, 오히려 칭찬을 한 거니까요."

"상대를 안심시키고 나면 여러 이야기도 할 수 있게 되고, 상대방도 자신의 형편을 먼저 받아들였다고 여겨서 이쪽 이야기도 들어 주게 되지."

"맞아요. 이 사람이라면 이야기해도 되겠지 하고 생각하게 되죠."

미도리카와가 커다란 눈망울을 빛냈다.

"거기서부터 조금씩 신뢰를 쌓아서 구체적인 원조를 하고, 실제로 변화를 체험하게 하고, 생활이 나아지는 걸 실감하게 하면 어머니도 자신이 붙을 거고, 스스로 일을 처리할 수 있는 능력이 생기게 되겠지."

"그건 그렇다 치더라도, 대단하네요. 그 집을 보고도 어머니를 좋게 평가하는 걸로 시작하다니. 보통은 나쁜 점이 눈에 띄니까 거기에 초점을 맞춰서 지도하고 싶어지는 법인데……. 그 상황에서 좋은 점을 찾아내서 그쪽을 칭찬하다니."

사토자키는 깊이 감탄했다.

"거북의 머리도 발도 움츠리고 싶게 만드는 말을 주고받는 건 의미가 없어. 머리도 발도 뻗고, 안심하고 이야기할 수 있는 사람이 돼야지. 누구라도 자신을 비난하는 사람보다 자신을 인정하고 좋게 평가해 주는 사람과 만나고 싶잖아. 어때? 사토자키 씨. 알겠어?"

"정말 눈앞이 확 트이는 기분이에요. 상식적인 가정은 이래야 한다는 감각에 사로잡혀 있으니까, 그거랑 비교해서 모자란 점은 전부 나쁘다고 평가하기 쉽잖아요. 좋은 점을 찾기 전에 흠을 먼저 찾고 마는데. 그러면 공감 같은 건 할 수가 없다는 거네요."

"그래, 그거야. 케이스워커가 다른 일반 사람들하고 같은 대화 방식을 택하면 케이스는 아무것도 변하지 않지."

"그렇네요! 계장님, 감사합니다. 앞으로 어머니하고 이야기할 때는 지금 배운 걸 마음에 새기겠습니다. 정말 감사합니다."

"이봐, 이봐, 어딜 가! 아직 SOSA 이야기는 하지도 않았는데."

"앗! 그러네요. 지금 이야기는 SOSA의 전주곡이었네요."

"성질이 급하네. 사토자키 씨."

시마 계장은 미도리카와와 눈을 맞추고 웃었다.

"근데 전주곡이 너무 훌륭한 이야기여서 깜빡 잊어버렸네요. 그래서 계장님, SOSA는 뭐예요?"

"SOSA라는 건, Signs Of Safety Approach라고 해서, 하나의 케이스에 포함돼 있는 안심할 수 있는 부분과 위험한 부분을 말하는 거야. 쉽게 말하면, 케이스의 좋은 점과 나쁜 점을 한 장의 표로 정리해서 케이스의 내용을 또렷하게 정리하는 방법이야."

"케이스의 좋은 부분과 나쁜 부분을 시각화한다는 건가요?"

"그래, 그래. 케이스의 강점과 약점은 뭔지. 생각해 낼 수 있는 걸 될 수 있는 한 많이 표에 적어서 시각화하는 걸로, 케이스의 내용을 알기 쉽게 만드는 기술이지. 봐, 이게 SOSA 표야."

"의외로 엄청 심플하네요……."

"하하하. 종이가 네 부분으로 나뉘어 있지? 가운데에서 오른쪽이 케이스의 좋은 점을 적는 부분. 오른쪽으로 갈수록 안심할 수 있는 정도가 높아지지. 같은 레벨로 안심할 수 있는 것들은 위와 아래 칸을 이용해서 등급을 나누는 거야. 그러니까 가장 안심할 수 있는 좋은 점은 오른쪽 윗부분에 들어가는 거지. 반대로 왼쪽은 위험한 점을 적으니까 정반대로 생각하면 돼. 알겠나?"

"그렇다는 건, 가장 위험하고 걱정되는 점은 왼쪽 아랫부분에 들어가겠네요."

"그렇지. 이 표를 만들어 두면 케이스를 구체적으로 분석하기 쉬워지는 거야. 경우에 따라서는 이걸 클라이언트한테 보여 줘서 아상이 얼마나 진지하게 생각하고 있는지 전할 수 있고. 뭘 하면 아상도 지역 사회도 안심할 수 있는지, 뭘 방치하면 문제가 되는지를 클라이언트에게도 구체적으로 알려 줄 수 있지. 그러니까 노력하기 쉬워지는 거야."

시마 계장은 어떠냐는 표정으로 둘의 얼굴을 차례로 바라보았다.

"자기에 관한 건, 사실 자기는 알기 어렵잖아. 이렇게 도식화하면 구체적으로 아주 이해하기 쉬워지는 거지."

"중요한 건, 클라이언트의 생활에서 아상이 얼마나 좋은 점을 많이 찾아냈는지 전하는 거야. 그러니까 나쁜 점을 연달아 찾아내서 흠을 잡지 말고 좋은 점, 높이 평가할 수 있는 점을 열심히 찾는 게 중요하다고."

"아까 계장님이 하신 말씀하고 이어지네요."

"이걸 보여 주면, 아상이 클라이언트한테 고치기를 바라는 점도 물론 있지만 그 이상으로 많은 걸 높이 평가하고 있는 것도 전할 수 있어서 상대도 안심할 수 있지. 방임 케이스처럼 클라이언트가 뭘 어떻게 해야 좋은지를 모르고 혼돈 상태에 있는 경우에는 SOSA를 써서 구체적으로 눈앞에서 보여 주면서 전달하는 것이 아주 효과적이야. 사토자키 씨, 어때? 이거?"

"대, 대단해요. 이 방법 쓰고 싶어요. 계장님, SOSA 표 만드는 것 좀 도와주세요. 부탁드립니다. 이걸 써서 하야카와 씨를 설득해 볼게요. 미도리카와 씨, 한번 해 보자고요."

사토자키의 열의에 미도리카와는 고개를 끄덕일 수밖에 없었다.

"오호, 할 마음이 생겼나 보군. 미도리카와 씨, 사토자키 씨의 이런 점은 본받아야 돼. 장인 기질을 가진 복지 전문직 사람들은 사토자키 씨의 개척 정신을 조금은 본받아서 새로운 스킬에 도전해야지. 사토자키 씨, 힘내. 삼와 아상에서 앞으로 SOSA가 시민권을 획득할지 어떨지를 판가름하는 시금석이 될 테니까. 성공하라고."

"아니 그런 부담은 주지 마세요. 저 같은 초짜는 기술이 없으니 쓸 만한 걸 바로바로 시험해 봐야죠. 쓸 만한지 어떤지 헤매고 있을 여유가 없으니까요."

"그럼 우선 만들어 볼까."

"네, 부탁드려요."

시마 계장을 중심으로 사토자키와 미도리카와가 SOSA 표를 채워 갔다. 사토자키와 미도리카와는 생각나는 대로 하야카와

가족의 좋은 점을 찾아 오른쪽 면에 썼다. 어떤 사소한 것이라도 좋게 생각되는 건 모두 썼다. 나쁜 점밖에 없다고 생각했던 케이스였는데 시점을 바꿔서 사소하고 당연하게 보이는 것이라도 좋게 평가하려고 하니까 꽤 좋은 점을 많이 발견할 수 있었다. 사토자키뿐만 아니라 미도리카와도 놀랐다.

"계장님, 이거 대단하네요! 저, 하야카와 씨에 대한 좋은 점을 꽤 많이 알고 있다고 생각했는데, 이렇게 많았다니…… 여태껏 모르고 있었네요. 솔직히 놀랐어요."

미도리카와는 완성된 SOSA 표를 보면서 감회가 깊은 듯이 중얼거렸다. 표 왼쪽 아래에는 사토자키의 글씨로 '바퀴벌레' 한 마디만 쓰여 있고, 그 대각선 위의 오른쪽 위에는 '누구보다도 아이들을 소중하게 생각하는 것'이라고 쓰여 있었다.

미도리카와에 이어 사토자키도 만족스러운 웃음을 띠며 조용히 입을 열었다.

"정말이에요. 이 케이스에서 이렇게 좋게 평가를 할 만한 곳이 있었다니. 일반적으로 당연하다고 생각한 점도 시점을 바꾸니까 이렇게 좋게 평가할 수 있네요……. 저는 개인적으로 미도리카와 씨가 쓴 '웃는 얼굴이 멋지다.'라는 문구가 정말 마음에 들어요. 확실히 그렇죠. 웃는 얼굴이 멋지다는 거 중요하죠."

"저는 사토자키 씨가 쓴 '표정이 풍부하다.'라는 부분이 좋아요. 생활이 거칠어지면 표정이 어두워지게 마련인데 하야카와 씨는 정말 표정이 풍부하죠. 천성이 강한 것 같아요."

"거봐, 해 보니까 우리 같은 케이스워커도 새로 발견하는 게 있지? 그러니까 SOSA가 효과가 있다는데 다들 안 쓰니까."

"알겠어요. 앞으로는 잘 활용할게요."

"뭐, 알면 됐어. 그럼 사토자키 씨, 이걸로 하야카와 씨하고 이야기하고 와. 이번에는 사토자키 씨 혼자 가는 거야. 미도리카와 씨가 같이 가면 안 돼. 사토자키 씨가 혼자 가서 이 SOSA를 이용해서 미도리카와 씨가 얼마나 하야카와 씨를 좋게 평가하고 있는지를 전하는 거지. 자기를 제일 높게 평가해 준 게 사실은 미도리카와 씨라는 걸 알면, 하야카와 씨 기분도 변하지 않을까?"

"알겠어요. 제가 간접적으로 미도리카와 씨의 뜨거운 마음을 하야카와 씨한테 전하는 거군요."

"미도리카와 씨 마음의 소리를 들으면 직권 일시 보호라는 강경책을 쓴 것도, 자신을 일으켜 세우려고 한 일이라는 걸 알게 되지 않을까?"

"그렇군요! 좋네요!"

"게다가 사토자키 씨는 미도리카와 씨 마음을 전하기 위해서 일부러 혼자 만나러 와 준 게 된다고. 그런 사토자키 씨의 성실한 마음도 전해지지 않을까? 하야카와 씨가 사토자키 씨를 신용하는 걸로 이어질 거라고 생각해."

"그렇구나. 그런 의미도 있군요."

"하야카와 씨가 미도리카와 씨나 사토자키 씨의 따뜻한 마음에 답하고 싶어진다면 아이들 시설 입소에도 동의할 거라고 생각해. 사토자키 씨, 이런 스토리로 한번 열심히 해 보라고. 할 수 있겠어?"

"계장님! 정말 대단하시네요. 잘될 것 같은 느낌이 들어요. 해볼게요. 열심히 하겠습니다."

사토자키는 금방이라도 하야카와 요코를 만나러 가고 싶었지만, 미도리카와가 조금 시간을 두라고 말한 것을 떠올리고는 가만히 기다렸다.

이틀 후, 하야카와 요코는 사토자키에게 전화를 해서 아이들이 잘 있는지 물었다. 아이들 상황을 많이 걱정하고 있는 것이 전화를 통해서도 전해졌다. 사토자키는 하야카와의 모성이 깨어난 지금이 기회라고 생각했다. 전화를 끊고, 바로 혼자서 하야카와의 집으로 향했다. 사토자키는 세 명의 마음을 담은 SOSA에 모든 것을 걸어 보기로 했다.

사토자키가 하야카와의 집에 도착해서 보니, 현관 양쪽에 새로 심은 화분이 하나씩 놓여 있었다. 물을 주고 얼마 지나지 않은 듯, 화분 아래의 콘크리트가 아직 어렴풋이 젖어 있었다.

사토자키는 가볍게 어깨를 풀고 크게 숨을 쉰 후에 인터폰 버튼을 눌렀다.

"어머니! 안녕하세요? 어린이 가정 센터에서 나온 사토자키입니다."

"네! 사토자키 씨, 좀 전에 통화했잖아요. 무슨 일이에요?"

"오늘 꼭 보여 드리고 싶은 게 있어서 가지고 왔어요. 봐 주실래요? 시간은 많이 뺏지 않을게요. 근데 이거 예쁜 꽃이네요."

"아, 저거. 너무 허전해 보여서 꽃이라도 키워 볼까 하고요. 홈센터에서 화분하고 메리골드 모종을 팔길래."

"와, 메리골드예요? 예쁜 꽃이 많이 피겠네요. 좋다."

"그나저나, 대체 무슨 일이에요?"

"아, 맞다. 본론으로 들어가야겠네요. 잠깐 이것 좀 봐 주실래요? 이거 미도리키와 씨가 작성한 건데요."

"미도리카와 씨가? 뭔데요? 이게."

"이건 하야카와 씨 집에 어떤 약점과 강점이 있는지를 표로 나타낸 거예요. 보세요. 왼쪽에 약점이 적혀 있고, 오른쪽에는 강점이 적혀 있어요. 여기, 왼쪽에는 어머니가 지금까지 이것저것 들어왔던 말이니까 아시겠죠? 주위의 사람들이 걱정할 만한 것만 적혀 있어요."

"흠, 그건 지겹도록 들었던 거네요."

"하지만 제가 보여 드리고 싶은 건, 반대쪽인 오른쪽 부분이에요. 여기, 엄청 많은 강점, 좋은 점이 적혀 있죠? 확실히 미도리카와 씨는 하야카와 씨 집의 부족한 점도 신경 쓰지만 그 이상으로 이렇게 많은 강점도 높이 평가하고 있어요. 그렇기 때문에 어떻게든 어머니가 힘내시길 바랐던 거예요."

"……."

하야카와는 아무 말 없이 SOSA 표를 지그시 바라보았다. 사토자키는 조용히 말을 이었다.

"이렇게 좋은 점이 많이 있으니까, 신경 쓰이는 점을 조금씩이라도 줄여서 멋진 가족을 만들었으면 했던 것 같아요. 그렇기 때문에 직권 일시 보호 같은 억지스러운 방법을 써서라도 어머니가 아이들을 생각해 주기를 바랐던 거예요."

"미도리카와 씨가, 이런 걸 다 만들어 주다니……."

긴장으로 굳어 있던 하야카와의 표정이 조금 풀렸다.

"미도리카와 씨는 어머니를 누구보다도 높이 평가하고 있고, 열심히 할 수 있는 사람이라고 믿고 있어요. 여기 오른쪽 위 칸에 적혀 있는 말을 봐 주세요. '누구보다도 아이들을 소중하게 생각하는 것'이라고 쓰여 있잖아요. 미도리카와 씨가 생각한 어머니의 가장 뛰어난 강점이 이거예요."

사토자키는 그렇게 말하면서 표의 오른쪽 구석을 가리켰다.

"정말이네……."

하야카와는 사토자키의 손가락이 가리키는 글자를 가만히 바라보았다.

"믿고 있어요, 미도리카와 씨는……. 아이들을 제일 소중하게 생각하는 건, 다른 누구도 아닌 어머니라는 걸."

"미도리카와 씨가 나 같은 걸 그렇게 생각해 줬다니. 저, 지금까지 누구한테 좋게 평가 받은 적이 거의 없어요. 이렇게 작은 것까지 알아봐 주고 칭찬해 주는 건 처음이에요. 후후……. 웃는 얼굴까지 칭찬해 주셨네요."

하야카와는 표의 오른쪽에 적혀 있는 자신과 자신의 가족에 대한 좋은 평가를 찬찬히 하나하나 바라보고, 기뻐하는 표정도 보였다. 지금까지 사람들한테 손가락질을 당해 온 하야카와에게 있어서, 자신을 이렇게 자세히 주시하고 인정해 주는 사람이 있다는 것은 놀랍고도 기쁜 일이었다. 처음으로 하야카와 요코라는 인간이 인정받았다고 느낀 순간이었다.

그렇게 이야기에 빠져 있던 사토자키는 이제서야 방에 커다란 변화가 생긴 걸 눈치챘다. 그렇게 많던 바퀴벌레가 보이지 않았던 것이다.

"하야카와 씨! 지금 봤는데, 바퀴벌레가 없어졌네요!"

"네, 쇼타하고 유코가 없으니까 한가해져서 훈연식 살충제를 썼어요. 죽은 바퀴벌레를 빗자루로 쓸었더니 작은 산이 생길 정도였어요. 웃기죠?"

사토자키는 눈을 동그랗게 뜨고 하야카와의 얼굴을 바라보다가 조금 흥분한 목소리로 말했다.

"와, 엄청나네요! 갑자기 왼쪽 아래 칸에 적혀 있는, 이 집에서 제일 위험도가 높다고 판단한 바퀴벌레가 정리됐잖아요! 대단하네요! 이렇게 하면 다른 문제도 금방 해결할 수 있겠어요. 더구나 누가 시켜서도 아니고 스스로 살충제를 사 와서 혼자 퇴치하고 청소까지 한 거잖아요. 어머니! 어머니라면 분명히 할 수 있어요. 표 왼쪽에 있는 문제, 반드시 해결할 수 있다고요!"

"그럴까요? 자신 없네요. 지금까지 계속 못 했던 거라서. 분명히 다시 못 하게 될 거예요. 나는 안 돼요."

하야카와는 쑥스러움과 불안이 뒤섞인 묘한 웃음을 띠면서 말했다.

"실제로 바퀴벌레가 없어졌잖아요. 지금까지의 일은 아무래도 좋아요! 지금 어머니가 뭘 했는지, 앞으로 뭘 할지가 중요한 걸요. 저도 도울 테니까 힘냅시다. 게다가 미도리카와라는, 어머니를 이렇게 이해하고 좋게 생각해 주는 동지도 있잖아요! 혼자서 다 하려면 힘들지만, 동지가 있으면 힘이 나는 법이죠!"

"그, 그야, 그럴지도 모르지만……."

"괜찮아요. 분명히 할 수 있어요. 그러니까 생활이 궤도에 오를 때까지만 아이들을 저희들한테 맡겨 주시겠어요? 잠시는 괴롭겠지만 앞으로를 생각합시다. 가정 재판소에 신청 같은 거 안 하고 싶어요. 같이 해 봐요!"

"근데…… 할 수 있을까요? 내가……."

"분명히 할 수 있어요. 어머니라면."

하야카와는 눈을 내리깔고 작게 고개를 끄덕이더니 사토자키의 얼굴을 가만히 쳐다보았다. 그 눈에는 의지가 가득 차 있었다.

"사, 사도자키 씨……, 부탁이 있는데요……."

"뭐예요? 뭐든지 말씀하세요."

"미도리카와 씨를 만날 수 있을까요?"

"물론이죠. 근데 왜요?"

"아이들이 시설 입소하는 데 필요한 서류가 있으면 미도리카와 씨가 그걸 가지고 왔으면 좋겠어요. 미도라키와 씨한테 받아서 미도리카와 씨한테 주고 싶어요. 안 될까요?"

"어머니……. 아, 알겠어요. 바로 연락할게요. 조금만 기다리세요."

사토자키는 방에서 힘차게 뛰어나와서 사무실로 전화를 걸었다.

"여보세요, 사토자키인데요, 미도리카와 씨 있어요? …… 아, 여보세요, 미도리카와 씨, 하야카와 씨가 시설 입소 동의서하고 서약서 같은 관련 서류를 미도리카와 씨가 가지고 왔으면 좋겠대요. 지금 올 수 있어요?"

"앗! 정말요? 동의해 준다는 거예요? 알겠어요! 바로 갈게요. 날아갈 테니까 조금만 기다려 주세요."

전화 너머로 미도리카와의 흥분한 목소리가 들려왔다.

"저기, 차 사고 내지 말고요!"

"알았어요. 쓸데없이 말이 길다니까."

어떤 길로 얼마나 빠르게 달려왔나 싶을 정도로 단시간에 미도리카와가 도착했다. 그리고 아파트 앞에서 기다리고 있는 사토자키를 보고는 힘차게 달려왔다.

"서류 갖고 왔어요!"

"갑시다!"

둘은 하야카와가 기다리는 방으로 들어갔다.

하야카와는 미도리카와를 보더니 둑이 터진 것처럼 말을 시작했다.

"미도리카와 씨, 미안해. 갑자기 불러내서……. 사토자키 씨가 보여 줬어. 소사인가 뭔가 하는 표…… 기뻤어. 그렇게 많이 칭찬해 줘서. 웃는 얼굴까지 칭찬해 주고. 항상 가정 방문하면서 나를 그렇게 생각해 줬구나 하고……."

미도리카와는 아주 따뜻하게 웃었다. 하야카와도 쑥스러운 듯 웃었다.

"아이들이 가 버리고, 이번에는 돌아오지 않을지도 모른다고 생각하니까 갑자기 쓸쓸해져서. 어떻게 하면 돌아올 수 있는지 생각했어. 아무튼 방 정리부터 시작하자 싶어서. 그랬더니 사토자키 씨가 와서 이 표를 보여 주더라고……."

"그랬군요……."

"나쁜 점만 잔뜩 쓰여 있지 않을까 생각하면서 봤더니 나쁜 점보다 좋은 점이 훨씬 많이 적혀 있어서……. 그 마음이 고마워서……. 미도리카와 씨, 사토자키 씨, 아이들을 잘 부탁해요. 나는 왼쪽에 적혀 있는 걸 고칠 수 있도록 노력할게. 도와줄 거죠?"

"물론이죠!"

미도리카와와 사토자키가 동시에 대답했다.

"미도리카와 씨, 서류 줘요."

아이들 어머니로서 각오가 깊이 스며든 목소리였다.

미도리카와는 가만히 서류를 내밀었다. 하야카와는 결코 예쁘다고는 할 수 없지만 그래도 정성껏, 야무진 글씨로 자신의 이름을 서류에 써 내려갔다. 그 모습을 사토자키와 미도리카와가 조용히 지켜봤다.

서류를 다 쓴 하야카와의 얼굴은 어딘가 후련해 보였다. 그건 하야카와가 어머니로서의 길을 걷기 시작한 순간으로도 보였다. 사토자키도 미도리카와도 하야카와를 온 힘을 다해 지원해야겠다고 진심으로 생각했다.

미도리카와는 시설 입소 동의서를 마치 보물처럼 정성껏 가방에 넣고는, 하야카와의 눈을 똑바로 보고 작게 고개를 끄덕였다. 하야카와도 아무 말 없이 작게 고개를 끄덕였다. 새로운 내일을 향한 계약이 성립된 순간이었다.

사토자키와 미도리카와는 등 뒤로 하야카와의 시선을 느끼면서 차를 향해 걸어갔다.

"힘들게 만든 28조 신청서, 못 쓰게 됐네요."

"괜찮아요, 그런 건. 어차피 결국은 만들 때가 올 테니까 이번 경험이 헛되지는 않죠. 해 보니까 의외로 저한테 잘 맞는 일이라는 생각도 했고요."

"역시, 사무직. 앞으로 제 것까지 잘 부탁해요."

"왜 남의 것까지 만들어야 하는데요. 싫어요."

"평소에 이렇게 도움을 많이 받으니까 그 정도는 해 줄 수 있잖아요."

"누가 도움을 받아요!"

"사토자키 씨요!"

사이가 좋은 건지 나쁜 건지 묘한 관계지만 미도리카와가 사토자키를 한 사람의 케이스워커로 인정하기 시작한 것만은 확실했다.

사토자키는 시동을 걸고 천천히 액셀을 밟았다. 백미러에는 아직도 사토자키의 차를 배웅하고 있는 하야카와의 모습이 비쳤다. 저 사람한테 힘이 되고 싶다. 어머니와 아이들의 즐거운 웃음이 보고 싶다. 사토자키는 순수하게 그렇게 생각했다.

그 후, 사토자키는 집 청소를 돕거나 하야카와가 헬로 워크(일본의 공공 직업 안정소)에 갈 때 자주 동행하거나 하면서 틈이 나는 대로 하야카와의 자립을 위해 지원해 갔다.

더불어 시마 계장이나 미도리카와의 도움도 받으면서 정기적으로 관계 기관과 케이스 콘퍼런스를 열어, 앞으로 지역 사회가 어떻게 하야카와 가정과 관계를 맺고 지원해야 할지에 대해서 의논을 이어 갔다. 그때에도 역시 SOSA를 사용한 설명을 하면서 아이들을 받아들일 준비를 착착 진행했다.

이 케이스를 계기로 사토자키는 관계 기관과 연계하며 케이스를 움직이는, 아동 상담소의 오니 헤이로 커 갈 수 있었다.

그리고 4개월 후, 쇼타와 유코는 어머니가 기다리는 따뜻한 가정으로 지역 사회의 환영을 받으면서 돌아왔다. 아이들을 꼭 품에 안은 하야카와의 모습은 사토자키의 마음에 뜨겁게 새겨졌다. 태양을 떠올리게 하는 오렌지색 꽃, 메리골드가 예쁘게 활짝 피어서 어머니와 아이들을 따뜻하게 지켜보았다.

슬픈 학대

늦더위가 짙게 남은 9월, 공기가 아직은 눅눅해서 무더위가 이어졌다. 아동 상담소의 현관 양쪽에 있는 화단에는 분홍색 피튜니아와 노란색 가자니아가 왕성하게 꽃을 피우고 있었다. 사토자키는 이곳을 지날 때마다 또 다른 색 꽃이 하나 더 있으면 좋겠다고 항상 생각했다. 하지만 어떤 색 무슨 종류의 꽃으로 하면 좋을지는 바쁘기도 해서 쉽게 결정을 내리지 못했다.

좋아하는 꽃조차 못 보고 지내서야 좋은 케이스워커는 되기 어렵겠지. 꽃이 예쁘다고 느끼는 것 보니 아직 괜찮은 거야. 사토자키는 스스로에게 그렇게 말하고는 힘을 내 왔다.

넘겨받은 케이스나 새로운 상담을 포함해서 꽤 많은 면담을 해 온 보람이 있는지 최근에는 사토자키도 제법 케이스워커다 워졌다.

그러던 어느 날, 담당 지역의 초등학교 교사에게서 한 통의 전화를 받았다.

"사토자키 씨, 요리키마치미나미 초등학교 야마다 선생님한테 전화가 와 있는데요. 전화 돌릴게요."

"네, 상담과 사토자키입니다."

"안녕하세요? 처음 연락드립니다. 저는 요리키마치미나미 초등학교에서 1학년 담임을 하고 있는 야마다라고 합니다. 갑자기 전화 드려서 죄송합니다. 제가 아는 선생님이 전에 그쪽 센터랑 상담했을 때, 여러모로 조언을 많이 해 주셔서 많은 도움을 받았다는 이야기를 듣고 오늘 연락 드렸습니다."

"아, 그러세요? 어떤 상담을 하고 싶으세요?"

"네. 4월에 시로야마현에서 이사 온 학생이 저희 반에 들어왔는데, 아무튼 힘이 드는 친구라서요. 5개월 동안 여러 방법을 시도해 봤는데, 저도 이제 어떻게 해야 할지 전혀 모르겠어서……. 학급이 붕괴될 것 같아요. 어떻게든 도와주실 수 없을까요?"

"선생님, 조금 진정하세요. 어떤 게 힘드신지 구체적으로 이야기해 주실 수 있으신가요?"

"아, 네. 뭐라고 해야 할까, 너무나 산만해요."

"그런데 선생님, 1학년이면 보통 그렇게 산만한 거 아닌가요."

"아, 그렇긴 한데요. 저도 교사를 오래 했지만, 그렇게 산만한 친구는 처음 봐서요……."

"어느 정도 산만한가요?"

"자리에 앉아 있지를 못하고 계속 교실 안을 돌아다니는데, 다른 친구들도 영향을 받아서 수업을 할 수 없는 상황이에요."

"그건 그냥 산만한 정도가 아니네요. 알겠습니다. 학생 보호자는 그 점에 대해 고민하거나 저희 쪽에 상담을 하고 싶어 하시나요?"

"아뇨, 보호자한테는 아직 아무 이야기도 안 했는데, 먼저 한번 봐 주시면 안 될까요?"

"알겠습니다. 윗선에도 상의 드려야 하니까 먼저 학생 이름하고 가정 상황을 가르쳐 주시겠어요?"

"네, 알겠습니다. 잘 부탁드립니다."

어차피 가정 교육이 제대로 안 된 어린이겠지만, 선생님이 이상할 정도로 절박해 보이니까 모른 척할 수는 없다. 전화로 전해지는 야마다 선생님의 깊은 고민을 느낀 사토자키는 어떻게든 도움이 되고 싶다는 생각으로 나카야마 계장에게 상의하러 갔다.

"나카야마 계장님, 지금 시간 괜찮으세요?"

"무슨 일이야? 사토자키 씨."

"방금 요리키마치미나미 초등학교에서 전화가 와서요. 반에 힘든 학생이 한 명 있으니까 보러 와 주면 좋겠다고 하더라고요.

자리에 가만히 앉아 있지를 못하고 교실 안을 돌아다닌대요. 뭐 심각하게 가정 교육이 안 된 거겠지만, 선생님은 꽤 절박해 보여서요. 한번 상황이 어떤지 보러 와 달라고 하시네요. 이름은 다카기 유타. 한 부모 가정이에요. 어떻게 할까요?"

"음, 어쩐지 ADHD 같은데 보러 갈까? 사토자키 씨 오늘 시간 돼?"

"네, 시간 괜찮아요. ADHD요? 가정 교육이 아니고요?"

"아마도. 직접 보지 않으면 모르지만. 그럼 1시에 간다고 연락해 둬."

"알겠습니다."

ADHD라는 건 발달 장애라는 건가? 대체 어떤 모습일까? 돌아다닌다는 건 어느 정도를 말하는 걸까? 음, 상상이 안 되네. 뭐, 현장에 가 보면 알 수 있겠지. 사토자키는 처음 받아 보는 상담 내용에 불안과 흥미를 동시에 느끼며 수화기를 들었다.

"여보세요? 요리키마치미나미 초등학교죠? 야마다 선생님 계십니까? 아, 야마다 선생님이세요? 아까 말씀하신 건 말인데요, 오늘 1시에 계장님하고 같이 가겠습니다."

"감사합니다. 잘 부탁합니다."

전화를 끊고 사토자키와 나카야마 계장은 바로 요리카마치미나미 초등학교로 향했다.

교문 앞에 서니, 맑은 음색의 리코더 연주가 들려왔다. 사토자키는 초등학생이었던 때의 추억이 갑자기 되살아나서 그때가 많이 그리워졌다. 현관으로 이어지는 뜰 양쪽에는 커다란 벚꽃 나무가 몇 그루나 심어져 있어서 벚꽃 아케이드 같았다. 초록 잎 사이로 비치는 햇빛이 그리는 아름다운 무늬 위를 사토자키와 나카야마 계장은 천천히 걸었다.

교장실에 갔더니 담임 선생님에게 사정을 들은 교장이 1학년 야마다 선생님 교실로 사토자키와 나카야마 계장을 안내했다.

거기서 사토자키가 본 것은, ADHD가 어떤 건지를 순식간에 알 수 있는 광경이었다. 한 남자아이가 교실 안을 종횡무진 달리고 있었다. 어떤 때는 창가로 달려가 밖을 보다가, 다시 칠판으로 달려가서는 선생님에게 말을 걸고, 다른 친구들의 지우개나 연필이 보이면 그쪽으로 달려가는 식으로 끊임없이 움직였다.

이걸 보는 다른 아이들이 반응하지 않을 리가 없었다. 정말 수업을 할 상황이 아니었다. 나카야마 계장은 사토자키를 보면서 조용히 입을 열었다.

"ADHD가 맞네. 물론 아동 정신과의가 아닌 내가 진단을 확정할 수는 없지만, 아무리 봐도 ADHD인 것 같아."

"어떻게 해야 돼요?"

"학생 부모님을 설득해서 센터에 검사하러 오라고 하는 게 좋겠어. 그리고 어린이 진료소에서 다나베 선생님한테 진단받고, 필요하면 투약 치료를 시작해야지. 이대로는 저 친구한테도 주위에도 안 좋으니까. 응? 사토자키 씨, 잠깐 저 애 오른쪽 볼 한 번 봐 봐. 멍 아니야?"

"네? 멍이요?"

나카야마 계장의 의외의 말에 사토자키는 아이의 오른쪽 볼을 뚫어져라 쳐다보았다.

"아, 정말이네요. 확실히 멍 같아요."

"신경 쓰이네. 사토자키 씨, 앞 게시판에 있는 시간표 보여? 다음 수업 뭐야?"

"체육이네요."

"그래? 잘됐다. 사토자키 씨, 오늘 시간 있지? 체육 수업까지 이대로 대기하는 거야. 그냥 발달 상담으로는 끝나지 않을 것 같아. 체육복으로 갈아입을 때 확실해지겠지."

"네? 그게 무슨 말씀이세요?"

"신체 학대가 있었을지도 몰라."

"그런, 설마요. 넘어진 것뿐이겠죠. 저렇게 덤벙덤벙하는걸요."

"사토자키 씨, 저 애는 집에서도 저렇다고. 게다가 한 부모 가정이니까 부모는 혼자 대응해야 하는 거야. 자기 아이가 집에서 저렇게 날뛰면 어떨 것 같아? 엄청난 스트레스를 받겠지. 저 애를 조용히 시키려고 때릴 가능성이 높지 않겠어?"

"확실히 그렇네요. 집에서도 저런 상태라면, 게다가 모든 걸 혼자 해야 한다면 많이 힘들겠어요. 거기까지는 생각 못 했네요."

"발달 장애 어린이를 키우는 건 상상할 수 없을 정도로 힘들
거든. 그러니까 발달 장애 케이스는 학대에 관해서도 신경 쓰는
게 좋다는 걸 기억해 둬."

"알겠습니다."

사토자키는 나카야마 계장의 날카로운 시선에 압도되었다.
두 사람은 어서 산수 수업이 끝나기를 기다렸다. 그리고 옷을 갈
아입는 시간이 됐다. 사토자키와 나카야마 계장은 유타의 몸을
주시했다.

유타가 티셔츠를 벗는 순간, 두 사람은 놀라서 숨을 죽였다.
상반신 전체에 엄청난 수의 멍이 들어 있었기 때문이다. 특히 허
리 근처에는 큰 막대기로 맞은 듯한 긴 선 모양의 멍이 들어 있
었다.

나카야마 계장은 옆에 서 있던 야마다 선생님에게 말했다.

"야마다 선생님, 수업은 이 체육 시간이 마지막이죠? 수업이
끝나면 유타를 교장실로 데리고 와 주시겠어요? 꼭 데리고 오셔
야 합니다. 본인이 싫어해도 절대 돌려보내지 말아 주세요. 부탁
드립니다."

"네, 알겠습니다."

수업이 끝나고, 잠시 후에 야마다 선생님과 함께 유타가 교장
실로 찾아왔다. 유타는 교실에서는 볼 수 없었던 컴퓨터나 프린

터, 장식품, 트로피 같은 물건에 차례로 흥미를 보이고는 산만하게 교장실을 돌아다녔다. 나카야마 계장은 그런 유타의 양쪽 어깨에 가만히 손을 올리고 유타와 시선을 맞추려고 몸을 낮춰서 앉았다.

"다카기 유타. 안녕? 나는 어린이 가정 센터에서 온 나카야마라고 해. 이쪽에 덩치 큰 사람은 사토자키라고 하고, 나하고 같은 센터 선생님이야."

"선생님이야? 야마다 선생님하고 같이?"

"야마다 선생님하고는 좀 달라. 선생님들은 학교 선생님이 아니고 어린이 이야기를 듣는 센터 선생님이야. 유타 외에도 많은 친구가 선생님한테 이야기하러 오거든. 그래서 싫은 거나 힘든 걸 많이 이야기해 줘. 선생님은 그런 친구들이 싫어하거나 힘들어하는 걸 없애 주는 일을 하고 있어. 유타는 야마다 선생님이 좋아?"

"응, 좋아. 잘해 주니까."

"그래, 선생님은 야마다 선생님 친구야."

"야마다 선생님 친구야? 선생님 정말?"

"맞아, 나카야마 선생님도 사토자키 선생님도 선생님 친구야. 그러니까 안심하고 나카야마 선생님하고 이야기해."

"응, 알았어."

"그럼, 유타. 이 소파에 앉을래?"

나카야마가 그렇게 말하자 유타는 순순히 소파에 앉았다. 하지만 푹신푹신한 소파의 감각이 재미있는지 이번에는 소파에 앉은 채로 몸을 상하좌우로 움직이며 놀기 시작했다.

"유타, 사탕 먹을래?"

"응, 먹을래. 먹을래."

사탕을 먹고 조금 안정된 유타에게 나카야마 계장은 다정하게 물었다.

"어? 유타, 오늘은 얼굴에 상처가 났네. 여기 볼에 왜 그런 거야?"

"넘어졌어."

"그래? 넘어졌구나. 넘어져서 어디 부딪쳤어?"

"그냥 넘어졌어."

"그렇구나. 어디에서 넘어졌어?"

"음……, 잊어버렸어."

"그래, 잊어버렸구나. 유타, 선생님은 아까 체육 수업 전부터 유타 교실에서 보고 있었는데, 알고 있었어?"

"모올라."

"그래……. 그래서 체육복 갈아입을 때도 선생님들이 유타를 봤는데, 유타 몸에 상처가 많더라고. 그거 왜 그런 거야?"

"넘어졌어."

"그렇구나. 많이 넘어졌나 보네. 선생님은 있잖아, 상처가 빨

257

리 낫는 마술을 알고 있거든. 한번 해 볼까? 그럼 잠깐 셔츠 벗어 보자."

가까이서 봤더니 틀림없는 멍이었다. 꽤 많았다. 나카야마 계장은 대부분이 세게 꼬집혀서 생긴 상처라는 걸 금방 알아챘다. 나카야마 계장은 작은 소리로 사토자키에게 말했다.

"이거, 심각한데. 여러 번에 걸쳐서 계속 꼬집힌 거야."

"음? 어떻게 여러 번에 걸쳐서 꼬집혔다는 걸 알아요?"

"색깔이야, 색깔. 멍 색깔."

"색깔이요? 색으로 뭘 알 수 있어요?"

"거참, 어릴 때 다친 적 없어? 책상 모서리에 있는 힘껏 부딪치면 보라색으로 붓잖아."

"네."

"그런데 보라색이 되기 전에는 붉은 기가 도는 핑크색이잖아. 그게 보라색 멍이 되고, 시간이 지나면 칙칙한 초록색으로 변했다가, 마지막에 흐린 노란색이 돼서 원래 피부색으로 돌아오는 거지. 그러니까 말하자면, 멍이라는 건 부딪쳤다가 나을 때까지, 시간이 경과함에 따라 색이 변한다는 거야. 이 애 몸에 있는 멍은 한 가지 색이 아니야. 얼굴에 있는 건 붉고, 몸에 있는 건, 빨강, 보라, 초록, 노랑으로 단계별 색이 다 있지?"

"하루에 생긴 거면 멍은 한 가지 색이어야 하는데, 이렇게 여러 색이 있다는 건 여러 번에 걸쳐서 계속 당했다는 거군요."

258

"유타, 많이 넘어졌네. 아팠지? 근데, 유타. 선생님은 있잖아, 유타하고 비슷한 상처가 난 친구를 많이 봤어. 그 친구들은 넘어졌다고 안 했어. 넘어져서 생긴 상처는 까지거나 하니까 피가 나와서 딱지가 생기거든. 근데 유타 상처는 피가 안 났네. 이건 꼬집히거나, 맞았을 때 생기는 상처 같은데 어때?"

"아냐, 넘어졌어."

유타는 꼬집힌 것을 절대로 인정하지 않았다. 하지만 거짓말한 걸 들킬까 봐 걱정했는지 점차 안절부절못하고 몸을 작게 흔들거나 다리를 폈다가 움츠렸다가 하기 시작했다. 학대를 당하는 어린이는 거의 대부분이 그렇지만, 결코 학대를 당하고 있다는 사실을 인정하려고 하지 않는다. 아이들은 잘 알고 있다. 아무리 괴로운 가정이라도 자기가 돌아갈 곳은 그곳밖에 없다는 것을. 그렇기 때문에 절대 솔직하게 말하지 않는다. 아니, 말할 수 없는 것이다. 혹시 누군가에게 말하면 집에 돌아가서 얼마나 혼날지 모른다. 돌아갈 집이 없어질지도 모른다. 그게 무서워서 솔직하게 말하지 못하는 것이다.

유타는 당황해서 온몸이 불안과 공포로 가득 찼다. 작은 손이 작게 떨리고 있었다.

나카야마 계장은 그 손을 꼭 잡고 천천히, 그리고 다정하게 말을 걸었다.

"유타, 걱정 안 해도 돼. 선생님들이 반드시 지켜 줄 테니까. 이 선생님 봐. 정말 몸이 커다랗지? 아무리 무서운 사람이 와도 꼭 유타를 지켜 줄 거야."

"정말?"

나카야마 계장은 크게 고개를 끄덕였다.

"이제 절대로 안 맞게 해 줄 거고, 절대로 안 꼬집히게 해 줄게. 혹시 유타가 집에 가는 게 싫으면 선생님이 친구들이 있는 다른 집에 데리고 가 줄 테니까. 무슨 일이 있어도 선생님들은 반드시 유타를 지켜 줄 거야. 그러니까 아무 걱정 안 해도 돼."

"엄마, 화 안 나게도 할 수 있어?"

"할 수 있지. 그러니까 솔직하게 선생님한테 이야기해 줄래? 엄마한테 꼬집혔어?"

"흐흑, 흑, 잉잉잉."

갑자기 유타가 울기 시작했다.

어떻게 해야 할지 몰랐던 것이다. 아마 유타에게는 어머니에 대한 공포와 미움 외에도 애착이나 애틋한 감정도 남아 있을 터였다. 그렇기 때문에 솔직하게 말하면 엄마가 누구에게 혼나지 않을까 엄마를 걱정하는 마음도 있을 것이다. 매일 꼬집히는 집으로 돌아가고 싶지 않은 마음, 그리고 솔직하게 이야기한 후에 집으로 돌아갔을 때 얼마나 혼이 날지 모른다는 공포심까지. 그런 복잡한 생각이 넘쳐흘러 혼란스러워진 어린 마음이 유타를 울게 만들었던 것이다.

"유타, 미안. 미안해. 이제 선생님이 아무것도 안 물어볼 테니까. 괜찮아. 다음은 선생님한테 맡기고 같이 가자. 엄마는 다정한 엄마로 변해서 유타를 데리러 올 거니까 걱정하지 마."

"야마다 선생님, 센터까지 같이 가 주실 수 있으세요?"

"네, 유타도 불안할 테고. 괜찮을까요? 교장 선생님."

"물론이죠. 같이 가세요."

"감사합니다. 사토자키 씨, 잠깐 유타하고 이야기하고 있어. 사무실에 전화하고 올게. 직권 일시 보호를 요청할 테니까."

"알겠습니다. 유타, 선생님하고 종이접기 하고 놀까? 이것 봐, 선생님 색종이 잔뜩 가지고 왔어."

사토자키가 유타와 종이접기를 하는 동안, 나카야마 계장은 교장실에서 나와 센터에 연락을 넣었다.

"여보세요? 나카야마인데요, 차장님이나 과장님 있으면 바꿔 주세요."

"네, 마에야마입니다. 무슨 일이에요?"

"사토자키 씨가 관할하는 요리키마치미나미 초등학교에 와 있는데요. 계속해서 여러 번 신체 학대를 당한 1학년 남자 어린이가 있어요. 이대로 돌려보낼 수가 없어서 직권 일시 보호를 하고 싶은데요. 소장님한테도 전해 주실 수 있으세요?"

"알았어요. 돌아오기 전에 현립 삼와 병원에 들러서 진단서 떼와 줄래요? 보호자가 전혀 말이 안 통하는 경우에는 경찰에 고발할 수도 있으니까."

"알겠습니다. 그렇게 할게요. 어머니가 학동 보육(하교 후 부모 대신 학생들을 돌봐주는 곳)에 아이를 데리러 오시면 센터에 연락하도록 전해 달라고 학교에 부탁해 둘게요. 저녁까지는 돌아갈 생각인데, 어머니가 먼저 연락하시면 센터로 오라고 해 주세요."

"알았어요. 조심해서 와요."

나카야마 계장은 교장실로 돌아가서 빠른 걸음으로 교장에게 다가갔다.

"교장 선생님, 부탁이 있습니다. 야마다 선생님은 저희와 동행하실 테니까, 어머니께서 유타를 데리러 오시면 유타를 아동 상담소에서 보호하고 있다고 전해 주시겠어요? 이거 저희 팸플릿인데, 어머니께 전해 주세요."

"유타의 어머니가 화내지 않으실까요?"

"어머니께서 소란을 피우셔도, 학대가 의심되는 경우에는 학교가 아동 상담소에 보고해야 한다는 아동 학대 방지법 상의 의무가 있다는 걸 설명해 주세요. 그 다음은 이쪽에서 대응하겠습니다."

"아, 알겠습니다. 유타를 잘 부탁드립니다."

교장은 불안한 표정을 보였지만, 각오를 한 모양이었다.

사토자키와 종이접기를 하는 게 정말 즐거웠던지 방금까지 울던 유타의 기분이 좋아져서 사토자키에게 달라붙이 장난을 치고 있었다. 센터에 가는 것도 거의 저항 없이 순조롭게 차에 올라탔지만 차 안에서는 정신없이 까불어서 사토자키는 애를 먹었다.

가는 길에 현립 삼와 병원 소아과에 들러 진찰을 받고 유타 몸에 있는 멍에 대한 진단을 받았다. 대부분의 멍은 나카야마가 예상한 대로 사람이 강한 힘으로 꼬집어서 생긴 것이라고 했다. 허리의 긴 멍은 청소기의 자루 같은 물건으로 강하게 때렸을 것으로 의사는 판단했다.

강한 타격을 당한 경우에는 주위의 세포가 상해서 세포 내의 세포액이 혈액 안으로 흘러 들어가기 때문에 일부 효소의 수치가 올라가는 경우가 있다. 혈액 검사에서는 등에 있는 큰 멍이 원인이었는지 약간의 세포 파괴 반응을 확인할 수 있었지만 그 이외에는 특별한 이상이 별견되지 않았다. 전치 1주일의 진단서가 나왔다.

검사 후, 센터에 도착한 유타는 순조롭게 일시 보호소에 입소했다. 같은 연령의 피학대 아동이 몇 명 있었는데 금방 사이가 좋아져 즐겁게 뛰어다녔다. ADHD 증상도 있어서 일시 보호과 직원은 많이 애를 먹었지만 유타는 자유롭게 있을 수 있는 게 너무나 기뻤는지 아주 즐거워했다.

그 모습을 확인하고 야마다 선생님은 아동 상담소를 뒤로 했다.

그리고 5시 반이 넘어서, 드디어 유타의 어머니가 사토자키에게 전화를 걸었다.

"사토자키 씨, 다카기 사치코 씨한테서 전화가 왔습니다. 유타어머니라고 하시는데요. 전화 돌릴게요."

사토자키는 심호흡을 한 번 하고 수화기를 들었다.

"전화 바꿨습니다. 상담과 사토자키입니다."

"저, 유타 엄마예요. 교장 선생님한테 들었는데, 어떻게 된 일이에요? 부모 허가 없이 마음대로 유타를 데리고 가다니요! 바로 돌려보내 주세요."

"어머니, 유타는 아동 상담소가 직권에 의한 일시 보호를 하고있습니다. 센터까지 와 주시겠어요?"

"남의 애를 마음대로 데리고 가 놓고 나한테 오라고요?"

"죄송합니다."

"알겠어요. 바로 가겠습니다. 가면 돌려보내 주시는 거죠?"

"아뇨, 금방은 돌려보낼 수 없습니다. 앞으로에 대한 건 만나서 이야기를 나눈 후에 정하도록 되어 있습니다."

"어쨌든, 바로 가겠습니다!"

어머니의 분노를 정면으로 마주한 사토자키는 천정을 올려다보면서 한숨을 쉬었다.

"어때요? 사토자키 씨. 어떤 것 같아? 유타 어머니는."

하세베 과장이 사토자키에게 물었다.

"엄청나게 화가 나셨네요. 그렇게 화내는 사람하고 이야기할 수 있을까요?"

"뭐, 그 부분은 나카야마 씨한테 맡겨 둬요. 나카야마 씨 부탁해."

"네, 알겠습니다. 우선 내가 이야기할 테니까 사토자키 씨는 적당한 타이밍에 어머니한테 말을 걸어 줘. '괜찮아요.'라고 따뜻하고 좋은 목소리로. 그걸로 충분하니까. 적당한 타이밍에 하는 거야. 알았지?"

"네, 해 볼게요. 근데 어머니가 많이 화나셨어요. 엄청."

"당연하지! 자기 애를 마음대로 데려갔으니까 보통 화를 내지."

"그렇긴 한데요……."

30분 후, 유타의 어머니가 무서운 얼굴로 찾아왔다.

"사토자키 씨 어디 있어요! 다카기인데요!"

"다카기 씨, 어서 오세요. 이쪽입니다."

고토가 유타의 어머니를 면담실로 안내했다. 나카야마 계장은 메모 용지를 들고 사토자키를 불렀다.

"그럼, 사토자키 씨 갈까?"

"네, 잘 부탁드립니다."

면담실의 문을 열자, 어머니가 무섭고 험상궂은 표정으로 사토자키와 나카야마 계장을 노려보았다.

"어린이 가정 센터의 나카야마입니다."

"사토자키입니다."

"어떻게 된 건지 설명해 주시겠어요? 무슨 권리가 있어서 우리 애를 마음대로 데리고 간 건가요?"

"네, 갑자기 소중한 자녀분을 데리고 가 버려서 놀라셨을 테고, 무슨 일이 생긴 건지 몰라서 혼란스러울 거라고 생각합니다. 그 점에 대해서는 정말 죄송하게 생각합니다."

"그러면 지금 당장 유타를 돌려주세요! 데리고 갈 거예요."

"그건 어렵습니다. 아동 학대 방지법이라는 법률이 있어서요. 저희는 학대를 당하는 어린이를 보호해야 할 의무가 있거든요. 저희도 이렇게 무리한 방법을 쓰고 싶지 않아요. 보호자의 마음을 생각하면 저희도 괴롭거든요."

"그렇게 생각하신다면 지금 당장 유타를 돌려 달라고요!"

"어머니도 일본에서 살고 계시는 한, 일본의 여러 법률에 묶여 계시잖아요. 그것처럼 저희도 법률을 거스를 수가 없어요. 그러니까 어린이의 안전이 확인될 때까지는 유타를 돌려보낼 수가 없어요."

"법률의 규제라고 해도, 그건 학대를 당하는 어린이에 대한 법률이잖아요! 제가 학대를 했다는 건가요? 무슨 증거라도 있어요? 유타가 저한테 학대를 당했다고 말했나요?"

"유타는 계속 넘어졌다고 이야기했어요. 절대 맞았다거나 꼬집혔다고 말을 안 하더라고요. 울면서 넘어졌다고만 했어요. 어머니는 유타하고 둘이서 생활하시니까 유타 몸에 멍이 많이 들어 있는 걸 아시죠? 그 멍은 뭐라고 생각하세요?"

"그건, 제가 그런 거예요. 하지만 유타가 말을 안 듣고 설치니까 가정 교육을 시킨 거죠. 그걸 학대라고 하는 거예요? 그건 교육이죠!"

"어머니, 그렇게 멍이 들 때까지 꼬집는 건 결코 교육이라고 할 수 없어요."

"부모가 아이를 생각해서 엄하게 가르치는 건 당연한 거잖아요!"

"민법에서 말하는 부모의 징계권을 확대 해석하신 것 같네요. 징계권은 아이가 사고를 당할 것 같을 때 당황해서 아이의 목덜미를 잡고 당기는 것 같은, 긴급한 상황에서 하는 행위는 인정하지만 그 이상의 행위는 인정하지 않습니다. 때리는 건 기본적으로 어떤 경우에도 교육이라고 할 수 없어요. 그러니까 현재 어머니가 유타에게 하고 있는 행위는 학대에 해당됩니다."

"아니, 그럼, 제가 텔레비전에 자주 나오는 그런 사람들처럼 학대를 했다는 건가요? 학대라니, 그럴 생각은 없었어요. 저도 체포되는 건가요?"

어머니는 당황한 듯했다.

"어머니, 진정하세요. 물론 유타가 집에 가는 게 절대 싫다고 하고 어머니를 벌주기를 원하거나, 어머니도 전혀 반성하지 않고 앞으로도 같은 행동을 반복하신다면 그럴 수도 있어요. 하지만 유타는 그걸 바라지 않고, 저희도 그럴 생각은 없으니까요."

"바라지 않는다니, 하지만 학대라고 생각했으니까 유타를 데리고 간 거잖아요. 저한테 벌을 주려고 유타를 데려간 거 아닌가요?"

"어머니, 아니에요. 물론 현재 어머니가 유타한테 하고 있는 건 교육이라고 할 수 없는 부적절한 방법이에요. 그래도 어머니가 어쩔 수 없이 그렇게 하시는 마음도 잘 알기 때문에 육아를 돕고 싶은 거예요."

"육아를 도와요?"

"네. 하지만 아까 말씀드린 대로 법률이 있으니까 유타를 저희가 보호할 수밖에 없거든요. 그래도 저희가 정말 바라는 건 어머니가 지금처럼 괴로운 육아를 하지 않도록, 유타와 잘 지내는 방법을 같이 찾아보는 거예요."

"괴로운 육아……."

어머니는 테이블로 시선을 떨구며 작게 중얼거렸다.

"저희들, 유타가 수업을 듣는 모습도 봤어요. 수업 중에 계속 뛰어다니는 유타를요. 그러니까 이 아이를 키우고 있는 어머니가 얼마나 힘드실지 알게 됐어요. 분명히 혼자서 엄청나게 힘들어하고 계실 거라고 생각했어요."

"혼자서……."

어머니 눈에 슬픔이 어리는 것이 보였다.

"제가 어머니 입장이라고 했을 때, 같은 행동을 하지 않는다고
는 절대로 말 못 할 것 같아요. 전문 기관으로서 육아에 협력하
고 싶어요. 정말 힘드셨죠? 이야기해 주지 않으실래요? 지금까
지 있었던 일. 혼자서 힘들어 하는 건 그만두자고요. 저희들이
도울 수 있도록요. 네? 어머니."

"……."

가만히 고개를 숙이고 있는 어머니의 표정에서 마음의 갈등
을 읽은 나카야마 계장은 이야기를 이어 갔다.

"유타가 어머니를 감싸느라고 울면서 넘어졌다고 했어요. 어
머니를 좋아하니까 그런 거 아니겠어요? 어머니가 열심히 키워
줬다고 생각하니까 그런 것 아니겠어요? 그러니까, 이제 괴로운
육아는 끝냅시다."

나카야마 계장은 어머니를 감싸 안는 듯한 부드러운 목소리
로 말했다. 그 목소리는 어머니의 마음 깊숙이 닿은 것 같았다.
갈등에서 벗어난 어머니는 참지 못하고 울었다.

"흐흑. 흑흑……. 유타, 유타 미안해. 미안해. 흐흐흑……."

"괜찮아요. 어머니."

사토자키가 어머니에게 말을 걸었다. 평소답지 않게 적절한
타이밍이었다.

어머니는 지금까지 겪은 힘들고 괴로웠던 이야기를 담담히 말하기 시작했다. 그건 너무나 슬픈 이야기였다.

"저는 아이가 잘 안 생겨서 몇 번이나 불임 치료를 했어요. 돈도 많이 들어서 남편은 이제 되지 않았냐고 했는데 포기가 안 되더라고요. 2년이나 치료를 하고 나서 겨우 임신이 된 게 유타였어요."

"그랬구나. 유타는 기다리고 기다린 아이였군요."

나카야마 계장은 말투를 조금 편안하게 바꿔서 어머니의 말에 맞장구를 쳤다. 어머니는 작게 고개를 끄덕였다.

"걷기 시작할 때까지는 다른 아이들과 다르지 않다고 생각했어요. 남편도 저도 아이가 예뻐서 어쩔 줄을 몰라 했어요. 행복했죠. 돌이 지나고 아장아장 걷기 시작했을 때의 감동은 지금도 선명하게 기억하고 있어요. 남편하고 유타하고 셋이서 나눈 정말 행복한 기억이에요."

나카야마 계장은 따뜻한 눈빛으로 조용히 어머니의 이야기에 귀를 기울였다.

"그런데 두 돌이 지났을 무렵부터예요. 다리가 튼튼해지니까 아무튼 가만히 못 있고 돌아다녀서, 처음에는 그저 활발한 아이라고 생각했는데……. 눈을 떼지 못할 정도로 돌아다니니까 저도 남편도 하루 종일 붙어 있느라고, 그야말로 기진맥진이었어요."

"뭔지 알아요."

"이상해서 친정 엄마한테 물어봐도, 남자애는 원래 그런 거라고 해서. 저도 힘내야지 하고 열심히 유타를 쫓아다녔어요. 그런데 세 돌이 넘으니까 이건 뭐 어떻게 할 수가 없을 정도로 설치고 다니는데, 충동적으로 물건을 던지고 깨고 하는 것도 늘고. 점점 더 힘들어지더라고요."

"그래요? 유아 검진은 받으러 갔었나요?"

"네. 만 3세 검진을 받았을 때도 활기찬 아이라는 말만 들었지 특별히 문제가 없다고 해서, 애를 키우는 건 이렇게 힘든 거구나 생각했죠. 그러면서도 다른 사람들은 참 즐겁게 애를 키우는구나 싶기도 하고……. 스스로가 모자란 엄마라는 생각이 들어서……."

"어머니 문제가 아닌데 말이에요. 정말 힘드셨겠네요."

"그러던 중에 유타 행동은 점점 심각해지고, 혼을 내고 또 혼을 내도 말을 전혀 듣지 않으니까 남편이 유타를 때리기 시작했어요."

"남편 분이 먼저 때리기 시작했군요."

"남편은 '이 녀석은 바보라서 말해도 못 알아들어. 몸으로 가르쳐 주지 않으면 안 돼.'라면서 점점 심하게 때렸어요. 저는 그게 싫어서 남편하고 툭하면 싸웠어요. 차츰 남편하고 대화도 안 하게 됐어요. 대화는 남편이 유타를 때려서 제가 그것 때문에 화를 내면서 싸울 때뿐이었어요. 그래서 결국 재작년에 이혼했어요."

"육아 때문에 결국 남편 분하고……."

"그때부터 지금까지 1년 3개월은 지옥이었어요. 처음에는 저도 최선을 다해서 유타한테 화내지 않으려고 애썼어요. 근데 아무리 설명을 해도, 몇 번이나 같은 걸 말해도 유타는 전혀 바뀌지 않았어요."

"아무리 애써도 아무 효과가 없다는 건 정말 힘들죠."

"어느 날, 유타가 평소처럼 뛰어다니다가 제 서류에 주스를 쏟았어요. 그때 제가 정신이 나가서 유타 뺨을 때리고 말았어요. 그랬더니 애가 얌전해지는 거예요. 물론 잠시뿐이었지만요. 그래도 어떻게든 말을 듣게 만들고 싶을 때 때리거나 꼬집으면 얌전해지니까……."

"그게 계기였군요."

"그때부터 점점, 유타를 조용히 시키고 싶을 때마다 때리거나 꼬집거나 하는 일이 늘었어요. 멈출 수가 없더라고요. 결국 저도 남편하고 똑같네요. 애를 때리는 남편을 용서할 수 없어서 이혼했는데, 정신을 차려 보니 저도 똑같이 때리고 꼬집고 있었어요. 저는 정말 나쁜, 악마 같은 엄마예요."

사토자키가 낮고 따뜻한 목소리로 어머니에게 말했다.

"어머니, 괜찮아요. 아무도 어머니를 탓할 수 없어요."

사토자키의 따뜻한 목소리에 어머니는 참지 못하고 흐느껴 울었다. 흐느껴 우는 어머니에게 나카야마 계장이 조용히 말을 걸었다.

"어머니, 정말 애 많이 쓰셨네요. 누구한테 상담도 못 하고 혼자서 열심히 고민하면서 유타하고 둘이서 애쓰셨어요. 얼마나 힘드셨을지 저는 감히 상상조차 할 수 없네요. 저도 어머니 입장이었으면 분명히 같았을 거라고 생각해요."

어머니는 눈물을 흘리면서 고개를 옆으로 흔들었다.

"저는 엄마 자격이 없어요……. 악마예요. 저는……."

"어머니, 그렇지 않아요. 악마도 아니고요. 오히려 여기까지 온 게 정말 대단한걸요. 하지만 이대로는 어머니도 유타도 너무 괴로우니까요. 어머니도 유타를 사랑하고 유타도 어머니를 사랑하는데 둘 관계가 건강하지 못해요. 이건 너무 슬픈 것 같아요. 자기를 탓하는 건 그만두고 앞으로를 생각하자고요."

"앞으로를 생각하자고요?"

"어머니, 저희는 지금까지 정말 많은 아이를 봐 왔어요. 그래서 경험상 이야기하자면, 유타는 아마 발달 장애를 겪고 있는 것 같아요. ADHD가 아닐까 싶은데. 주의력 결핍 과잉 행동 장애라고 하는 장애예요."

"유타는 병이 있는 건가요? 발달 장애라는 건 뭐예요? 어떤 병이에요? 나을 수 있어요?"

"발달 장애라는 건, 뇌의 일부 기능에 문제가 있는 장애예요."

나카야마 계장은 유타의 증상에 대해 간단하게 설명했다.

"그, 그런……."

"어머니가 아무리 애를 쓰셔도 유타는 어머니가 생각한 대로 할 수가 없고, 유타 자신도 그러고 싶지 않은데 멈출 수가 없는 거예요. 유타는 가만히 있을 수 없는 장애가 있는 거라서요. 어머니가 키우기 어려운 것도 당연한 거고, 어머니 이외의 다른 어떤 사람이라도 결코 쉽게 키울 수 없는 아이예요. 그러니까 이제 스스로를 탓하는 건 그만두자고요."

"유타는 말을 안 듣는 게 아니었네요. 듣고 싶어도 들을 수가 없었구나……."

"물론, 자세한 건 의사 진단이 있어야 알 수 있지만요. 그래서 어머니, 우리 센터에 병설 어린이 진료소가 있는데, 거기서 유타가 아동 정신과 의사한테 진찰을 받으면 어때요? ADHD면 투약 치료로 금방 증세가 좋아지는 경우도 있어요."

"약이요? 부작용 같은 건 없어요?"

"음, 식욕이 떨어지거나 하는 몇 가지 부작용이 있어요. 그래도 이대로는 유타가 학교에서 다른 아이들이나 보호자한테 이래저래 나쁜 말을 들을지도 모르잖아요. 그렇게 그냥 두면 유타 자존감이 많이 떨어질 거라고 생각하지 않으세요?"

"그렇네요. 아이들한테 괴롭힘 당할지도 모르고……."

"그런 일이 생기지 않게 하는 게 부작용보다 훨씬 중요하다고 생각해요. 어머니께도 투약 치료는 도움이 될 거예요. 육아 스트레스를 이대로 두면, 그거야말로 돌이킬 수 없는 상황이 벌어지지 않을까요? 자세한 건 의사 선생님이 충분히 설명해 주실 거니까 어머니도 납득하실 수 있을 거예요."

"알겠어요. 그럼 부탁드릴게요."

"고맙습니다! 그리고 이번 기회에 ADHD 아이와 잘 지내는 법에 대해서도 저희가 조언해 드리고 싶은데 어떠세요? 가능하면 가정 방문을 해서 방을 어떻게 하면 좋은지도 말씀 드릴게요."

"네, 그렇게 해 주세요."

"잘됐다. 그리고 하나 더 부탁이 있는데요, 학교 담임 선생님한테도 유타에 대해서 충분히 설명해 드릴 필요가 있을 것 같아요. 유타를 어떻게 대하면 좋은지, 수업 중에는 어떤 걸 신경 써 주면 좋은지 같은 거요. 그렇게 하면 집에서도 학교에서도 유타는 지금보다 훨씬 좋은 환경에서 생활할 수 있어요. 무엇보다도 어머니하고 학교의 결속이 좋아지면 어떤 방법이 효과적인지 정보 교환도 할 수 있으니까, 좋은 방법도 많이 알게 되고요. 저희가 학교에 지도를 나가도 될까요?"

"감사합니다. 꼭 그렇게 해 주세요."

"그럼, 어머니, 한동안 유타 행동을 관찰해야 하니까 유타를 일시 보호해도 될까요? 어머니가 일시 보호에 동의해 주시면 저희도 직권 일시 보호를 동의로 바꿀게요. 그러면 언제든지 면회하실 수 있거든요."

"알겠습니다. 유타를 잘 부탁드려요."

"고맙습니다. 그럼 오늘은 수요일이니까, 다음 주 화요일 정도에 한 번 더 와 주실래요? 그때 의사 선생님한테 진단 결과하고 투약 치료 같은 거에 대해서 설명도 듣고요."

"저, 유타는 언제 만날 수 있어요?"

"음, 오늘은 유타도 피곤할 테고, 또 어떤 얼굴로 엄마를 봐야 할지 모를 테니까, 죄송하지만 조금 상황을 봐도 될까요? 가능한 한 빨리 면회하실 수 있도록 할게요."

"알겠습니다. 그럼 연락 기다릴게요. 핸드폰으로 연락 주시겠어요?"

"네. 여러모로 걱정이 되시겠지만, 어머니라면 괜찮을 거예요."

어머니는 이상에 도착했을 때의 험악한 표정과는 전혀 다르게 온화한 표정으로 바뀌어 있었다. 사토자키는 어머니에게 가만히 손을 내밀어 악수했다. 사토자키의 커다란 손으로 어머니의 가는 손을 꼭 쥐었다.

"어머니, 지금까지 정말 힘드셨겠지만 같이 힘내 봐요. 유타, 분명히 좋아질 거예요."

어머니는 머리를 깊게 숙이고 돌아갔다.

사토자키는 분노로 떨면서 왔던 어머니가 지금은 머리를 숙이고 가는 뒷모습을 보면서 묘한 기분이 들었다.

"나카야마 계장님, 어떻게 이렇게 됐죠? 어머니, 그렇게 화를 내셨는데. 어머니한테 저희는 아까까지 꼴 보기 싫은 적이었잖아요."

"직권으로 일시 보호를 하면 부모님은 우리한테 강한 적의를 보이는데, 그걸 그대로 받아들이는 건 힘들잖아. 그러니까 우리는 항상 아동 학대 방지법 탓을 하지."

"아동 학대 방지법 탓이요?"

"그래. 나는 일시 보호 같은 걸 하고 싶지 않은데, 법률이 그래서 어쩔 수 없다. 법률상 정해진 거니까 아동 상담소 직원들도 따라야 한다. 어쩔 수 없이 하는 거다. 법률 때문에 아이를 데리고 가도 보호자가 아무것도 할 수 없는 것처럼 우리도 같은 입장이라고 하는 거지."

"그런 합리화를."

"그렇게 말하면 상대도 어쩔 수 없다고 생각하잖아. 이럴 때는 법률을 악으로 만드는 거지."

"악으로……."

"다음은, 법률상 어쩔 수 없이 했지만 제 개인적으로는 어머니 마음을 충분히 이해한다고 공감해 주는 거지. 그 뒤에는 이런 번거로운 법률 같은 건 신경 쓰지 말고 우리하고 의논해서 잘 해결해 보자고 제안하는 거야. 우리도 법대로 하는 억지스러운 방법은 싫다고. 서로 잘 의논해서 좋은 방법을 찾아봅시다. 우리는 적이 아니라 아군이에요. 하는 식으로. 알겠어?"

"알겠어요. 아동 상담소는 적이 아닙니다. 보호자 분들하고 똑같이 법률에 묶여 있습니다. 입장은 다르지만 협력해서 어린이의 안전을 확보할 수 있으면, 결국 어린이는 가정에 빨리 돌아갈 수 있습니다. 이런 식으로 설명을 해서 대립 관계를 피하는 거네요. 나카야마 계장님 너무 교활하시네요."

"뭐가 교활해! 스킬이라고 스킬! 나 혼자 말하게 두고 고마워하기는커녕 교활하다니! 사람이 그러면 안 되지, 사토자키 씨. 그리고 좋은 부분만 쏙 가져가고. 분명, 어머니는 사토자키 씨를 정말 좋은 사람이라고 생각하면서 가셨을 거라고. 마지막에 악수를 하지를 않나. 사토자키 씨 쪽이 훨씬 교활한 거 같은데."

"아니! 저는 정말 어머니가 힘을 내셨으면 해서 자연스럽게 악수를 하고 싶어진 거라고요."

"상황이 좋을 때만 '괜찮아요, 어머니.' 하면서 목소리 깔고 말하고."

"계장님이 그렇게 말하라고 하셨잖아요."

"뭐, 잘 해결됐으니까 된 건가. 그건 그렇다 치고, 저 어머니 정말 힘드셨겠지? 어쨌거나 저 정도로 심각한 ADHD니까. 만 3세 검진 때 발견이 됐으면 좋았을 텐데. 그랬으면 인생이 달라졌을지도 모르는데."

사토자키는 세상의 부조리를 느꼈다. 유타의 어머니는 교양도 있고 다정하고 분명 아이도 좋아했다. 아이를 정말 간절히 원했을 것이다. 2년이나 걸려서 불임 치료를 받은 끝에 드디어 생긴 아이가 태어났을 때는 얼마나 기뻤을까. 하지만 그 아이가 발달 장애가 있었던 것, 그리고 주위의 누구도 그걸 알아채지 못했던 것이 어머니를 극한의 괴로움으로 몰아넣어 정말 간절히 원해서 얻은 사랑하는 아이를 학대하고 말았다.

아마도 유타의 어머니는 다른 어떤 어머니들보다 훨씬 인내심이 있고, 아이에 대한 애정도 훨씬 깊었을 것이다. 그럼에도 불구하고 유타의 어머니가 학대를 하게 만든 세상의 부조리에 사토자키는 말할 수 없는 슬픔을 느꼈다. 누가 이 어머니를 탓할 수 있을까. 사토자키는 학대 이면의 슬픈 이야기를 알게 된 것만 같았다.

'어떤 인간이라도 조건이 맞아 떨어지면 언제든 학대 가해자가 될 수 있어.'

하세베 과장님한테 들었던 말이 이제는 진심으로 와닿네. 저렇게 아이에게 성실한 어머니가 소중한 아이를 학대해 버린 건가. 하세베 과장님이 말했던 대로 학대를 할지 안 할지는 정말 종이 한 장 차이인가 보다. 인간은 약하고 슬픈 존재구나……. 어쨌거나 할 수 있는 한 최선을 다해서 어머니를 도와야지. 그리고 하루라도 빨리 유타를 집에 돌아갈 수 있도록 해 주자.

사토자키는 마음속으로 굳게 다짐했다.

다음 날, 판정계 직원이 유타를 대상으로 WISC IV 발달 검사를 실시했다.

유타는 전체적인 IQ에서는 지적인 지연이 보이지 않았다. 하지만 역시 능력별 차이가 커서 자신 있어 하는 분야와 서툰 분야 사이에 큰 틈이 있었다. 게다가 주의력이 유지되지 않아서 문제가 생각대로 풀리지 않자 금방 짜증을 내는 충동성도 보이는 등, ADHD 아동에게 나타나는 특유의 검사 결과가 나왔다.

검사 결과는 금방 정리되어 어린이 진료소의 아동 정신과 의사 다나베에게 전해졌다. 그 후에 다나베는 유타를 진찰하고 ADHD라는 진단을 확정했다. 다나베는 하루라도 빠른 투약 치료가 유타에게 필요하다고 판단했다. 그러기 위해서는 어머니에게 진료의 목적과 내용을 충분히 설명하고 투약 치료를 시작하는 것을 납득시킬 필요가 있었다. 다나베는 사토자키에게 어머니를 불러 달라고 지시했다.

월요일, 사토자키는 당장 유타의 어머니에게 연락을 했다.

"여보세요, 다카기 씨 핸드폰 맞나요?"

"네, 그런데요."

"중앙 어린이 가정 센터 사토자키입니다. 지금 전화 괜찮으세요?"

"앗, 네. 괜찮아요. 유타 만날 수 있어요?"

"아뇨, 그게 아니라 어제 저희 아동 정신과의가 유타 진찰을 했거든요. 그 결과를 어머니께 말씀 드리고 싶다고 하셔서요. 어머니는 언제 시간이 괜찮으세요?"

"네, 아무 때나 괜찮아요. 내일이라도……."

"그럼, 내일로 할까요? 저녁 5시 정도는 어떠세요?"

"저녁에 한 시간 외출 신청하면 갈 수 있어요."

"그럼 내일 저녁 5시에 기다리고 있을게요."

사토자키는 전화기를 천천히 내려놓고 심호흡을 했다. 케이스의 방향이 바뀌기 시작했다는 생각이 들었다.

다음 날, 어머니는 약속 시간에 맞춰 센터로 찾아왔다.

"안녕하세요? 일부러 오시게 해서 죄송합니다. 일까지 쉬시고……."

"아뇨, 괜찮아요. 그래서 유타는 어떤가요?"

"네, 그 점에 대해서는 의사 선생님께서 자세히 설명해 주실 거예요. 이쪽으로 오세요."

사토자키는 진찰실로 어머니를 안내했다. 어머니는 많이 긴장한 모습이었다.

진찰실에는 다나베가 따스한 얼굴로 어머니를 기다리고 있었다.

"안녕하세요? 처음 뵙겠습니다. 다나베라고 합니다."

"안녕하세요? 유타 엄마 다카기라고 합니다. 이번 일로 신세를 많이 지네요. 그래서 선생님, 유타는 어때요?"

"그러면 바로 설명을 하지요. 그건 그렇고 어머니, 지금까지 혼자서 애 많이 쓰셨다고 들었는데, 정말 힘드셨죠? 유타를 혼자서 키우는 건 보통 일이 아니었을 텐데요. 지금까지 의료 기관에서 진단받은 적도 없으시고요?"

"네, 없어요. 건강 진단에서도 특별히 문제가 없다고 하더라고요."

"그러셨군요. 그러면 혼자서 고민하실 수밖에 없었겠네요. 이쪽에서 WISC IV라는 발달 검사를 해 봤습니다. 이건 어린이가 가지고 있는 능력을 몇 가지 분야로 나눠서 검사하는 발달 검사예요. 유타는 전체적으로 봤을 때 지적인 지연은 없습니다."

"다행이다. 안심했어요."

"다만 유타가 가진 능력이 분야에 따라 고르지 않아서 유타 자신도 어떤 부분에서는 자신이 있는데 어떤 부분에서는 스스로도 납득이 안 될 정도로 못하는 상황을 겪고 있어요. 본인도 불안정해서 괴로운 부분이 있을 거예요."

"그래요?"

"그리고 역시 주의력이 부족한 점이 눈에 띄고, 충동적으로 감정을 컨트롤 못 하는 것도 눈에 띕니다. 관심이 금방 이쪽저쪽으로 바뀌는데 특히 눈으로 들어오는 자극에는 금방 반응해서 행동을 억제하지 못합니다. 결과적으로 시선을 돌릴 때마다 몸이 움직이고 마는 거죠. 검사 결과와 유타의 행동을 본 결과, 저는 ADHD라고 진단했습니다."

"ADHD요? 요전에 나카야마 씨가 그렇지 않을까 하고……."

"ADHD라는 건, 주의력 결핍 과잉 행동 장애라는 발달 장애예요. 이건 뇌 기능 일부에 선천적인 문제가 있어서 주의력이 유지되지 않거나 자신의 행동을 억제할 수 없는 장애예요. 원인이 특별히 밝혀진 건 아니지만 일반적으로 말하는 원인 중 하나를 조금 구체적으로 말하자면, 뇌에서 나오는 도파민이라는 뇌 분비 호르몬이 부족해서 발생하는 장애예요."

"도파민이요?"

"도파민이라는 건 원시적인 뇌인 대뇌변연계의 가장 안쪽에 있는 A신경이 만드는 호르몬이에요. 여러 역할을 하지만, 집중력을 유지하기 위해서도 중요한 호르몬이에요."

"집중력을 유지하는 호르몬인가요……."

"ADHD 어린이는 어떤 이상에 의해 그 호르몬이 나오는 양이 적거나, 아니면 양은 적정하게 만들어지는데 리셉터, 흔히 수용체라고 하는 도파민을 받아들이는 기관에 이상이 있어서 주의력이 유지되지 않거나, 행동을 억제하지 못하는 것이 아닌가 보여집니다. 그러니까 유타 행동이 나아지지 않는 건 어머니가 키우는 방식에 문제가 있어서 그랬던 게 아니에요. 유타는 발달 장애가 있는 거니까요."

"그래서 선생님, 치료하면 나을 수 있나요?"

"다동성은 일반적으로 연령이 높아지면서 나아진다고 알려져

283

있어요. 하지만 우선은 하루라도 빨리 투약 치료를 통해서 유타의 일탈 행동을 자제시켜야죠."

"하지만 선생님, 저렇게 작은 아이한테 계속적으로 투약 치료를 하면 부작용 같은 건 괜찮나요? 그게 많이 걱정이 돼서."

"네, 그 점에 대해서 설명 드릴게요. 약을 쓰는 거니까 당연히 부작용은 있습니다. 일반적으로는 조금 식욕이 떨어지거나 하는 몇 가지 부작용이 보고돼 있어요. 다만 지금 생각해야 하는 건, 부작용을 걱정해서 유타가 투약 치료를 하지 않는 경우에 발생할 수 있는 2차 장애예요. 그쪽이 훨씬 무섭죠."

"2차 장애요?"

"네, 맞아요. 유타가 저 상태로 학교에 계속 다니면, 점점 주위에서 그 행동이 평범하지 않기 때문에 좋지 않은 시선으로 볼 가능성이 있어요. 그리고 악의에 가득 찬 여러 소문의 대상이 되는 것도 예상할 수 있고요."

"그런 일이……."

"주위에서 무시당하거나, 선생님한테 계속 주의를 받거나 하면 유타는 점점 자신이 문제가 있는 인간이라고 믿게 될 거예요. 그럼 자존감이 낮아지겠죠. 그렇게 되면 자주성도 자라지 않고, 자신감도 안 생겨요. 저는 그쪽이 약 부작용보다도 훨씬 무섭다고 생각합니다."

"알겠어요. 그래서 선생님, 유타는 어떤 약을 먹게 되나요?"

"네, 콘서타 아니면 스트라테라라는 약을 처방할 거예요. 이 약들은 아까 이야기한 도파민을 보완하는 약이에요. 혹시 약이 잘 맞으면 큰 효과를 기대할 수 있어요. 다만 유타가 일상생활을 가능한 한 순조롭게 보내기 위해서는 약뿐만 아니라 학교와 가정에서의 협력이 필요해요."

"어떻게 하면 좋을까요?"

"특히 시각을 통해 들어오는 자극에는 반응하기 쉬우니까 방 안에는 될 수 있는 한 물건을 두지 말고 심플하게 유지하는 데 신경을 써 주세요. 공부도 주의력이 오래 이어지지 않으니까 짧은 시간에 다른 과제로 바꿔 가는 게 효과적이에요. 공부하는 장소는 방의 구석 쪽으로 해서 자극이 별로 없도록 만들어 주는 게 좋아요."

"알겠습니다."

"그리고 뭔가를 해낼 때마다 매번 충분히 칭찬을 해 주세요. 자신감을 키우는 데 필요해요. 자존감 향상으로도 이어지고요. 이 내용은 학교에도 제가 말씀 드릴까 하는데 어떨까요? 지금 설명에 더해서 자극이 적은 제일 앞자리로 자리를 옮기거나 유타한테 맞춰서 시간을 한정한 과제를 내 달라거나 하는 몇 가지 부탁을 드릴 것도 있어서요."

"알겠습니다. 선생님, 투약 치료 잘 부탁드립니다. 그리고 학교에도 연락해 주시는 건가요?"

"물론이죠. 바로 그렇게 진행하겠습니다. 뭐 궁금하신 점 있으세요?"

"아니요, 잘 알았어요. 선생님, 유타를 잘 부탁드려요."

"어머니. 지금까지 정말 열심히 하셨어요. 그런데 아무도 그걸 알아주지 않아서 힘드셨죠? 이제 혼자가 아니에요. 앞으로는 저희하고 같이 유타가 조금이라도 기분 좋게 지낼 수 있도록 힘써 봐요. 어려운 게 있으면 언제라도 전화 주세요. 뭐든지 상담해 드릴게요."

"네, 선생님 정말 감사합니다."

어린이 진료소에서는 어린이만 아동 정신과 의사에게 진찰을 받을 수 있는 건 아니었다. 발달 장애 자녀 때문에 고민하고 우울한 상태로 내몰린 부모의 케어도 함께할 수 있었다. 이 점이 어린이 진료소의 가장 큰 장점이었다. 이번 경우에도 어린이 투약 치료와 함께 부모님도 다나베 의사에게 정신적인 케어를 받을 수 있었다.

유타의 진찰 결과를 들은 어머니는 사토자키와 함께 진료실을 나왔다.

"사토자키 씨, 저 애, 병이었네요. 그런데도 저, 그렇게 심한 짓을……."

"어머니, 이제 자책은 그만하세요. 다나베 선생님도 그렇게 말씀하셨잖아요. 어머니는 유타가 ADHD라는 걸 모르셨고, 같은 상황이었다면 저도 똑같았을 거예요."

"사토자키 씨도요?"

"네, 지금은 자신을 탓하기보다 앞으로 어떻게 유타하고 즐겁게 지낼까를 긍정적으로 생각하는 게 훨씬 좋잖아요. 괜찮아요. 유타도 알아줄 거예요. 같이 힘내요."

"네."

어머니는 안심한 표정을 보였다.

"투약 치료를 해서 유타가 안정이 되면 다시 전화 드릴게요. 그때는 면회도 할 수 있게 해 드릴 테니까, 지금은 혼자 있는 시간을 편하게 즐기세요. 책을 읽으셔도 좋고요."

"사토자키 씨, 정말 감사해요. 뭐라고 할까, 어깨의 짐이 가벼워진 느낌이에요. 계속 혼자서 힘들었거든요. 지금은 아니에요. 유타에 대해서도 알게 됐고, 무엇보다 혼자가 아니라는 생각을 하게 됐어요. 고맙습니다. 나카야마 씨한테도 말씀 잘 전해 주세요. 저번에 나카야마 씨가 해 준 말…… 정말 기뻤다고요. 그럼 가 보겠습니다."

"가능한 한 빨리 전화 드릴게요."

어머니는 웃는 얼굴로 사토자키에게 머리를 숙여 인사하고 돌아갔다. 그 뒷모습은 엿새 전 밤에 사토자키가 본 뒷모습과는 어딘가 다르게 가벼워 보였다. 유타의 어머니가 짊어진 괴로움이 조금 가벼워진 듯해서 사토자키는 기뻤다. 그리고 다시 한 번

힘이 되어 주겠다고 생각했다.

그날 저녁 식사 뒤부터 유타의 투약 치료가 시작되었다. 그리고 다음 날, 사토자키는 그 효과를 보고 놀라게 된다.

"좋은 아침입니다."

"아! 사토자키 씨, 일로 와 봐요."

"왜 그러세요? 나카야마 계장님. 아침부터 기분 좋아 보이시네요."

"얼른 같이 일시 보호과에 가자."

"아직 아침 조례 전인데요?"

"괜찮아, 괜찮아."

나카야마 계장에게 반 강제로 일시 보호과에 끌려간 사토자키는, 거기서 나카야마 계장이 왜 기분이 좋은지 이유를 알게 됐다.

그곳에서 사토자키는 책상에 똑바로 앉아서 공부를 하는 유타를 봤다. 조금 몸의 흔들림은 있었지만 어제까지와는 비교할 수 없을 정도로 안정된 모습이었다.

"응? 쟤, 유타 맞죠? 거짓말 같다. 믿을 수가 없네요. 앉아 있잖아요! 유타가 집중해서 공부를 하다니!"

"훗, 약이 들었어. 약이 잘 맞은 거지, 유타한테."

"와! 대단하네요, 계장님! 이걸 어머니하고 야마다 선생님이 보시면 얼마나 기뻐하실까. 상상만으로도 너무 좋네요."

"그러게. 정말. 이렇게 당연해 보이는 모습을 보려고 얼마나 어머니하고 야마다 선생님이 힘들어하셨을까. 특히 어머니는 말이야……."

"나카야마 계장님, 어머니한테 연락 드려도 될까요?"

"그 전에 유타 생각을 먼저 확인하고. 오늘 저녁에 이야기할까?"

"네, 그렇게 해 주세요."

그날 저녁, 사토자키와 나카야마 계장은 유타를 면담실로 데리고 왔다.

"유타, 몸은 어때? 힘들지 않아?"

"힘 안 들어. 재미있어."

"그래? 잘됐다. 엄마 못 만나는데 괜찮아?"

"웅. 조금 보고 싶지만 그래도 안 혼나니까……."

"그래. 그럼 혹시 엄마가 화 안 내는 착한 엄마가 되면 어때?"

"화 안 내? 그럼…… 만나고 싶어! 전에는 나한테 잘해 줬어."

"그렇구나. 선생님은 있지, 유타 엄마하고 이야기를 했거든. 그래서 유타하고 재미있게 지내 달라고 부탁했어. 그랬더니 엄마도 유타를 좋아하니까 잘해 주고 싶대. 어때, 엄마 만나 볼래?"

"정말? 정말 화 안 내?"

"웅, 약속할게. 엄마는 화 안 낸다고 약속했어. 혹시 또 화내고 유타를 꼬집거나 때리거나 하면 선생님한테 얘기해. 그러면 선생님이 언제라도 유타를 구하러 갈 테니까. 그리고 엄마하고 또 이야기해서 화 못 내게 할 테니까 괜찮아."

"그래? 그럼 엄마 보고 싶어!"

"알았어. 그럼 엄마한테 연락해 둘게."

"언제 와?"

"언제가 좋을까?"

"내일!"

"그래, 그럼 엄마한테 그렇게 말해 둘게."

유타는 안정된 모습으로 나카야마 계장의 이야기를 들었다. 그 모습을 보고 나카야마 계장은 이 상황이 잘 해결될 거라고 확신했다.

"사토자키 씨, 그럼 유타 어머니한테 연락해 줘. 내일 3층에 있는 플레이 룸에서 유타가 얌전하게 노는 모습을 매직미러로 어머니께 보여 드리고 나서 대면할까 싶어."

"알겠습니다. 연락드릴게요."

사토자키는 신바람이 나서 유타의 어머니에게 전화를 걸었다.

"여보세요? 다카기 씨? 어린이 가정 센터의 사토자키인데요, 통화 괜찮으세요?"

"네, 괜찮아요."

"항상 갑자기 연락 드려서 죄송합니다. 내일 저녁에 시간 어떠세요? 오늘 유타하고 이야기를 했는데, 어머니를 만나고 싶다고 해서요. 내일 오랜만에 만나시겠어요?"

"네, 네! 꼭 갈게요. 유타가 저를 만나고 싶다고 했어요?"

"네, 그랬어요. 그러니까 걱정하지 마세요. 5시 반이면 일 안 쉬고 오실 수 있으세요?"

"네, 5시 반이면 갈 수 있어요."

"그럼, 그 시간에 기다리고 있겠습니다."

다음 날 저녁, 그날도 유타 어머니는 약속 시간에 딱 맞춰서 나타났다. 어머니는 웃음을 띠고는 있었지만 어딘가 자신은 없어 보였다.

"어머니, 갑자기 만나는 것보다 먼저 유타의 모습을 몰래 보실래요? 지금 유타는 저희 아동 심리사하고 같이 플레이 룸에서 놀고 있으니까 그 모습을 옆방에서 매직미러로 볼 수 있어요."

"네, 알겠어요. 왠지 긴장되네요."

침착한 나카야마 계장과는 대조적으로 사토자키는 어머니의 놀라는 모습을 상상하면서 두근두근했다. 사토자키는 어머니를 플레이 룸 옆 관찰실로 안내했다.

"자, 들어가세요. 저 창으로 보시면 돼요. 유타 쪽에서는 이쪽이 안 보이니까요."

어머니는 조금 걱정스러운 표정으로 천천히 매직미러에 다가갔다.

"어머! 저 애가 유타 맞아요? 저렇게 얌전하게 앉아서 퍼즐을 하다니! 정말 기분 좋아 보이네요……. 저런 얼굴을 하는구나. 저렇게 조용히 집중해서 놀다니…….”

"약이 정말 잘 맞는 것 같아요. 의사 선생님 말씀이, 특별히 부작용은 보이지 않는다고 하시니까 안심하세요. 정말 잘됐어요."

"어머니, 유타가 쓸쓸했을 텐데도 혼자 잘 지냈어요. 저대로라면 학교에 가도 이제 괜찮겠어요. 의사 선생님이 야마다 선생님한테는 이미 연락을 해 두셔서, 학교에서 유타를 맞을 준비도 끝났대요. 그럼 이제 슬슬 만나 보시겠어요?"

"네."

어머니는 기대와 불안이 교차하는 듯한 모습으로 조용히 대답했다.

하지만 어머니의 불안은 플레이 룸의 문을 여는 순간 사라졌다.

"유, 유타!"

"엄마!"

유타는 활짝 웃으며 엄마에게 달려가 안겼다.

"유타, 미안해. 정말 미안해. 힘들었지? 미안해."

"엄마, 왜 울어?"

"아냐, 유타가 정말 똑똑해서, 그게 기뻐서 우는 거야."

"음, 엄마, 같이 퍼즐하자! 일로 와 봐!"

어머니는 손수건으로 눈물을 닦으면서도 웃는 얼굴로 유타와 퍼즐을 즐겼다. 아마도 어머니에게 있어서 유타와 이렇게 여유롭게 노는 건 처음 해 보는 경험이었을 것이다. 흘러넘치는 기쁨과 감동을 억누르며 아이와 놀아 주는 모습에, 사토자키는 지금까지 쌓인 유타 어머니의 고통이 보이는 것 같았다.

"사토자키 씨, 오늘 날짜로 일시 보호 해제해도 되겠지? 오늘 같이 집에 갈 수 있게 해 드리자고. 지금 내가 소장님한테 허가받고 올 테니까."

"네, 유타도 저렇게 좋아하고요. 그리고 어머니도."

어머니는 의사에게 약에 대한 설명을 들은 후에 2주일치 약을 받아서 유타와 같이 돌아갔다. 그 모습은 어떤 특별할 것도 없는 사이좋은 부모와 자식의 모습이었다. 사토자키와 나카야마 계장은 유타의 어머니가 유타와 즐겁게 생활하며 그동안의 고생에 보상받기를 간절히 바라며 차까지 배웅했다.

다음 날 또 한 명, 사토자키에게 울면서 전화를 걸어온 사람이 있었다. 유타의 담임인 야마다 선생님이었다.

"여보세요? 사토자키 선생님이십니까? 유타가, 유타가 제대로 자리에 앉아서 공부를 해요. 우리 유타……. 사토자키 선생님, 정말 감사합니다. 오래 교사를 하고 있지만 이렇게 감동한 건 처음이네요. 정말 감사합니다."

"다행이에요. 앞으로도 어머니하고 같이 연계해서 유타의 발달을 지원해 주세요. 물론 저희도 계속해서 돕겠습니다. 잘 부탁드립니다."

"저야말로 잘 부탁드립니다. 교장 선생님께서도 인사 전해 달라고 하셨어요. 정말 감사합니다."

사토자키는 아동 상담소 일이 정말 좋아졌다. 항상 어린이의 목숨을 등에 져야 하는 무섭고 스트레스 가득한 일임에는 틀림없지만 훌륭한 이 일의 매력에 푹 빠져 버렸다. 오랫동안 아이의 발달 장애를 알아채지 못하고 육아에 지쳐 결국 가장 사랑하는 아이를 학대하고만 어머니를 구하고, 아이에게 다정한 어머니를 되찾아 주었으니 말이다.

사토자키는 아동 상담소의 케이스워커로서 착실하게 성장해 가고 있었다. 그리고 아동 상담소의 우수한 케이스워커들과 함께 일을 함으로써 한 명의 인간으로서도 조금씩 깊이를 갖추고 있었다.

크리스마스이브의
가택 수색

아주 추운 12월, 크리스마스이브 아침, 사토자키는 새벽의 살을 에는 듯한 추위에 눈을 떴다. 창밖을 보니 두터운 잿빛 구름이 낮게 깔려 하늘을 뒤덮고 있었다. 차로 출퇴근하는 사토자키는 어두운 구름을 보면서 눈이 안 와야 할 텐데 하고 걱정했다.

따뜻한 이부자리에서 기어 나오는 건 큰 결심이 필요했다. 서둘러 석유 팬히터 스위치를 켜고 두꺼운 식빵 한 장을 토스터기에 넣고 커피를 준비했다.

텔레비전에는 크리스마스 세일 광고가 연이어 흘러나왔다. 세상은 크리스마스 분위기로 가득했지만 일에 쫓기는 사토자키는 그런 세상의 들뜬 분위기를 드러내 놓고 즐길 수가 없었다.

구운 빵에 버터를 잔뜩 발라서 뜨거운 커피와 함께 삼키고, 샤워를 한 다음 빠르게 정장으로 갈아입는다. 목에는 목도리를 두르고, 다운 점퍼의 지퍼를 확실히 올린 뒤에 뜨거운 물이 든 페트병을 한 손에 들고 힘차게 밖으로 나왔다.

찬바람이 불어 상상했던 것보다 훨씬 춥게 느껴졌다. 귀가 어는 것 같았다. 차로 달려가 하얗게 언 앞 유리창에 페트병에 담아 온 뜨거운 물을 뿌리고 서둘러 차 안으로 들어가 키를 돌렸다. 차갑게 식은 엔진이 우렁찬 소리를 내며 반복되는 가혹한 하루의 시작을 알렸다.

사무실에 도착하자 평소와 다름없이 아침부터 전화가 계속 울리고 있었다. 사토자키는 컴퓨터 키보드를 두드리며 이런 추운 날에 학대 신고만은 받고 싶지 않다고 생각했다.

요즘은 사토자키도 몇 가지 상담소 내의 연수나 실전을 통한 경험으로 단련되어 그럭저럭 케이스워크를 할 수 있게 되었다. 감정을 컨트롤하는 부분은 아직도 어렵지만 담당 지구의 관계 기관과 연계하는 일도 양호했다. 마침내 꼬마 오니 헤이 정도까지는 성장한 것이다.

사토자키 자신도 자신의 성장을 실감해서 아동 상담소에서 계속해서 일을 해 나갈 수 있을 것 같다고 남몰래 마음속으로만 자신감을 가지기 시작했다.

사토자키가 사무실 창문 너머로 거리를 바라보니 바람에 눈이 흩날리고 있었다. 결국 눈이 오네. 사토자키는 조금 우울한 기분이 되었다. 이번 겨울은 이례적으로 춥고 눈이 많이 왔다. 따뜻한 삼와시에서도 11월부터 적설이 관측될 정도였다.

그래도 세상은 지독한 추위에도 지지 않고 크리스마스이브를 축복하는 즐거운 분위기로 가득 차 있었다. 지금까지 사토자키의 인생에 있어서 크리스마스이브를 애인과 보낸 일은 없었다. 올해 이브도 역시 그랬다. 어린 시절에 가족과 보낸 기억 말고는 특별히 즐거운 크리스마스이브 추억이 있을 리 없었다. 그렇다고 해도 세상의 신나는 분위기 덕분에 사토자키도 아주 조금은 따뜻한 기분을 맛볼 수 있었다.

"과장님, 또 눈이네요. 올해는 어떻게 된 건지 오늘도 점점 추워질 것 같네요."

"정말! 아침부터 이러면 집에 갈 때 괜찮으려나? 길이 얼거나 하면 큰일인데 말이에요. 이브에 눈이 오면 분위기가 있으니까 원래라면 좋아할 일이지만, 교통 체증이나 사고 같은 현실적인 문제를 먼저 생각하게 된다니까. 나도 정서가 메말랐네."

"그건 당연한 거예요. 삼와에서 차를 못 쓴다는 건 고립을 의미하는 거니까요."

"맞아! 역시 차를 못 쓰는 건 큰 문제죠?"

"미도리카와 씨, 고토 씨, 어쩐 일이에요. 오늘은 일찍 왔네요. 항상 지각할 듯 말 듯한 시간에 오더니. 알았다! 행복해 보이는 세상을 용서 못 해서 어제 잠을 설쳤구나. 그러니 둘 다 평소에 하지도 않는 종교학자 같은 말을 하는 거 아니에요? 대부분의 일본인은 크리스천도 아니면서 어째서 크리스마스를 축하하는 거냐. 그리스도가 태어난 날인지는 알고 있는 거냐. 이런 말이나 하면서. 아아, 바깥 공기보다 오싹한 이야기네."

"뭐예요, 아침부터! 정말 짜증 난다니까."

"정말이요오. 사토자키 씨도 어차피 같이 있어 줄 사람이 없어서 혼자서 보내는 주제에. 뭘 그렇게 건방지게 말하는 거예요오? 최악이야아."

"사토자키 씨'도'라는 건, 역시…… 외롭구나. 아이고 추워."

"저희는 별로 외롭지 않거든요. 맘대로 외로운 사람 만들지 말아요! 그죠? 사쿠라코 씨!"

"맞아요오. 재밌게 잘 살고 있다고요오! 가만히 좀 내버려 두세요오."

"아이고, 두 사람 모습이 방어기제 합리화 이야기에 나오는 여우 같네요. '저 포도를 딸 수는 없지만, 시고 맛없는 포도니까 괜찮아.'라고 말하는 여우인 건가?"

"특별히 할 거 없으면 저리로 좀 가세요. 성가시고 귀찮아요."

"네네. 가겠습니다."

사토자키는 재미있다는 듯이 미도리카와와 고토에게 장난을 쳤다.

하지만 한 통의 전화가 들뜬 사토자키를 지옥으로 떨어뜨리고 만다. 아름다운 화이트 크리스마스이브가 악몽처럼 긴 하루로 바뀌게 된 것이다.

한 통의 전화로 시작된 이 놀라운 케이스는 사토자키에게 다시 한 번 아동 상담소에서 근무하는 것이 얼마나 치열한지 알게 해 준, 잊을 수 없는 학대 케이스였다.

"사토자키 씨! 사쿠라가와초 지구 담당자하고 이야기하고 싶다고 구마자키현 중앙 아상에서 전화 왔어요. 전화 돌릴게요."

"알겠습니다! 아침부터 갑자기 전화냐. 구마자키현 중앙 아상에서 무슨 전화지? 여보세요, 전화 바꿨습니다. 지구 담당 워커 사토자키입니다."

"고생이 많으십니다. 저는 구마자키현 중앙 아상의 시마타니라고 합니다. 사실은, 구마자키시에 살고 계시는 여자 분이 학대가 의심된다고 신고를 하셔서요."

"네, 그런데 어째서 이쪽으로 전화를……."

"신고를 하신 여자 분은 구마자키시에 사시는데, 피학대 아동이 살고 있는 장소는 삼와현 사쿠라가와초라고 해서 신고 내용을 전해 드리려고 전화했습니다. 일단, 제가 설명은 드리는데 자세한 건 직접 신고자한테 들으시겠어요? 연락처는 이따가 말씀드릴게요. 신고자 분도 괜찮다고 하셨거든요."

"알겠습니다. 그래서 어떤 내용인가요?"

"네, 이번에 신고를 하신 건 피학대 아동 친모의 어머니예요. 말하자면, 피학대 아동의 외할머니한테 신고를 받은 겁니다."

사토자키는 수화기를 한 손에 들고 메모를 하기 시작했다.

"4개월 정도 전에 어머니가 재혼을 하셨는데, 재혼 상대가 폭주족 출신의 건설 노동자에 아주 폭력적인 사람이래요. 할머니 앞에서도 아무렇지 않게 손자한테 소리를 지르고 때렸던 모양이에요. 그래서 할머니는 친모한테 몇 번이고 헤어지라고 설득을 했는데 친모는 그 남자를 너무 좋아하는 모양이에요. 아들만 다그치고 남자 편을 들어서 말이 안 통한다고 하네요."

"그렇군요. 문제가 있어 보이네요."

"할머니가 걱정이 돼서 매일같이 손자 얼굴을 보러 갔었나 봐요. 그런데 3개월 전에 갑자기 야반도주하듯이 사라져서 행방을 모르고 있었대요. 3일 전에 친모한테 돈을 빌려 달라고 연락이 와서 바로 삼와시까지 가신 모양인데, 돈만 가지고 가고 집에는 못 들어오게 했대요."

"그래서 삼와에 살고 있는 걸 알게 된 거군요."

"맞아요. 방문했을 때 할머니는 현관에서 큰 소리로 손자를 불렀는데 답도 없고, 친모는 애가 몸이 안 좋아서 자고 있으니까 못 만난다고만 하면서 절대 집 안에는 들이려고 안 했다는 거예요."

"할머니는 손자를 못 만나게 하는 이유가 따로 있는 게 아닌가 생각하시는 거네요."

"네, 할머니는 손자가 계부한테 학대당하고 있는 게 아닐까 걱정이 된다고 저희한테 전화를 하신 거예요. 한번 할머님께 전화를 걸어 봐 주실래요?"

"알겠습니다. 바로 전화 드릴게요. 그럼 신고하신 분 이름하고 피학대 아동 가족 구성 같은 걸 알고 계시는 범위 내에서 좀 가르쳐 주실래요?"

"네, 신고자는 기야마 사치코, 전화번호는 0XXX-XX-XXXX. 피학대 아동 이름은 사토 히로시, 만 12세, 초등학교 6학년. 친모는 사토 사토미, 만 32세. 계부는 사토 신지, 만 33세예요. 히로시가 지금 살고 있는 곳의 주소는 삼와현 케산군 사쿠라가와초 가라이시 38-29 가사데마루이 204호예요. 그럼 자세한 건 할머니께 여쭤봐 주세요."

"알겠습니다. 감사합니다. 혹시 또 전화 드릴지도 모르니 양해해 주세요."

"괜찮습니다. 저도 잘 부탁드립니다."

크리스마스이브 아침부터 학대 신고라니 운도 없네. 가라이시면 엄청 산속이잖아. 우선 할머니한테 전화해서 상황을 확인해 볼까. 아이 상황은 나중에 초등학교에 전화하면 확인할 수 있을 거고. 사토자키는 한 번 더 메모를 살펴봤다.

"이봐요, 사토자키 씨. 아침부터 정숙한 여인들한테 시비를 걸고 그러니까 일이 굴러 들어오는 거예요! 말조심하라고요!"

"미도리카와 씨, 지금부터 조사에 들어가니까 방해하지 마세요!"

이때만 해도 사토자키는 그렇게 심각한 케이스는 아닐 거라고 생각했다. 걱정이 많은 할머니가 괜히 애가 타서 그런 거라고 생각한 것이다.

"여보세요? 기야마 씨 댁인가요? 저는 삼와현 중앙 어린이 가정 센터의 사토자키라고 하는데요. 사치코 씨 계십니까?"

"네, 저예요. 시마타니 씨가 삼와에 있는 아동 상담소에서 전화가 올 거라고 하더라고요. 빠쁘신데 이렇게 연락을 주셔서 감사드려요."

"아뇨, 저희야말로 학대 신고를 해 주셔서 감사하죠. 시마타니 씨한테 간단한 내용은 들었지만 한 번 더 설명해 주실 수 있으세요?"

할머니의 이야기는 시마타니를 통해서 들은 이야기와 거의 같았다. 새로운 정보라면 친모가 2년 전에 남편이 바람을 피워서 이혼을 했다는 것. 이혼 후에 일하던 간이주점에서 사토를 만나서 결혼했다는 것. 사토가 애를 교육시킨다면서 종종 히로시를 때렸는데 그 횟수가 점점 늘어난 데다가 때로는 밥도 주지 않은 적도 있었다는 점이었다.

그리고 가라이시에 이사한 이유는, 사토가 어릴 때 잠시 살았던 적이 있어서 그때부터 알고 지내던 친구가 경영하는 건설 회사에 작업원으로 취직했기 때문이라는 것도 알게 되었다.

사토자키는 히로시가 어떤 아이였는지를 확인하기 위해서, 히로시가 다녔던 구마자키 시립 하루노 초등학교에 전화를 걸었다.

"여보세요? 하루노 초등학교인가요? 저는 삼와현 중앙 어린이 가정 센터에서 케이스워커를 하고 있는 사토자키라고 합니다. 실은 3개월 전까지 그쪽에 다녔던 사토 히로시 학생에 관한 걸로 여쭤볼 게 있어서요. 히로시 담임 선생님 계신가요?"

잠시 기다렸더니 수화기 너머로 굵은 남자 목소리가 들려왔다.

"여보세요? 히로시 담임이었던 모리입니다. 히로시는 지금 삼와에 있습니까? 갑자기 없어져서 걱정했거든요. 주민표도 아무것도 이전을 안 해서 어디로 갔는지도 몰랐고, 전학 수속도 안 한 상태거든요."

"아, 그럼 학적부는 아직 하루노 초등학교에 남아 있는 건가요?"

"네, 맞습니다. 그래서 학교에 다니고 있는지 어떤지 너무 걱정이 됐는데, 이렇게 사토자키 선생님이 전화를 주셔가지고 혹시 어디 있는지 알 수 있을까 싶어서 얼른 뛰어왔습니다. 그래서 히로시는 잘 지내고 있습니까?"

"그게요, 조금 전에 구마자키현 이상에서 연락을 받아서 방금 할머니께 연락해서 진술을 들은 참이에요. 그래서 아직 히로시를 만나지 못했고, 삼화현 사쿠라가와초에 살고 있다는 것도 방금 전에 알게 됐어요. 그래서 우선 히로시가 학교에서 어땠는지를 듣고 싶어서 전화를 드린 거예요."

"아아, 그렇습니까? 그런데 아상에서 연락이 왔다는 건, 무슨 일이 생긴 겁니까?"

"할머니께서 계부가 학대를 하고 있지 않은지 걱정을 하셔서 구마자키 중앙 아상에 상담을 하셨어요."

"그렇군요. 참 그 계부는 정말 형편없는 놈이에요. 일도 제대로 안 하면서 파친코(도박 기계, 또는 그 기계가 있는 영업장) 같은 데나 다니면서 도박이나 하고. 저도 맞았다는 이야기를 히로시한테 들어서 몇 번인가 가정 방문을 가서 계부한테 때리지 말라고 말을 했거든요. 계부도 어머니도 교육이라고 우기면서 소리를 지르니까 그 이상 저도 말하기 어려워서요."

"그랬군요."

"어머니는 계부가 하라는 대로 하고, 자기가 낳은 애면서 지켜주려고 하지를 않아요. 어머니도 믿을 수가 없어요. 계부하고 만나기 전에는 그런대로 히로시를 예뻐했었는데."

"그래요? 히로시가 학교에 멍이 들어서 온 적은 없었나요?"

"아뇨, 그렇게까지 심하게 때리는 것 같지는 않았어요. 제가 아는 한에서는요. 멍은 못 봤네요."

"히로시는 어떤 아이였나요?"

"성적이 좋고, 밝은 아이였어요. 정직하고 정의감도 강하고, 반 친구들도 많이 따랐고요. 그 어머니가 낳은 아이라고는 도저히 생각할 수 없을 정도로 착한 아이였어요. 뭐 할머니가 야무진 분이셔서 실질적으로는 할머니가 키운 거나 마찬가지니까요. 그게 히로시한테는 해방구였겠지만요."

"그렇군요."

"다만 계부가 집에 들어오고부터는 기운이 없어 보이고, 학교도 쉬는 날이 많아졌죠. 그 후에 바로 없어졌거든요."

"히로시 건강 상태는 어땠나요?"

"잠깐 기다려 보세요. 신체검사 기록을 좀 볼게요. 신장은 150센티미터, 체중은 42킬로그램, 건강 면에서의 특이 사항은 없으니까 전혀 문제없네요."

"알겠습니다. 선생님, 여러모로 알려 주셔서 감사합니다. 히로시 상황이 확인이 되면 다시 연락드릴게요."

"네, 꼭 연락 주세요. 잘 지내고 있으면 좋겠는데……."

"그럼, 실례하겠습니다."

어째 흐름이 이상해졌네. 계부의 폭력이 더 심해지지 않았으면 좋겠는데, 친모가 히로시를 못 지켜 주는 것 같으니까 걱정스럽군. 좋아, 다음은 가라이시야마 초등학교에 전화해서 요즘 상황을 물어보자. 하지만 주민표를 이전하지 않았으면 전입조차 파악이 안 될 가능성도 높은데.

사토자키는 그다지 낙관할 수 없는 케이스일 수도 있겠다는 생각을 하기 시작했다.

"여보세요? 가라이시야마 초등학교죠? 저는 삼와현 중앙 어린이 가정 센터에서 케이스워커를 하고 있는 사토자키라고 합니다. 교장 선생님 계십니까?"

"여보세요? 전화 바꿨습니다. 이시이입니다. 사토자키 선생님, 항상 도움을 많이 주셔서 감사합니다. 얼마 전에는 저희 2학년 학생이 발달 상담을 받으러 갔다고 하더라고요. 어머니가 사토자키 선생님이 엄청 친절하게 여러 가지를 가르쳐 주셨다고 좋아하셨어요."

"그러셨어요? 감사합니다."

"학교로서는 조금 대하기 어려운 부분이 있는 어머니셨는데, 그 후로 선생님이 많이 도와주셔서 담임 선생님하고도 관계가 좋아졌어요. 아이고, 정말 감사드립니다. 그런데 오늘은 어떤 일로 연락을 주셨을까요?"

"실은요, 구마자키시 아동 상담소에서 학대를 당하고 있을 가능성이 있는 어린이가 3개월 전에 가라이시야마 초등학교 구내로 이사를 했다는 연락이 와서요. 그 어린이에 대해서 뭔가 아시는 게 있으세요?"

"혹시 사토 히로시라는 학생 이야기인가요?"

"마, 맞아요. 교장 선생님, 주민표를 이전 안 했다고 하는데 어떻게 알고 계세요? 히로시는 학교에 다니고 있나요?"

"아뇨, 학교에는 안 옵니다. 그런데 3개월 전부터 전입했던 거군요. 조금 이야기가 길어지는데 선생님 괜찮으십니까?"

"물론이죠."

"학교가 히로시의 존재를 안 건 한 달 전이에요. 어쩌다가 회람판을 들고 갔던 어머니가 저희 학교 학생 어머니셨는데, 현관에서 안이 보였던 모양이에요. 그런데 엄청나게 마른 남자아이 한 명이 어머니한테 부축을 받으면서 걷고 있는 게 보였대요. 본적 없는 아이에다가 많이 말라서 '최근에 몸이 아픈 학생이 전학 왔나요?' 하고 학교에 말씀해 주셨어요. 그걸 계기로 학교에 안 다니는 어린이가 있다는 걸 알게 되어서 제가 가정 방문을 하고 왔어요."

"히로시는 어떤 상태인가요? 많이 마른 상태인가요?"

"네, 솔직히 놀랐습니다. 많이 말랐더라고요. 혼자서는 걷는 것도 불안해 보이고, 어머니가 부축하면서 걷고 있었어요."

"혼자서는 못 걷는 건가요?"

"네, 그리고 이상한 게, 왜인지 모르겠지만 발끝으로 서서 걷던 게 인상에 남았습니다. 저도 신경이 쓰여서 어디가 안 좋냐고 물어봤는데, 전에 다니던 학교에서 이지메를 당해서 정신적인 스트레스로 거식증이 왔다고 어머니가 말씀하시더라고요."

"거식증이요?"

"그래서 체중을 물어봤더니 24킬로그램이라고. 걱정이 돼서 병원에는 가 보셨냐고 했더니, 가라이시 다카하라 진료소에 다닌다고 하더라고요."

"네, 가라이시 다카하라 진료소요."

"뭐, 병원에도 다니고 있으면 괜찮겠지 싶어서 그 이상은 묻지 않았어요. 이사를 온 이유도 시골에서 조용히 요양하는 편이 좋다고 의사가 말해서라고 하더라고요."

"그렇군요."

"그런데, 학교에는 못 온다고 해도 주민표를 옮기지 않으면 학적부가 전에 다니던 학교에 그대로 있어서 전학을 못 하니까 어떻게 조치를 취해 주지 않겠냐고 했는데요."

"어머니는 뭐라고 하시던가요?"

"어머니는 오로지 몸이 좀 좋아지면 수속을 밟겠다고만 하고 알겠다는 대답은 절대 안 하시더라고요. 여러 사정으로 주민표를 옮길 수 없다면 주민표를 이전하지 않더라도 전학을 할 수 있는 경우도 있으니까 전에 다니던 학교 이름만이라도 가르쳐 달라고 했는데, 이것도 싫다고 하면서 들어주지를 않았어요."

"그래서 전에 다녔던 학교에 연락도 못 하고 있으셨군요."

"뭐, 이지메가 있었다고 하니 어머니도 불안해하시는 거라고 판단을 했던 것 같아요. 우선 6학년이 쓰는 교과서하고 프린트물이라도 매주 전달하게 해 달라고 부탁드려서 그건 허락을 받

있었습니다."

"꽤 비밀스럽네요."

"그런데 오늘 사토자키 선생님께 들은 정보로 히로시가 구마자키시에서 왔다는 건 알게 됐네요. 전에 다녔던 학교를 가르쳐 주시겠어요?"

"네, 가르쳐 드려야죠. 근데 조금만 기다려 주세요. 지금 교장 선생님께서 말씀해 주신 내용은 제가 히로시가 다녔던 학교 담임 선생님께 들은 내용하고는 너무 동떨어져 있어요. 3개월 전에 구마자키를 떠나기 직전의 히로시는 조금 활기는 잃었어도 체중은 42킬로그램으로 정말 건강했대요. 이지메를 당하기는커녕 반에서 리더 같은 존재였고요."

"네? 마치 전혀 다른 사람 같잖아요!"

교장이 놀라서 소리쳤다. 수화기를 든 사토자키의 손에 식은 땀이 스몄다.

"그렇게 건강했던 아이가 거식증이 걸리다니, 어떻게 생각해도 이미지가 그려지지가 않아요. 그런데 실제로 삼와에서 마른 히로시가 목격됐다……."

"화, 확실히 이상하네요……."

"교장 선생님, 히로시는 굉장히 위험한 상황일지도 몰라요. 여기부터는 이상이 개입해야 하는 문제니까 걱정이 되시겠지만 지금 저하고 하는 이야기는 잠시 동안 누구한테도 말하지 말고 비밀로 해 주세요."

"아, 알겠습니다."

"조금이라도 저쪽에 정보가 흘러 들어가면 위험한 일이 벌어질지도 모르니까 꼭 지켜 주셔야 해요. 선생님들끼리도 공유하지 말고요. 경찰이나 관계 기관에는 전부 이쪽에서 연락할 테니까 절대로 움직이지 말아 주세요. 아시겠죠?"

"네! 약속하겠습니다. 그런데 사토자키 선생님 원래 건강했던 아이가 42킬로그램에서 24킬로그램까지 체중이 줄다니 어떻게 된 일인가요? 학대라는 건 때리는 거 아닌가요? 체중이 준다는 건 뭐죠?"

"밥을 주지 않는 걸지도요."

"그, 그, 그런 가혹한 일을."

"아직 모릅니다. 바로 가라이시 다카하라 진료소에 전화해서 히로시의 진료 때 모습을 확인하겠습니다. 혹시 정말 거식증일지도 모르고요. 그리고 마지막으로 교장 선생님이 히로시를 확인한 게 언제입니까? 교재를 매주 전해 준다는 건 1주일 전인가요?"

"그, 그게, 히로시를 본 건 한 달 전쯤 첫 방문을 했을 때뿐이고, 그 이후에는 안에 들여보내 주지 않아서 문 앞에서 교재를 전해 줬을 뿐이에요. 히로시는 몸이 안 좋아서 잔다고 해서……."

"정확하게는 며칠 전인가요?"

"그러니까, 32일 전이네요. 서, 선생, 히로시는 괜찮을까요?"

"뭐라고 하기는 어렵지만, 지금은 정보 수집에 최선을 다하겠습니다. 교장 선생님이 방문하면 문은 열어 주나요?"

"네, 그건 매번 열어 줍니다."

"그렇습니까? 아! 그리고 한 가지 더 부탁이 있습니다. 히로시가 살고 있는 아파트 204호 설계 도면이 필요한데요. 교장 선생님은 아파트 집주인이 누군지 아세요?"

"아파트 집주인은 민생 위원(빈곤자에 대한 생활 보조 등을 보살피기 위하여 지방 자치 단체가 민간인에게 위촉한 직위)을 해 주는 분이라서 잘 알고 있습니다. 그분한테는 사정을 말씀드려도 될까요? 그러면 설계 도면을 빌려 주실 겁니다."

"알겠습니다. 그럼 아파트 집주인한테는 설명해 주세요. 단, 이건 아동 학대에 관한 조사의 일환이니까 민생 위원이라고 해도 비밀을 지킬 의무가 있습니다. 그 점을 아무쪼록 잘 설명해 주세요."

"알겠습니다. 신용할 수 있는 사람이니까 괜찮을 거라고 생각합니다."

"오늘 안에 다시 연락드리겠습니다. 앞으로도 협력 부탁드립니다."

"무, 물론이죠. 제가 할 수 있는 일이 있으면 뭐든지 말씀해 주세요."

"감사합니다. 그럼 이따가 다시 연락드리겠습니다."

아 죽겠네! 어린이 생명이 걸린 하이리스크 케이스일지도 몰라. 심지어 히로시가 마지막으로 목격된 게 한 달 전이면 살아 있을지 어떨지도……. 부탁한다. 진료소에 갔기를. 진찰 기록이 있기를.

사토자키의 심장이 갑자기 몹시 두근거렸다. 세찬 심장 소리가 귀까지 들리는 것 같았다. 자기와 관련된 어린이의 생명이 바람 앞의 등불 상태로, 지금 잘못하면 그 생명의 불이 꺼질지도 모른다는 공포가 사토자키의 온몸을 지배했다.

사토자키는 기도하는 마음으로 가라이시 다카하라 진료소에 전화를 걸었다.

"여보세요? 가라이시 다카하라 진료소인가요? 저는 중앙 어린이 가정 센터의 케이스워커인 사토자키라고 합니다. 아동 학대에 관한 신고가 들어왔는데, 조사 과정에서 대상 피학대 아동이 그쪽 진료소에서 진찰을 받았다는 정보가 있었습니다. 죄송하지만 대상 아동의 진찰 기록을 확인할 수 있을까요?"

"네? 뭐라고요? 학대? 당신 아동 상담소 사람 맞아요? 근데 환자의 개인 정보니까 전화로는 알려 줄 수가 없어요."

"선생님, 그건 물론 알고 있는데요. 저희도 지방공무원법상 비밀을 지킬 의무가 있으니까 믿어 주세요. 어린이의 목숨이 걸린 문제예요. 한시가 바쁜 일입니다."

"어쨌든 전화로는 안 돼요. 정말 아동 상담소 사람인지도 확인할 수 없고."

"그러면 104(전화번호를 안내하는 곳)에 전화해서 중앙 어린이 가정 센터 전화번호를 확인하시고 전화를 걸어 주세요. 그리고 사토자키라는 사람을 바꿔 달라고 해 보세요. 그러면 제가 전화를 받을 테니까요. 그럼 틀림없죠? 시간이 없어요. 부탁드립니다."

"아, 알겠어요. 거참 끈질기네. 일단 끊어요."

아, 정말 뭐가 이렇게 느긋한 거야. 이럴 때 하필 이상하게 철두철미한 진료소에 걸렸네. 늦다. 아직인가?

사토자키는 초조한 기분을 억누르면서 전화를 기다렸다.

"사토자키 씨! 가라이시 다카하라 진료소 의사 선생님한테 전화 왔어요."

"네, 사토자키입니다! 선생님! 이걸로 이상이라는 걸 믿어 주시는 겁니까?"

"그래요, 그래서 뭐가 알고 싶은데?"

"3개월 정도 전부터 그쪽에 사토 히로시라는 초등학교 6학년 남자아이가 거식증으로 치료를 받으러 다닌다고 들었는데요. 치료 과정을 가르쳐 주실 수 있으세요?"

"사토 히로시. 조금 기다려 봐요. 음……. 그런 사람은 진찰한 적이 없네요. 게다가 거식증이면 여기 왔다고 해도 정신과에 소개를 했을 거고. 음, 역시 진찰 기록이 없어요."

"틀림없습니까?"

"틀림없어요. 혹시 왔으면 인상에 남았을 테니까."

"알겠습니다. 감사합니다."

최악이다. 한 달 전에 신장 150센티미터, 체중 24킬로그램이었던 남자아이가 의료적인 케어를 받지 않고 집에 갇혀 있다는 건가. 너무 위험한데.

사토자키는 이번에는 몸속 피가 다 빠져나가는 기분이 들었다. 등줄기가 얼어붙는 듯한 공포가 온몸으로 퍼졌다.

"과, 과장님! 하세베 과장님! 긴급 협의를 부탁드립니다!"

"왜 그래, 사토자키 씨, 왜 그렇게 허둥거려요?"

"아이가, 아이가, 살해당했을지도 모릅니다!"

상담소 전체의 공기가 한순간에 얼어붙었다. 얼어붙은 공기를 깨듯이 하세베 과장이 침착한 목소리로 말했다.

"죽도록 두지 않아요. 절대로. 시마 계장, 나카야마 계장, 센터 테이블에 모이세요. 소장님하고 차장님은 내가 불러올게요."

긴급 협의가 시작되었다. 사토자키는 지금까지 모은 정보를 전부 차례로 설명했다.

계부에 의한 학대 케이스라는 것. 친모의 지원을 기대하기 어렵다는 것. 3개월 전과 비교하면 히로시의 체중이 42킬로그램에서 24킬로그램으로 급격하게 줄었다는 것. 게다가 그걸 확인한 게 한 달 전이며, 의료 기관에 진찰한 기록도 없다는 것. 모든 정보가 케이스의 심각성을 말하고 있었다.

사토자키의 보고를 어느 정도 듣고 마에야마 차장은 바로 자리를 떠났다.

"계속하고 있어요. 나카무라 변호사 선생님한테 가택 수색을 실시해도 문제가 없는지 확인하고 올게. 문제가 없을까 생각할 것도 없이 꼭 필요한 케이스라고 생각되지만……."

하세베 과장이 회의를 이어 갔다. 하세베 과장이 이런 심각한 표정을 하는 걸 사토자키는 처음 봤다. 상황이 절박해졌다는 증거였다.

"시마 계장, 어떻게 생각해요?"

"음. 위험하네요. 계부이기도 하고. 이 계부가 오기 전까지는 일시적으로 모자 가정이었으니까 그때는 잠깐 결속이 강해졌을 거예요. 그런 상태에서 갑자기 폭력적인 계부가 그 사이를 가르고 들어왔으니까 아이는 절대로 계부를 따르지 않죠. 계부는 자신을 따르지 않고, 말도 안 듣는 아이를 교육이 안 돼 있다고 하면서 학대를 시작하고……."

"학대가 점점 심해지는 전형적인 패턴이네."

"친모는 남자한테 미움받기 싫으니까 남자가 말하는 대로 하고 학대를 막지 않겠죠. 점점 심해졌을 가능성이 높네요. 가택 수색에다가 직권 일시 보호를 해야 하나……. 나카야마 계장은 어떻게 생각해?"

"나도 같은 의견이야. 게다가 방금 사토자키 씨, 히로시가 발

315

끝으로 걷는다고 했지? 첨족이 아닐까? 그렇다고 하면 꽤 오랫동안 누워만 있었다는 거잖아. 큰일이네."

"'첨족'이요? 뭡니까? 그게."

사토자키가 불안해하면서 나카야마 계장에게 물었다.

"오랫동안 누워만 있으면 근육이 약해지고, 발목 관절이 중력을 거스르지 못해서 늘어난 상태로 고정이 되는 거야. 그러니까 발끝으로만 서게 되는 거지. 말하자면, 그 정도로 체력과 근력이 쇠퇴했다는 거니까. 정말 걱정되네."

마에야마 차장이 돌아왔다.

"나카무라 선생님이 가택 수색이 반드시 필요한 케이스라 빠르게 행동하라고 하시네. 사토자키 씨, 가택 수색 준비를 해 주겠나? 소장님, 직권 일시 보호로 부탁드립니다."

"좋아요. 많이 걱정이 되는 케이스네요. 시간이 관건이겠네요. 조속히 관계 기관과 연계해서 움직여 주세요. 사토자키 씨, 가택 수색 팀을 편성해서 일 진행 순서를 짜 주세요."

"네, 바로 하겠습니다!"

"그리고 지금 당장 바쁜 일이 없는 사람이 직권 일시 보호 통지서하고, 경찰에 보낼 원조 의뢰서를 만들어 주세요. 출발할 때까지 서류가 안 나오면, 서류는 뒤에 보내겠다고 제가 경찰에 설명하겠습니다. 관할은 사쿠라가와서네요. 그럼 사토자키 씨, 잘 부탁합니다. 가택 수색은 여기서 자주 있는 일이 아니에요. 적어도 작년하고 올해는 없었으니까, 우리 중에 경험이 있는 워커도 얼마 없어요. 몇 번 경험한 사람은 마에야마 차장 정도네요. 사토자키 씨, 많이 힘들겠지만 책임지고 지휘를 해 주겠어요?"

사토자키의 머리는 컴퓨터처럼 풀 회전하고 있었다. 이런 위기감은 사람을 단숨에 성장시켰다. 사토자키는 지금까지 이상에서의 실전 경험과 연수에서 배운 것을 떠올리면서 아주 냉정하게 정밀한 계획을 세우고 있었다.

"괜찮습니다. 하겠습니다. 여러분, 모여 주세요. 그러면 지금 생각하는 진행 순서를 설명하겠습니다. 보충할 게 있으면 바로바로 말씀해 주세요."

사무실에 남아 있던 직원이 센터 테이블로 모여 사토자키의 설명에 귀를 기울였다.

"우선, 방의 설계 도면은 교장 선생님께서 준비해 주시기로 하셨습니다. 가택 수색 전에 교장실에서 회의를 합니다. 관계자는 경찰, 교장 선생님, 그리고 어린이의 건강 상태를 확인하기 위한 보건사입니다."

"보건사는 누구로 하나요?"

"사쿠라가와 보건소 어린이 가정계에서 학대를 담당하는, 이시하시 보건사한테 동행을 의뢰하려고 합니다."

"저희 쪽에서는 누가 가나요?"

"이상에서는, 우선 남자는 전원 참가합니다. 저, 시마 계장님,

시바타 씨, 혼다 씨, 그리고 홍일점으로 나카야마 계장님도 부탁드립니다.”

“네!”

네 명이 목소리를 모아 기합이 들어간 대답을 했다.

“그리고, 일시 보호한 후에는 병원에 직행해야 할 테니까 병원 수배가 필요해요. 가장 가까운 종합 병원이 공립 사쿠라가와 병원인데, 과장님이 연락해 주시겠어요?”

“응, 그래.”

“항상 학대당한 아이들 진찰을 해 주시는 야마가타 선생님한테 이야기를 해 두면 별문제 없이 진행될 것 같아요. 시간 외 진료가 될지도 모르니까 집에 가시지 말고 대기해 달라고 부탁드려 주세요. 그리고 히로시 상태가 나쁘면 구급차로 옮겨야 하니까 사쿠라가와초 소방서 본부에 구급차 출동 의뢰를 해야 할지도 모른다고 말해 주시겠어요?”

“알았어. 지금 바로 전화할게요.”

“부탁드립니다. 그러면 집으로 들어가는 방법하고 들어간 후의 역할 분담을 설명하겠습니다. 우선 교장 선생님하고 같이 가서 교장 선생님이 말을 걸 겁니다. 문이 열리는 순간에 저부터 단번에 안으로 들어갈 테니까 시바타 씨는 저하고 같이 들어와 주세요.”

“알겠습니다.”

"둘이서 계부를 잡을게요. 나카야마 계장님은 가택 수색 허가증을 제시하면서 가택 수색이라는 걸 선언해 주세요."

"가택 수색 허가증을 가지고 가야 하겠네."

"그 사이에 시마 계장님은 친모가 하는 이야기를 들어 주면서 친모를 잡아 주시고요."

"친모를. 알겠어."

"혼다 씨는 주방을 담당해 주세요. 식칼 같은 걸 들고 가지 못하게 주의해 주세요. 중요한 역할입니다."

"네! 주방, 사수하겠습니다."

"여기까지는 네 명이 한번에 해야 하니까 문 옆에 일렬로 서서 일제히 돌입할 수 있게 합시다. 안이 정리되면 경찰하고 같이 나카야마 계장님과 이시하시 보건사가 히로시가 어떤지 확인해 주세요."

"히로시 상태 파악이네. 알겠어."

"히로시가 앉을 수 있고 움직일 수 있으면 빠르게 이동해서 사쿠라가와 병원으로 가세요. 그럴 수 없는 경우에는 구급차를 불러 주세요."

"알겠어. 나는 현장에 남지 않고 이시하시 보건사하고 같이 병원으로 가면 되는 거네."

"네. 남은 네 명이 계부하고 친모한테 경과를 간단하게 설명하고, 33조 직권 일시 보호 통지서를 드리고 돌아갑니다. 경우에 따라서는 계부와 친모가 그대로 사정 청취 때문에 경찰에 끌려갈 수도 있지만 그 부분은 경찰 판단에 맡기죠. 이 정도로 어떤가요? 시마 계장님."

"사토자키 씨, 가택 수색 매뉴얼을 충분히 읽은 모양이네. 그렇게 하면 되지 않을까? 어때? 나카야마 계장."

"응, 나도 문제없다고 생각해."

나카야마 계장이 무심코 창밖을 바라보고 외쳤다.

"아! 사토자키 씨, 눈! 눈이야, 눈!"

"아, 맙소사. 눈이다! 삼와 시내가 이 상태면 가라이시야마는 눈이 엄청날 텐데. 길이 얼었을지도 모르고. 우리한테 스노우 타이어가 설치된 차는 없죠?"

"없지. 그런 차는."

"맞다. 과장님!"

"왜 그래요? 사토자키 씨. 사쿠라가와 병원 야마가타 선생님하고 소방 구급차는 둘 다 준비 OK예요!"

"아, 감사합니다. 근데 그게 아니라, 직원 명부 좀 빌려 주세요."

"응? 직원 명부? 왜 지금 필요해? 자, 여기."

"감사합니다. 그러니까 가쓰라야마 토목 사무소, 가쓰라야마 토목 사무소…… 누가 있으려나. 아, 간다 선배가 총무과장이네. 잘됐다. 나카야마 계장님, 잠시 전화하고 오겠습니다."

"어디에 전화해?"

"가쓰라야마 토목 사무소요."

"가쓰라야마 토목 사무소? 어째서?"

"토목 사무소는 관내에 있는 도로나 하천의 유지 관리나 공사를 하거든요. 눈이 와도 순찰은 하니까 당연히 스노우 타이어가 설치돼 있죠."

"그렇겠네!"

사토자키는 서둘러서 자기 자리로 돌아가 직원 명부를 한 손에 들고 전화를 걸었다.

"여보세요? 가쓰라야마 토목 사무소인가요? 저는 중앙 어린이 가정 센터의 사토자키라고 합니다. 간다 총무과장님 좀 부탁합니다."

"여보세요? 간다입니다. 사토자키 씨! 오랜만이네. 이와타 토목에 있을 때 이후로 처음 아냐? 오늘은 무슨 일이야?"

"간다 선배님, 저 좀 도와주세요. 도로 관리용으로 스노우 타이어가 설치된 차 두 대만 빌려주세요."

"갑자기 연락 와서 무슨 말을 하려나 했더니, 차 빌려 달라고? 뭐, 사용 신청서를 보내면 빌릴 수 있을 거야."

"선배님, 긴급 사태여서요. 그렇게 신청서를 보낼 시간이 없어요. 그래서 이렇게 직접 총무과장인 간다 선배님한테 전화한 거죠. 가라이시야마에 살고 있는 어린이가 학대를 당해서 목숨이 위험한 상태예요. 한시라도 빨리 구해야 해요. 빌려주세요. 부탁드립니다."

"학대라니, 너, 무슨 일 하길래 그래? 어린이 가정 센터는 뭐야?"

"선배님, 지금 그런 이야기를 할 시간이 없어요. 이와다 토목 때는 선배님을 위해서 정말 열심히 일했잖아요. 그러니까 좀 도와주세요. 제가 부탁하잖아요. 네?"

"억지스러운 건 변함이 없네. 알았어. 두 대면 돼? 그래서 오늘 몇 시 정도에 오는데?"

"아직 시간은 확실하게 모르겠어요. 준비가 되면 출발할게요."

"알았어. 필요할 때 와. 준비해 둘 테니까."

"감사합니다. 정말 고마워요. 그럼 이따 뵐게요."

"응, 기다릴게."

"좋아! 차는 가쓰라야마 토목에서 두 대 빌려주기로 했어요. 가쓰라야마 토목까지 가서 거기서 차를 갈아탑니다. 보건소가 토목 사무소 맞은편에 있으니까 그대로 보건소 이시하시 씨도 같이 태워서 갑니다. 이렇게 준비하면 어떻습니까? 시마 계장님."

"훌륭해. 사무직 인맥까지 써서 처리하다니 완벽해. 사토자키 씨도 어느새 한 사람 몫을 하는 케이스워커가 됐구먼. 안 그래? 나카야마 계장."

"그러네. 이렇게 일의 순서를 정하는 일은 역시 사무직이 잘하지. 그만큼 면담은 못하지만. 하하하……."

"나카야마 계장님! 그런 건 지금 말 안 해도 되잖아요. 저는 칭찬받을수록 잘하는 사람이니까 칭찬 좀 많이 해 주세요."

"안 돼, 안 돼. 기고만장해져서."

이렇게 긴장되는 상황일수록 더 농담을 하면서 머리를 냉정하게 유지하는 모습은 아동 상담소 직원들의 강인한 정신력을 보여 준다.

"그럼, 다음은 제가 교장 선생님하고 보건소 이시하시 씨한테 협력 의뢰를 하고 올게요. 소장님! 경찰은 어떻게 됐습니까?"

"네, OK예요. 지구대에서 두 명이 지원 나온대요."

"알겠습니다. 지구대에는 제가 초등학교로 합류하도록 전달하겠습니다."

"사토자키 씨, 이거 경찰에 보내는 지원 의뢰서하고 직권 일시 보호 통시서예요오."

"아, 고토 씨가 만들었어요? 역시 한가하죠? 고토 씨가 제일."

"사토자키 씨, 파쇄기에 넣어 버릴 테니까 그거 돌려주세요오! 사람이 모처럼 걱정해서 만들어 줬더니이! 정말 어떤 상황에서도 사람이 별로네요오."

"미안해요, 미안해. 고마워요."

"아, 사토자키 씨하고 시바타 씨는 이거 입고 가요."

"시마 계장님, 뭐예요, 이건?"

"아, 이거. 방검 조끼."

"방검 조끼요?"

"찔리면 아플 거 아냐. 죽을지도 모르고. 위험해 보일 때는 항상 입고 가거든. 오늘은 가택 수색이니까 꼭 착용해야지."

사토자키는 다시 한 번 실제 상황이라는 걸 인지했다. 지금부터 자신이 하려고 하는 건 목숨에 관계된 굉장히 위험한 일이구나 하고 깨달았다. 게다가 그런 일을, 경찰같이 훈련을 받은 적도 없는 보통 지방 공무원인 자신이 한다는 것도.

"과장님, 혹시 제가 이쪽으로 배정받고 갓 왔을 때 몸이 커서 좋다고 했던 건 이런 일이 있어서였어요? 방검 조끼를 입고 갈 정도로 위험한 일이 있어서? 그렇죠?"

"잘도 기억하고 있었네. 정답이에요."

"뭐예요, 그게! 이렇게 중요한 건 처음부터 가르쳐 줘야죠! 그래야 마음의 준비를 할 거 아니에요!"

"그거야, 겁을 주기는 싫었으니까."

"겁먹는 게 당연하잖아요!"

"사토자키 씨! 아동 가정과 다마루 씨한테서 전화 왔어요."

"네, 사토자키입니다."

"가택 수색 간다면서!"

"어떻게 알았어?"

"뭘 모르네. 가택 수색이나 직권 일시 보호 같은 큰일이 있을 때는 전부 주관과인 아동 가정과에 보고가 올라온다고. 좀 전에 히가시무라 소장님한테 전화받고 놀라가지고."

"그렇군. 그래서 무슨 일이야?"

"무슨 일이냐니! 걱정돼서 전화한 거잖아! 가택 수색은 나도 한 적 없어서 아무 조언도 해 줄 수 없지만, 어쨌든 조심해! 절대로 다치면 안 된다! 다치기만 해 봐, 안 봐줄 거니까! 방검 조끼 입었어?"

"응. 입었어. 그리고 왜 내가 체격이 좋아서 좋다고 한 이유도 알았어. 어쩐지 이유를 안 가르쳐 주더니."

"때가 되면 알 거라고 했잖아. 처음부터 가르쳐 주기에는 자극이 너무 강해서. 나는 그런 것까지 전부 내다보고 사토자키를 지도한 거야. 신이지, 신. 내 경우에는 미의 여신이라고 할 수 있지만. 우후후."

"바쁘니까 끊을게."

"절대로 무리하지 마! 꼭 무사히 돌아와야 해! 조금이라도 다치면 안 된다. 알았지?"

"알았어. 절대 안 다치고 돌아올 테니까."

"그럼, 조심해서 다녀와. 괜찮을 거야. 사토자키는 여신이 보살피니까!"

"여신인가……. 하하. 한번 믿어 볼까?"

"그럼, 사토자키 씨 가자고!"

시마 계장이 평소와 다르게 기합이 들어간 목소리로 말했다.

"네, 계장님 잘 부탁드립니다. 시간이 없으니까 밥은 도중에 편의점에 들렀다가 차 안에서 먹으면서 가죠."

"좋아."

사토자키가 처음 신고를 받고 세 시간이 지났다. 사토자키는 조급해지는 기분을 억누르며 가라이시야마를 향해서 출발했다.

달려라,
아동 상담소!

학교로 향하는 차 안에서 다섯 명은 같은 생각을 했다. 그저 살아만 있어 달라고.

눈은 더욱더 세게 날려서 눈보라가 되었다. 한없이 내리는 눈이 점차 주변의 풍경에서 색을 빼앗아 갔다. 수묵화 같은 풍경 속, 눈의 커튼을 찢듯이 차는 나아갔다. 썰렁한 풍경이 사토자키의 불안감을 키우는 것 같았다.

30분 후, 가쓰라야마 토목 사무소에 도착한 일행은 보건소에서 이시하시와 합류하고, 눈길에 대응할 수 있는 차로 갈아탔다. 가라이시야마 초등학교까지는 약 50분 정도 걸리는 거리였지만, 여섯 명에게는 터무니없이 긴 시간처럼 느껴졌다. 산길로 접어들자 그곳은 말 그대로 은으로 된 세계, 눈의 왕국 같았다.

익숙하지 않은 눈길을 신중하게 운전해서인지 더욱 시간이 오래 걸리는 것처럼 느껴졌다. 늦지 않게 갈 수 있을까? 사토자키는 몇 번이고 마음속으로 묻고 답했다. 첩첩이 겹쳐진 구불구불한 길을 지나, 차는 드디어 가라이시야마 초등학교에 도착했다. 주재 경관과 나란히 마중을 나온 교장이 차로 다가왔다.

"사토자키 선생님이세요? 정말 고생 많으셨습니다."

"교장 선생님, 갑자기 연락해서 무리한 부탁을 드려서 죄송합니다."

"아뇨, 아닙니다. 어려운 일도 아닌데요. 그럼 추우니까 안으로 들어가시죠."

여섯 명은 사각사각 눈을 밟으면서 교장실로 향했다. 교장실 책상에는 이미 아파트의 설계 도면이 펴져 있었다. 모두 간단하게 자기소개를 끝내고는 바로 회의를 시작했다.

"교장 선생님, 바로 본론으로 들어가서 오늘 있을 가택 수색의 흐름을 설명 드리겠습니다. 괜찮으십니까?"

"아, 네, 괜찮습니다. 설명해 주세요."

"그럼, 우선은 이 설계 도면을 사용해서 방의 위치를 가르쳐 주셨으면 좋겠는데요. 제일 먼저 묻고 싶은 건 주방의 위치인데 어디인가요?"

"네, 현관으로 들어가서 바로 오른쪽에 주방이 있습니다."

"여기군요. 잘됐다. 이 위치면 계부나 친모보다도 먼저 확보하기 쉽겠다. 다음은 히로시가 있는 방은 어딘지 아십니까?"

"그건, 현관으로 들어가서 왼쪽에 작은 방이 두 개 있는데, 안쪽 방이었던 것 같습니다. 전에 가정 방문을 했을 때 어머니가 그 방으로 히로시를 데리고 갔거든요."

"여기네요. 가장 안쪽에 있는 넓은 방이 거실이네요. 오른쪽 방은 침실인가요?"

"안쪽 방이 거실인 건 알겠는데 왼쪽 방은 본 적이 없어서 모르겠네요. 하지만 아마 침실이라고 생각합니다. 왼쪽에서도 앞쪽에 있는 방은 창고처럼 쓰고 있었어요."

"알겠습니다. 충분합니다. 그러면 가택 수색 흐름을 설명하겠습니다. 우선 교장 선생님께서 가정 방문을 온 것처럼 말을 걸어 주세요. 문이 열리면 단번에 앞으로 당겨서 문을 활짝 열어 주세요. 그 순간에 저희가 실내로 들어갈 테니까요."

사토자키는 아까 이상에서처럼 가택 수색의 진행 순서를 교장 선생님, 경관, 이시하시 보건사에게 자세히 설명했다. 약 30분 정도 걸린 회의가 끝나고 드디어 현장으로 향했다.

모두 합쳐서 여덟 세대가 입주해 있는 작은 아파트였다. 현장은 2층 안쪽에 있는 집이다. 아파트 앞에는 많이도 개조한 검은 차가 세워져 있었다. 아무래도 계부는 집에 있는 모양이었다. 사토자키, 시바타, 시마 계장, 혼다, 넷은 교장 선생님이 앞장서자 뒤따라 발소리를 죽여 가며 천천히 계단을 순서대로 올라갔다.

329

교장을 포함한 다섯 명이 쿵쾅거리며 계단을 올라갔다가는 수상하게 생각해서 현관문을 열어 주지 않을지도 모르기 때문이다.

가택 수색의 최대 약점은 문을 열어 주지 않았을 때 문을 억지로 따고 들어갈 수 없다는 것이다. 물론 안에서 어린이가 죽어가는 것이 확실할 때는 문을 부수고 들어가는 것도 인정을 받을 수 있지만, 어린이의 안부가 확실하지 않은 상황에서는 그렇게까지 하는 건 인정받지 못한다. 그렇기 때문에 어떻게 해서든 보호자가 의심하지 않고 문을 열도록 만들어야 한다.

네 명은 문이 열리는 오른쪽에 한 줄로 몸을 숙이고 서서 대기했다. 준비가 완료되자 교장 선생님이 천연덕스럽게 타닥타닥 요란스러운 발소리를 내며 계단을 올라갔다. 나머지 넷의 심장은 서로의 심장 소리가 들릴 정도로 세차게 뛰었다. 2시 50분, 교장 선생님이 벨을 눌렀다.

"안녕하세요? 가라이시야마 초등학교 교장 이시이인데요. 어머니 계십니까?"

문으로 누군가 다가오는 발소리가 들렸다. 그 발소리가 문 앞에서 멈춘 순간, 자물쇠 열리는 소리와 함께 사토자키의 눈앞에서 문의 손잡이가 천천히 돌아가기 시작했다. 교장 선생님이 손잡이를 잡고 힘껏 문을 잡아 당겼다. 사토자키의 눈에는 문이 열리는 순간이 마치 슬로 모션 같이 보였다. 문틈으로 조리를 신은 여자의 발이 보였다. '히로시 어머니다!' 하고 사토자키는 생각했다. 엄청난 힘으로 문을 당기자 히로시의 어머니는 마치 낚인 물고기처럼 밖으로 딸려 나왔다.

그 순간, 사토자키는 어머니의 왼쪽 팔을 잡고 단숨에 밖으로 끌어내서 시마 계장에게 어머니를 맡기고 방으로 들어갔다. 시바타, 혼다가 뒤를 따랐다. 혼다는 예정대로 주방에 우뚝 서서 계부의 돌발에 대비했다.

"아동 상담소에서 가택 수색 나왔습니다. 히로시는 어디에 있습니까?"

"뭐야! 이 자식들, 남의 집에 함부로 들어와서!"

계부가 험악한 표정으로 안쪽의 거실에서 나타났다. 손에는 아무것도 들고 있지 않았다. 맨손인 걸 확인하자 사토자키도 시바타도 안심했다. 무심코 왼쪽 방을 보자 거기에는 삐쩍 마른 남자아이가 침대에 누워 있었다. 히로시였다. 텅 빈 시선이긴 했지만 눈을 뜨고 사토자키를 바라보고 있었다. 그 눈이 한순간 깜박였다.

'살아 있다!'

사토자키도 시바타도 마음속으로 그렇게 외쳤다. 계부는 목소리가 우악스러웠지만 사토자키나 시바타처럼 덩치가 큰 사람에 비하면 아주 빠지는 체격이었다.

계부는 사토자키를 노리고 달려들었다. 곧장 사토자키의 멱살을 잡고 나서 무서운 얼굴로 노려보았다.

"사토 신지 씨 되시죠? 이거 놓으세요. 이 이상 폭력을 쓰시면 공무 집행 방해로 동행한 경찰에게 체포됩니다."

"무슨 상관이야! 이봐, 어! 사람 무시해?"

계부가 사토자키를 다시 때리려고 달려들었기 때문에, 사토자키와 시바타는 어쩔 수 없이 계부의 양팔을 잡고 벽에 밀어붙였다. 나카야마 계장은 온몸으로 저항하는 계부를 향해 가택 수색 허가증을 보여 주고 가택 수색을 선언했다. 그 모습을 보고 황급히 경찰이 안으로 들어와 계부를 잡아 누르고 외쳤다.

"이 이상 저항하면 공무 집행 방해죄로 체포하겠다! 얌전히 있어!"

경찰의 모습을 실제로 보더니 계부도 조금 위험하다고 생각했는지 얌전해졌다.

"알겠어. 알겠으니까 이제 이거 놔."

계부는 힘없이 그 자리에 주저앉았다.

사토자키와 시바타는 경찰의 힘을 빌려 계부를 거실로 데리고 가서 고타쓰(이불이 덮인 난방 기구)에 앉혔다. 그 사이에 나카야마와 보건사 이시하시가 빠르게 히로시에게 달려갔다.

"히로시? 괜찮아? 이제 안심해도 돼. 걱정하지 마. 꼭 다시 건강해질 거니까."

나카야마 계장의 말에 히로시는 겨우 어렴풋이 목을 끄덕일 뿐이었다. 히로시의 눈에서 안도의 눈물이 흘렀다. 히로시 자신도 살았다고 생각하며 안심했을 터였다.

바로 이시하시가 신체 체크를 시작했다. 혈압도 낮고 극도의 영양실조 상태였다. 발목은 첨족 상태로, 움직이지 못한 지 오랜 시간이 경과했음을 보여 주고 있었다. 머리카락도 꽤 빠져서 두피가 일부 드러난 상태였다. 피부는 물고기 비늘처럼 버석버석하게 갈라져 있어서 얼마나 영양 상태가 나쁜지를 한눈에 알 수 있었다.

옷 아래에는 무수한 체벌의 흔적이 멍으로 남아 있고 담뱃불로 지진 것처럼 보이는 화상이 눈에 띄었다. 경험이 풍부한 나카야마 계장조차도 눈을 돌리고 싶을 정도로 심각한 학대의 흔적이 히로시의 온몸을 뒤덮고 있었다. 도무지 스스로 걸을 수 있는 상태가 아니었기 때문에 나카야마 계장은 바로 구급차를 불렀다. 목숨이 아슬아슬한 상태였다.

한편 시마 계장은 밖에서 흥분해서 날뛰는 친모를 상대하고 있었다. 정중하게 가택 수색와 직권 일시 보호의 의미를 설명하자, 친모는 이제 아무리 몸부림쳐도 히로시가 아동 상담소에 보호된다는 걸 알게 됐는지 바로 조용해졌다. 시마 계장은 조용해진 친모를 데리고 사토자키가 있는 고타쓰 쪽으로 왔다.

두 명의 경찰은 친모와 계부의 흥분이 잠잠해진 것을 확인하고 경찰서에 연락을 하기 위해 방에서 나갔다.

사토자키는 구급차를 기다리는 동안, 계부와 친모에게 이번 가택 수색에 이르게 된 이유와 히로시를 직권 일시 보호하는 것에 대해 설명했다. 그리고 계부에게 직권 일시 보호 통지서를 보여 주었다. 납득이 되지 않는 경우에는 60일 이내에 지사에게 심사 청구를 할 수 있다는 말도 전했다. 사토자키의 이야기를 한동안 잠잠히 듣고 있던 계부는 이 상황에 납득이 가지 않았는지, 다짜고짜 히로시를 일시 보호한다는 것에 분노를 느꼈는지 점차 다시 흥분을 하는 모습을 보였다.

"너, 사토자키라고 했지! 아까부터 가만히 듣고 있으니까 지들 멋대로 말하고! 뭐가 학대야! 나는 히로시가 말을 안 들으니까 교육을 한 거라고! 말해도 못 알아듣는 바보한테는 몸으로 가르쳐야 하는 거라고! 대체 부모가 자기 자식한테 뭘 하든지 자기 맘 아냐! 남인 니들이 이래라저래라 할 게 아니라고!"

"그래! 이 사람은 히로시가 똑똑해지라고 히로시를 위해서 교육을 한 거잖아! 당신들이 무슨 상관이야! 친엄마인 내가 교육이라면 교육인 거지! 뭐가 학대라는 거야! 밥을 줘도 편식이 심해서 안 먹으니까 어쩔 수 없잖아! 저 애가 버릇이 없는 거라고. 그러니까 가르쳐야 할 거 아냐!"

사토자키가 강한 어조로 말했다.

"이봐, 너희들이 히로시한테 한 건 어디를 어떻게 봐도 학대 외에 아무것도 아냐. 이런 게 교육이라면 일본에 있는 아이들은 전부 부모 손에 죽는 날을 기다릴 뿐인 게 돼. 게다가 새 화상 자국이랑 멍이 나 있잖아! 움직이지도 못하는 아이한테까지 집요하게 학대를 해 놓고 뭐가 교육이야!"

"엄마인 내가 교육이라면 교육이지!"

"당신, 히로시 친엄마 맞지? 자기 배 아파서 낳은 자식이 이렇게 고통을 받는데 아무것도 느끼는 게 없어? 히로시는 다 죽어 간다고! 저렇게 말라서! 온몸에 담뱃불로 지진 화상에다 맞아서 멍투성이가 된 자기 자식을 보고 엄마라면서 아무 생각도 안 들어?"

"시끄러워! 당신이랑 무슨 상관이야!"

어머니는 새된 목소리로 외쳤다. 방 안이 다시 분노의 감정으로 가득 차기 시작했다.

"대체, 이렇게 쇠약해진 아이를 병원에도 데리고 가지 않다니, 엄마가 돼 가지고 히로시가 죽어도 상관없다고 생각한 거 아니야? 사토 씨, 당신, 혹시 히로시가 죽으면 어쩌려고 했어? 히로시도 가엾지만 당신들도 경우에 따라서는 살인범이 될 수도 있다고. 누구 하나 좋을 게 없잖아! 다 큰 어른이 그런 것도 생각 안 해?"

계부와 친모의 어처구니없는 말에 흥분한 사토자키를 진정시키려고 시마 계장이 말을 꺼냈다.

"사토자키 씨, 그쯤에서 그만둬. 놀란 어머니하고 사토 씨를 진정시켜야 할 사람이 이러면 안 되지."

시마 계장이 이어서 이야기를 하려고 한 순간이었다. 계부가 격앙된 목소리로 외쳤다.

"사토자키! 너 이 자식, 아까부터 진짜 짜증 난다고! 건방진 소리나 해대고!"

계부는 그렇게 소리를 치자마자 바지 주머니에서 손을 꺼내 사토자키를 노리고 덤벼들었다. 손에는 날카롭게 빛나는 작은 칼이 들려 있었다.

시바타가 외쳤다.

"위험해! 사토자키 씨! 칼!"

사토자키는 계부의 오른쪽 맞은편, 칼이 닿는 거리에 앉아 있었다. 전혀 피할 틈도 없었다.

젠장, 시간이 없다! 안 돼!

사토자키의 눈에는, 계부가 오른손으로 꽉 움켜쥔 칼의 예리한 칼날이 천천히 자신의 왼쪽 가슴으로 다가오는 것이 보였다. 계부의 팔을 잡으려고 했지만 이미 늦은 상황이었다. 사토자키가 어쩔 수 없다고 생각한 순간, 왜인지 머릿속에 다마루의 아름다운 웃는 얼굴이 스쳤다.

턱!

둔한 소리와 함께 칼이 다운 점퍼를 찢고 왼쪽 가슴을 찔렀다. 강한 충격이 사토자키의 왼쪽 가슴을 덮쳤다. 그 순간 사토자키는 왼손으로 계부의 손목을 잡고, 오른손으로 계부의 손을 강하게 쥐고 찌부러뜨렸다. 계부가 비명을 질렀다.

"아악!"

놀란 경찰 둘이 계부를 붙잡아 폭력 현행범으로 체포했다.

사토자키는 자기 왼쪽 가슴에서 바닥으로 떨어진 칼을 잠시 망연히 바라봤다. 점퍼에서 빠져나온 깃털이 하늘하늘 날리고 있었다. 정신이 돌아오자 왼쪽 가슴에 통증이 없음을 알아챘다. 방검 조끼가 사토자키의 목숨을 지켜 준 것이다. 하지만 두터운 다운 점퍼, 작업복, 스웨터, 방검 조끼의 표면에는 커다란 구멍이 뚫려 있었다. 사토자키는 조끼를 안 입었다면 죽었을지도 모른다고 생각하니 아랫배부터 목덜미까지 후들후들 떨릴 정도의 공포감이 밀려왔다.

계부와 친모가 경찰에 끌려간 후 구급차가 도착했다. 히로시는 들것으로 옮겨 공립 사쿠라가와 병원으로 직행했다. 구급차에 동행한 나카야마 계장은 히로시의 손을 꼬옥 잡고 곁에 앉아 다정한 목소리로 계속 말을 걸었다.

"히로시, 대단하네. 정말 잘 견뎠어. 이제 괜찮아. 이제 누구도 나쁜 짓 못 하게 할 거라고 선생님이 약속할 테니까 안심해. 맛있는 음식 잔뜩 먹고 빨리 건강해져서 또 학교에 가자. 할머니도 기다리고 있어."

사토자키와 나머지 사람들도 구급차 뒤를 따라 병원으로 향했다. 그 차 안에서 사토자키는 쫙 찢어진 자신의 다운 점퍼 왼쪽 가슴을 말끄러미 바라보면서 다시 한 번 아동 상담소 업무의 가혹함을 실감했다.

말 그대로 목숨을 건 일이구나.

사토자키가 무심코 시계를 보자 3시 정각이었다. 그렇게 길게 느껴진 시간이 사실은 겨우 45분간의 일이었던 것이다. 사토자키는 겨우 45분이라는 짧은 시간 동안 방검 조끼를 입었느냐 아니냐에 따라 목숨을 구하거나 잃을 수 있었다는 사실을 곱씹었다.

히로시의 운명도 같았다. 혹시 계부가 도박을 하지 않고 돈 씀씀이가 헤프지 않았다면 친모가 할머니에게 돈을 빌리려고 전화하지 않았을 것이다. 그렇다면 히로시는 죽었을지도 모른다. 계부가 도박을 좋아하고 돈을 헤프게 쓰는 형편없는 성격이었기 때문에 친모가 할머니에게 돈을 빌리려고 전화를 해서 히로시는 목숨을 구한 것이다. 결점밖에 없어 보이는 계부의 칠칠치 못한 성격 덕분에 히로시는 살아났다. 인생에서 뭐가 흉이 되고, 뭐가 복이 될지 알 수 없다. 반드시 바른 일이 바른 결과를 낳는다고도 할 수 없다.

아동 상담소가 관여하는 어둠의 세계 주민들은 분명히 뭘 해도, 누구와 관계를 맺어도 항상 결과가 흉이 되는 사람들이겠지. 그리고 이 양극단의 운명은 자칫하면 사소한 것이 원인이 되어 어느 쪽으로 기울 수 있다는 것을 사토자키는 마음속 깊이 느졌다.

　사람의 인생, 아니 사람의 정신이 얼마나 약한지. 사토자키는 지금까지 어둠의 세상으로 기울지 않은 행운을 받은 자신의 인생에 감사했다. 그리고 그 행운 덕분에 오늘도 죽지 않았다고, 찢어진 다운 점퍼와 방검 조끼를 쓰다듬으며 창밖의 눈 덮인 풍경을 멍하니 바라보았다. 오늘이 크리스마스이브라는 것은 이미 잊은 지 오래였다.

　한 시간 후, 일행은 병원에 도착했다. 야마가타가 입구에서 기다리고 있었다.

　"사토자키 씨, 이쪽이요. 이쪽. 응? 왜 그래요? 그 점퍼."

　"아, 좀. 하하하하. 오늘 선생님께 무리한 부탁을 드렸네요."

　"상황이 심각해요. 어떻게 늦지 않게 왔네. 기적의 타이밍이었는지도 모르겠어. 어쨌거나 진찰실로 옮겨 주세요. 히로시, 이제 괜찮아. 선생님이 꼭 건강하게 만들어 줄 테니까."

　진찰실로 달려가며 이시하라 보건사가 의사 야마가타에게 히로시의 상황을 보고했다.

　"바로 포도당 주사부터 시작하지. 뇌에 이 이상 부담이 가면 안 되니까. 그럼 사토자키 씨, 진찰하고 진단서 써 줄게요. 보고서 같은 거 필요해요?"

　"네, 아마 28조 신청이 필요한 케이스일 것 같아서요. 보고서 주시면 자료가 되니까 감사하죠."

"알았어요. 그럼 그것도 만들어 줄게. 잠시 쉬고 있어요."

사토자키를 포함한 여섯 명은 사람들이 찾지 않는 저녁의 종합병원 로비에서 긴 의자에 축 늘어져 진찰이 끝나기를 기다렸다. 마음도 몸도 한계에 달할 정도로 피곤했다.

사토자키는 속삭이듯 시마 계장에게 말했다.

"계장님, 늦지 않아서 정말 다행이에요. 히로시가 살아 있어 줘서 정말 다행이에요."

"그러게. 정말 위험한 상황이었는데 이렇게 살아 있어 줬네. 나카야마 계장, 히로시를 처음 봤을 때 어땠어?"

"좀 많이 놀랐지. 이런 거 말해도 좋을지 모르겠는데, 전에 봤던 홀로코스트 사진이 머리에 스치더라고. 아우슈비츠 수용소 사진이었는데. 히로시의 커다란 눈망울이 잊히지가 않네."

"아우슈비츠……."

"그건 그렇고 이시하시 보건사한테 와 달라고 하길 잘했어. 역시 보건사야. 전혀 동요하지 않고 담담하게 신체 체크를 하는 거야. 옆에 있어서 나도 많이 안심되더라고. 그렇게 끔찍한 상태의 아이를 보는 건 아무래도 처음이어서, 나 혼자 있었으면 어떻게 해야 좋을지 몰랐을 것 같아."

나카야마 계장은 이시하시의 대응에 찬사를 보냈다. 이시하시는 멋쩍은 듯이 나카야마 계장을 보면서 말을 받았다.

"아니에요. 저도 제정신이 아니었어요. 근데 여러분이 하는 일

은 정말 힘든 일인 것 같아요. 전력을 다하는 모습에 정말 감동
했어요. 말 그대로 목숨을 거는 일이잖아요."

"매번 가택 수색을 하는 것도 아닌데요. 이런 일을 그렇게 자
주 하면 이쪽이 죽을지도 몰라요. 호호호호."

나카야마 계장의 웃음소리가 어두운 로비에 밝게 울렸다.

한 시간 후, 진찰실 문이 열렸다.

"사토자키 씨! 끝났어요. 이쪽으로 와 줄래요? 방이 좁으니까,
시마 계장님하고 나카야마 계장님까지만 들어올 수 있겠네요."

"선생님, 히로시는요?"

"응, 잠들었어. 지쳤겠지. 그리고 지옥에서 해방돼서 안심했을
거고. 주사약도 들은 것 같고, 지금은 병실 침대에서 자고 있어."

"그래요? 정말 감사합니다. 그래서 몸 상태는 좀 어때요?"

"정말 기적의 타이밍이야. 머리카락도 꽤 많이 빠졌고, 등에
욕창도 심하고, 첨족도 있고. 2개월 이상 거의 누워만 있었던 것
같아."

"2개월 이상이나……. 정말 위험했네요."

사토자키는 등줄기가 오싹했다.

"그리고 온몸에 있는 멍은 일상적으로 학대를 당했다는 걸 보
여 주듯이 네 가지 색이 다 나타나고. 담뱃불로 인한 화상도 50
군데 이상이야. 이 상처는 없어지지 않으니까 사춘기 땐 꽤 고민
거리가 되겠지. 어떤 놈이 했는지 모르겠지만 이건 뭐, 인간이

아닌 악마네."

평소에는 젠틀한 야마가타가 분노를 표했다.

"엑스선 촬영도 했는데 골절은 없어. 다만 오른쪽 팔 위쪽 뼈에 금이 가 있는데, 이 금은 최근에 생긴 거 같아. 움직이지도 못하는 애한테 잘도 그런 나쁜 짓을 했네."

"누워만 있는 히로시를 세게 때렸다는 건가요? 뭐 그런 비열한 자식이……."

사토자키는 분노가 마그마처럼 들끓는 기분이 들었다.

"목욕은 이 상태에서 당연히 무리지만, 몸을 닦아 주지도 않아서 온몸에 백선균계 피부병이 생긴 데다가 손톱도 길대로 길었어. 그런데 정말 다행인 건 뇌 기능에는 문제가 생기지 않은 모양이야. 내가 말을 걸었을 때도 충분히 이해를 하는 것 같더라고. 원래는 비장애아지?"

"네, 공부도 잘하던 아이예요."

"그래, 키우는 데 고생을 시킨 아이도 아니었다는 거네. 우리 병원에 발달 상담을 하러 오는 부모님들은 지적 장애가 있어서 손이 많이 가는 아이라도, 눈에 넣어도 아프지 않을 정도로 정말 소중하게 생각하고 귀여워하는데. 대체 뭘까. 이 현실은……."

"선생님, 회복에는 얼마나 시간이……."

"글쎄, 신체적인 문제는 2개월 조금 지나면 회복될 거야. 심리면에서는 도움이 반드시 필요한데 여기에 있는 동안은 우리 임상 심리사한테 해 달라고 할 테니까 퇴원 후에는 아상에서 도와 줘요. 시마 계장님."

"물론이죠. 할머니가 맡아 주실지 시설에 들어갈지 확실하지 않지만 어느 쪽이든 아상이 책임지겠습니다."

"사토자키 씨, 어느 정도 회복되면 현립 삼와 병원으로 옮길까? 그쪽이 편하지?"

"아뇨, 어렵게 익숙해졌는데 병원을 옮기는 건 괴로울 테니까 조금 시간이 걸리더라도 제가 이쪽으로 오겠습니다."

"흠, 변함없이 다정하고 열의가 넘치네. 알겠어. 그럼 우리 병원에서 최선을 다해서 돌보지. 우선 오늘은 그 정도인가. 경과는 다시 사토자키 씨한테 연락 줄게."

"네, 선생님. 정말 오늘은 시간 외 진료인데도 불구하고 봐 주셔서 감사합니다. 히로시 잘 부탁드립니다."

사토자키를 포함한 모두는 가쓰라야마 토목 사무소에서 차를 갈아타고 보건사 이시하시를 내려 준 뒤에 사무실로 돌아왔다.

7시가 넘어 사무실에 도착하자 다마루가 사토자키의 자리에 앉아 있었다.

"뭐야, 남의 자리에 거만하게 앉아서."

"인사가 뭐 그래? 여신님이 일부러 인간 사토자키가 일을 어떻게 하고 있는지 보러 와 주셨는데."

"무슨 바보 같은 소리야. 뭐 하러 왔어?"

"뭐 하러 왔냐니. 당연히 걱정돼서 온 거지! 너야말로 바보 같은 소리 하지 마!"

"지금 너무 피곤하니까, 그렇게 꽥꽥거리지 마."

"꽥꽥거리게 만들지 마! 나도 피곤하다고! 현청에서 이상까지 자전거로 날아왔단 말이야."

"그런 의미가 아니잖아. 누가 체력적인 피로를 말했어? 이쪽은 정신적으로 피곤하다고! 뭐 가택 수색 경험이 없는 마리코 선배는 모르시겠지만요."

"허, 그렇게 독설을 뱉을 정도면 걱정할 필요 없겠네. 응? 사토자키, 이거 왜 이래? 다운 점퍼가 찢어져서 깃털이 나오는데?"

"아, 이거? 응, 칼에 찔렸어."

"뭐? 좀 봐 봐. 괜찮아? 안 다쳤어?"

갑자기 다마루가 울 것 같은 얼굴로 사토자키에게 다가왔다.

"다쳤지."

"야! 병원 가!"

"다친 건 방검 조끼지만. 봐."

"어휴, 뭐야 정말. 해도 되는 농담이 있고 안 되는 농담이 있지!"

"미안, 미안. 그렇게 화 내지 마. 피곤하니까 좀 웃자고 그런 거지."

"웃음이 나와! 정말 칼로 찔린 거네……. 하아, 다행이다. 정말 안 다쳐서. 힘들었지? 수고했어."

"응, 약속대로 안 다치고 왔어. 칭찬해 줘."

"네네. 칭찬해 드리겠습니다. 하하하…… . 점퍼 줘 봐. 기워 줄게."

다마루는 가방에서 작은 재봉 세트를 꺼내 빠른 솜씨로 찢어진 곳을 꿰매기 시작했다.

"너, 이런 것도 할 줄 알아?"

"입도 꿰매 버린다."

"사양하겠습니다."

그때 경찰에서 전화가 왔다. 연행해 간 계부는 폭력 용의로 사정 청취를 받고 있고 친모는 친권자이면서 계부의 학대를 방치했다는 것으로 보호 책임자 유기치상 혐의로 사정 청취를 받고 있다는 것이었다. 수사 상황을 전하고 언론 공개가 내일이라는 정보를 마지막에 덧붙였다. 사토자키가 친모와의 면회가 가능한지를 확인하자 수사가 없을 때는 가능하다는 답이 돌아왔다.

사토자키가 전화 내용을 나카야마 계장에게 전하자 나카야마 계장은 가볍게 고개를 끄덕이고 사토자키의 어깨를 가볍게 두드렸다.

"수고했어. 오늘은 그만 돌아가서 푹 쉬어."

"알겠습니다. 그럼, 가서 쉬겠습니다."

다마루가 웃음을 머금고 사토자키에게 다가왔다.

"사토자키, 내일은 일 못할 거야."

"어째서?"

"매스컴."

"취재 때문에?"

"전화가 끊이지 않고 울릴 거야. 분명……. 그럼 나는 가 볼게!"

"기다려 봐. 데려다 줄게. 자전거는 뒷좌석에 실으면 되니까. 밥 먹었어?"

"먹었을 리가 있나!"

"밥 먹으러 같이 갈까? 약속 있으면 어쩔 수 없고."

"또 얄밉게 그런다. 쏘는 거야?"

"또? 알았어. 내가 낼게."

사무실을 나서는 둘에게, 시마 계장이 팔자 눈썹을 하고 농담 반 진담 반으로 물었다.

"어라, 같이 가는 거야? 데이트?"

"아, 아니에요! 그럴 리가요!"

다마루가 미간을 찌푸리며 강하게 부정했다.

"그렇게 정색하고 말하니까 더 수상한데."

"아·니·라·고·요! 계장님, 얼른 자리에 가서 일하세요."

시마 계장은 어깨너머로 손을 흔들면서 자리로 돌아갔다.

"그럼 갈까?"

"근데 오늘 빈자리가 있는 가게가 있을까? 크리스마스이브 밤이야."

"있다고. 지저스 크라이스트(Jesus Christ)랑 관계없는 좋은 가게가."

밖으로 나오자 눈은 그쳐 있었다. 사토자키는 차에 쌓인 눈을 치우고 조수석 문을 열었다. 운전석에서 다마루가 안전벨트를 채우는 걸 확인하고 시동을 걸고 와이퍼로 앞 유리창에 남아 있는 눈을 치웠다. 다마루는 추운지 코트 주머니에 손을 넣고 있었다. 내쉬는 하얀 숨이 둘 사이를 묘하게 가깝게 만들었다.

"그나저나 춥다. 가라이시야마는 더 추웠지?"

"그게, 별로 안 추웠어. 너무 정신이 없어서 그랬나."

"수고 많았네. 다행이야. 살아 있어서."

"응. 다행이야…… 정말."

사토자키는 조용히 차를 출발시켰다. 도로 위에는 층층이 짓밟힌 눈이 슬픈 모습을 드러내며 마지막 순간을 기다리고 있었다. 가로수는 아름답게 눈을 걸치고 보석처럼 반짝이는 조명 빛이 눈을 무지갯빛으로 물들였다.

오늘은 확실히 크리스마스이브다. 사토자키는 평범한 세계로 자신이 돌아온 걸 실감했다. 번화가까지 차로 달려와 코인 주차장에 차를 세우고, 좁은 골목길을 오른쪽으로 또 왼쪽으로 걸어갔다. 점점 가게가 적어지고, 인적이 드문 어두운 골목 구석에 불빛이 보였다. 작은 가게의 입구에는 빨간색과 하얀색의 벽돌이 만들어 내는 세련된 아치가 둘을 기다리고 있었다. 고기가 구워지는 아주 좋은 냄새가 감돌았다.

사토자키는 단골인 터키 요리점에 다마루를 데리고 왔다. 가게는 한산했다.

"거봐, 자리 있지? 이쪽은 알라신 쪽이니까."

"그러네. 이슬람교지? 터키는."

"그래도 맛있어. 터키 요리는 세계 3대 요리 중의 하나니까. 뭐 먹고 싶어?"

"알아서 주문해 줘. 나는 모르니까. 대신에 맛있는 걸로!"

"알았어. 그러면, 이스켄데르 케밥하고 시시 케밥, 그리고 타르하나 초르바에 코프타. 그리고 보흐차 뵤렉, 디저트는 라이스 푸딩으로 주세요."

"무슨 요리인지 전혀 모르겠는데, 괜찮을까?"

"나한테 맡겨. 맛있으니까."

"그냥 맡길 수밖에 없네."

사토자키는 가만히 다마루의 얼굴을 바라보았다.

"뭐야, 얼굴에 뭐 묻었어?"

"아니 그런 게 아니라, 아까 사무실로 돌아왔을 때 네가 있는 걸 보고 이상한 기분이 들더라고."

"왜?"

"칼로 찔렸을 때, 이제 끝이라고 생각한 순간에 왜인지 모르겠는데, 너의 웃는 얼굴이 머릿속에 떠오르는 거야. 보통 죽어 갈 때는 과거의 기억이 주마등처럼 흘러간다고 하잖아. 그게 아니더라고."

"사토자키, 반했구나! 이 여신님한테. 난처하네. 나는 정말 죄 많은 여자라니까. 이렇게 벽창호 같은 사토자키마저 날 좋아하게 만들어 버리다니."

"반한 거 아니라니까."

"반했어."

"안 반했어."

"심층 심리에서는 반한 거야."

"심층 심리라도 반한 거 아냐. 너야말로, 걱정해서 보러 올 정도로 날 좋아하는 거 아냐? 하하하하."

"좋아하는 거 아냐."

"좋아하지?"

"안 좋아한다고. 심층 심리에서도 안 좋아해. 마음속 어딘가를 어떻게 찾아봐도 좋아하는 마음은 전혀 못 찾을걸!"

"그렇게까지 부정하지 않아도……. 아, 나왔다 나왔어. 이스켄데르 케밥하고 소고기 꼬치구이야. 자, 어서 먹어."

"앗, 맛있다. 이거!"

"그치? 더 먹어, 더."

아까의 살벌했던 시간이 거짓말처럼 즐거운 시간으로 변해 가고 있었다.

사토자키는 불과 몇 시간 전까지는 히로시의 생사를 걱정하면서 극한까지 내몰렸던 자신이 지금 다마루와 아무 일도 없었다는 듯이 즐겁게 식사를 하고 있는 것을 보고, 자신의 둔감함에 반쯤은 어이가 없었다.

하지만 동시에 이 둔감함을 가지고 있기 때문에 사람은 살아갈 수 있음을 실감했다. 확실히 인간의 정신은 갈피를 잡을 수도 없고 약하기 짝이 없다. 하지만 무서울 정도로 강하게 무딘 감각도 함께 가지고 있다. 그렇기 때문에 슬픔, 공포, 우울에 짓눌릴 것 같으면서도 그것들을 극복하고 살아갈 수 있는 것이다.

"잘 먹었습니다. 맛있었어. 터키 요리. 데려다 줘서 고마워. 내일부터 진짜 힘들겠지만 힘내."

"알았어. 힘낼게. 그럼 잘 자."

다음 날, 다마루의 예상대로 매스컴에서 취재 전화가 몰려왔다. 하나하나 대응하면 전혀 일을 할 수 없는 상황이었기 때문에 히가시무라 소장, 마에야마 차장, 하세베 과장이 매스컴 대응을 하기로 하고, 아동 상담소 케이스워커는 겨우 평정을 되찾았다.

매스컴 대응 창구를 집약한 것으로 평상 업무를 할 수 있게 된 사토자키는, 히로시의 할머니인 기야마 사치코에게 전화를 걸었다. 그리고 히로시가 무사하다는 것, 친모와 계부가 경찰서에서 사정 청취를 받고 있다는 것도 전했다. 히로시의 친모가 사정 청취를 받고 있다는 사실에 할머니는 충격을 받은 것 같았지만,

히로시의 상태를 듣고는 어쩔 수 없다고 생각한 모양이었다. 히로시의 상태가 좋아지면 면회도 할 수 있다는 말을 전하자 할머니는 기뻐했다.

그리고 구마자키시 하루노 초등학교에도 전화를 해서 히로시가 무사하다는 것을 전했다. 담임은 히로시가 무사하다는 이야기를 듣고 아주 안도한 모습이었다.

그날 오후, 사토자키는 나카야마 계장과 함께 히로시의 친모를 면회하기 위해서 사쿠라가와 경찰서를 방문했다. 히로시의 친모는 수사실에서 면회가 가능했다.

"어머니, 오늘은 히로시가 시설에 입소한다는 걸 이야기하러 왔습니다. 이번에 히로시에게 가해진 학대 정황과 어머니의 대응을 보고 아동 상담소는 히로시를 어머니에게 돌려보낼 수 없다고 판단했습니다. 그래서 히로시의 시설 입소 또는 수양부모 위탁에 관해서 어머니께 동의를 받기 위해서 오늘 만나러 왔습니다. 이게 그 동의서입니다. 사인해 주시겠습니까?"

"싫어! 왜 내 애를 시설 같은 델 보내! 심지어 수양부모 위탁이라니 절대로 안 돼! 그 애는 내 애야. 누구한테도 안 줄 거야!"

"왜요? 예뻐해 주지도 않으셨잖아요. 그렇게 끔찍한 경험을 하게 만들어 놓고, 무슨 이유로 동의 안 하는 겁니까? 애정도 못 느끼잖아요? 지금은."

"네가 뭘 알아!"

"모릅니다. 알고 싶지도 않고요. 학대를 한 어머니들을 몇 명이나 만나 봤지만 다들 힘들어했어요. 어머니 자신들도 힘들어했다고요. 그런데 당신은 달라. 사토하고 같이 히로시를 학대하고는 재미있어 했잖아. 당신처럼 차가운 얼음 같은 사람은 처음 봐. 적어도 시설 입소에 동의 정도는 해 줄 양심은 있어야지! 당신은 히로시 엄마라고 말할 자격이 없어."

나카야마 계장이 둘 사이의 대화에 끼어들었다.

"어머니, 사토자키 씨가 이렇게 말은 하지만 본심은 그렇지 않아요. 사토자키 씨는 외로운 눈을 한 어린이들을 많이 봐서, 어머니하고 평생 못 만나는 어린이를 많이 봐 왔기 때문에 히로시를 그렇게 외로운 아이로 만들고 싶지 않은 거예요. 언젠가 히로시한테 어머니가 필요한 시기가 분명히 온다고 생각하니까 어머니 의지를 좀 키워 보려고 일부러 저렇게 말을 하는 거예요."

"쓸데없는 참견이야, 그런 거!"

"이대로 시설 입소에 동의 안 하시면 저희는 가정 재판소에 시설 입소 허가를 신청해야 해요. 어머니나 사토 씨의 지금 상황을 봐서는 당연히 재판소도 허가할 거예요. 재판소가 허가하면 쉽게 히로시를 만날 수 없어요. 그러면 어머니가 괴로울 테니까 이렇게 바로 어머니를 만나러 온 거예요. 네? 어머니."

"당신들 맘대로 만나러 와서 은혜라도 베푸는 것처럼 말하지 마."

"어머니, 저런 나쁜 남자하고는 확실하게 관계를 정리하고 할머니하고 협력해서 다시 잘 살아 봐요. 그러면 히로시하고 다시 같이 살 날이 올 거예요. 물론 당장은 어렵겠지만 반드시 그런 날이 올 거라고 생각해요. 그건 어머니가 어떻게 하냐에 달려 있어요. 정말 히로시를 소중하게 생각한다면 협조하세요. 우리도 협력할게요. 그럼 언젠가 다시 같이 살 수 있을 거라고요."

"흥, 뭐라는 거야. 당신 바보 아냐? 나는 사토하고는 절대로 안 헤어져. 나는 사토가 없으면 안 돼. 사토하고 헤어져야 할 바에야 죽는 게 나아!"

"왜요? 어머니. 히로시한테 그렇게 끔찍한 짓을 한 사람이에요. 그런데 어째서?"

"그 사람, 나한테는 정말 잘해 주거든. 히로시가 맞은 건, 그 사람을 따르지 않아서 그래. 그 사람도 처음에는 예뻐해 주려고 했는데, 말을 안 들은 히로시가 잘못한 거야."

"어머니, 제발 시설 입소 동의만이라도 해 주세요."

"싫다고! 얼른 좀 가! 재판소에든 뭐든 가서 말하면 되잖아! 나는 저 애하고 살려고 사토하고 헤어지는 일은 절대 없으니까!"

전혀 말이 통하지 않았다. 사토자키도 나카야마 계장도 분노를 넘어서 그저 기가 막혔다.

"어째서 저런 쓰레기 같은 남자를 위해서 자기 아이를 희생할 수 있는 걸까요? 전혀 이해가 안 돼요. 그리고 나카야마 계장님,

353

저는 진심으로 불만을 말한 거라고요. 저런 어머니를 위해서가 아니라고요. 개미 눈곱만큼도 생각 안 했어요."

"알아, 그런 건. 그래도 동의를 못 받으면 시설에 가는 것도 늦어지고, 학교에 가는 것도 늦어지잖아. 그러니까 어쨌든 동의를 받고 싶었던 거야. 어머니가 나와서 친권을 내세우면서 시끄럽게 굴면, 그때야말로 한 번 더 직권 일시 보호를 하고 28조 신청을 재판소에 하면 되니까. 아, 거기서 한번 울면 잘 해결될 거라고 생각했는데. 감정선이 꿈쩍도 안 하더라고. 불쌍한 사람이야……. 조금 더 강한 사람이었다면……."

"역시 나카야마 계장님은 교활하시네요."

"시끄러! 가자."

"넵."

그날 중에 사토자키는 바로 28조 신청서를 작성하기 시작했다. 그야말로 히로시 친모에 대한 원한이 담긴 신청서로, 한 자, 한 자에 사토자키의 분노가 담겨 있었다. 신청서는 사토자키의 분노가 강한 것에 비례해서 순식간에 완성됐다.

하지만 중요한 것이 남아 있었다. 히로시가 뭘 바라고 있는지 아직 확인하지 않았다. 이것만은 히로시의 회복 상태를 봐 가면서 해야 하는 문제였다.

사토자키는 닷새 간격으로 히로시를 만나러 갔다. 히로시는 놀라울 정도로 빠르게 회복했다. 빠진 머리카락도 순식간에 나기 시작했고 해골 같던 얼굴에도 점점 살이 올랐다. 그건 마치 뼈에 살을 입혀서 살아 있었을 때의 얼굴을 되돌리는 복안술 작업 같았다. 히로시의 얼굴은 만날 때마다 어린이다운 얼굴이 되어 갔다.

2개월이 지난 뒤, 히로시는 완전히 건강해졌다. 재활 치료 결과, 발목도 완전히 굽힐 수 있게 되어 자유롭게 걸을 수 있게 되었다. 정신적으로도 시마 계장을 중심으로 한 아동 상담사가 정기적으로 상담을 해서 순조로운 회복을 보이고 있었다. 그리고 퇴원해서 아동 상담소의 일시 보호소로 옮기게 되었다.

드디어 히로시의 마음을 확인할 수 있는 날이 온 것이다. 사토자키와 나카야마 계장은 일시 보호소로 가서 히로시와 면담했다. 나카야마 계장이 다정하게 말을 하기 시작했다.

"히로시, 정말 건강해졌네. 잘됐다. 선생님은 정말 기뻐. 어제부터 일시 보호소로 왔는데 뭐 힘든 건 없어?"

"괜찮아요. 재미있어요. 선생님들도 다 친절하고요."

"그래? 다행이다. 오늘은 있잖아, 조금 어려운 이야기를 하려고 하는데 괜찮아? 별로 재미없는 이야기인데도 해 볼래?"

"알았어요."

"그래? 고마워. 저기 있잖아, 히로시. 오늘은 선생님한테 히로시가 앞으로 어떤 생활을 하고 싶다고 생각하는지 가르쳐 줬으면 좋겠어. 예를 들어, 할머니하고 같이 살고 싶다거나…… 하는 식으로. 히로시가 지금 어떻게 하고 싶은지 솔직하게 이야기해 줬으면 좋겠는데 어때?"

"좋아요. 근데 할머니하고는 같이 안 살고 싶어요."

굉장히 의외의 대답이었다. 사토자키도 나카야마 계장도, 히로시는 분명히 할머니하고 같이 살고 싶을 거라고 예상했기 때문이다.

"음, 어째서? 그렇게 다정한 할머니인데. 병원에 면회도 와 주셨잖아. 왜 할머니하고 같이 살고 싶지 않은 거야?"

"할머니는 좋은데, 할머니하고 같이 살면 엄마가 올 거잖아요. 엄마는 이제 절대로 만나기 싫어요. 할머니는 분명히 나하고 있는 걸 엄마한테 말할 거예요. 그러면 엄마하고 같이 가끔 그 자식도 올 테니까 할머니하고는 같이 못 살아요."

"그렇구나. 사토 아저씨 말고도 엄마도 만나기 싫어?"

"엄마도 절대 만나기 싫어요. 엄마하고는 부모 자식의 연을 끊고 싶어요."

"꽤 어려운 말도 잘 아네. 부모 자식의 연. 그럼 이제 평생 엄마를 못 만나도 괜찮아?"

"평생 만나기 싫어요. 다시는 안 만나고 싶어요."

불과 만으로 열두 살밖에 안 된 어린이가 이렇게 확실하게 부모와의 결별을 결심했다. 그건 사토자키에게 강한 충격을 주었다. 사토자키는 히로시가 받은 끝 모를 공포와 어머니에 대한 깊은 절망감에 대해 깨닫고는 말로 표현할 수 없는 슬픔을 느꼈다. 죽음을 넘나들었던 이 아이에게 있어서 어머니는 이제 자신을 낳아 준 동물이라는 기호에 지나지 않는 것이다. 세상에 이보다 더한 비극이 있을까? 사토자키는 가슴이 짓눌리는 것 같은 느낌이 들었다.

"정말 그렇게 생각해? 한동안 시간이 지나면 만나고 싶어지지 않을까?"

나카야마가 다시 확인하자 히로시는 확실하게 대답했다.

"그럴 일 절대로 없어요. 절대로 그런 생각 안 해요. 그러니까 나카야마 선생님, 엄마나 할머니하고 같이 살지 않아도 되게 해 줬으면 좋겠어요. 그렇게 못 하는 거예요? 여기서 계속 살면 안 돼요? 어디라도 상관없어요. 삼와가 아니라도 좋아요. 멀리 가도 좋으니까 엄마를 안 만나고 살 수 있는 곳에 데려다 줘요. 부모 자식의 연을 끊게 해 줘요. 부탁해요."

"그래? 알았어. 부모 자식의 연을 끊을 수 있는 방법이 있어. 물론 어머니가 없어지는 건 아니지만, 법률상으로 부모 자식 관계가 아니게 되는 거지. 히로시 어머니한테는 법률상으로 부모의 권리가 있는데, 그 권리를 없애는 거야. 그런데 그렇게까지 해야 할까?"

"선생님, 꼭 그거 해 줘요. 엄마가 부모가 아닌 게 되는 거죠? 그럼 이제 나한테 못 오는 거죠? 그러면 나도 안심할 수 있잖아요. 그러니까 선생님, 그 법률상으로 부모 자식이 아니게 되는 거 해 줘요. 응? 선생님, 제발!"

"알았어. 하지만 그렇게 하려면 변호사 선생님한테 부탁해야 하니까 선생님이 말해 볼게. 변호사 선생님도 정말 그래도 좋은 지 여러 번 물어볼 거야. 그리고 또 재판소에 있는 조사관도 물 어보고 또 물어볼 거야. 끈질길 정도로 엄마하고 연을 끊어도 정 말 괜찮은지 물어볼 텐데 괜찮아?"

"괜찮아요. 변호사 선생님이 물어도, 재판소에서 물어도 나는 아무렇지 않아요. 내 마음은 바뀌지 않아요."

"그래, 알았어. 사토자키 선생님하고 같이 생각해 볼게. 히로 시, 고마워. 솔직하게 마음을 말해 줘서."

나카야마 계장은 고민했다. 하지만 나카야마 계장의 경험으 로도 지금 히로시의 마음이 변할 일은 없을 거라는 생각이 들었 다. 결코 한때의 흔들림이 아니었다. 히로시는 확실히 어머니와 의 결별을 결심한 것이다. 이제 다시는 그 지옥으로 돌아가고 싶 지 않다는 강한 의지를 나타냈다는 생각이 들었다. 그리고 그렇 게까지 확실하게 어머니와의 결별을 결심할 정도로 히로시가 경험해 온 학대는 끔찍하고 비참한 것이었음을 다시 확인하게 되었다.

나카야마 계장은 결심했다.

"사토자키 씨, 마에야마 차장님한테 말씀 드려서 나카무라 변호사님하고 진행해 줘. 친모하고 친권 상실 절차를 밟아야겠어. 나카무라 변호사님한테 재판소에 신청하는 친권 상실 절차를 위임하자."

"친권 상실이라는 거, 일본에서는 한 해에 몇 건 있을까 말까 한 거죠? 정말 해요? 허가가 떨어질까요?"

"모르겠어. 그래도 본인이 저렇게 간절하게 바라잖아. 우리가 유도한 것도 아닌데 저렇게 강하게 희망한다고. 하지 않을 수가 없잖아."

"그렇네요."

"히로시가 할머니하고 사는 걸 선택하면서 엄마의 친권 상실을 신청한다면 재판소는 인정하지 않을지도 몰라. 그런데 엄마와 결별하기 위해서는 할머니하고도 만나지 않겠다고 하잖아. 저 애, 그렇게까지 말한다고. 좋아하는 할머니하고 만나는 걸 포기할 정도로 엄마와의 연을 끊고 싶다고 생각하는 거야. 정말 의지가 강한 아이야……. 아니, 그 정도로 엄마와 사토에 대한 공포심이 강하다는 거야. 그러니까 친권 상실 신청을 꼭 해 줘야 해."

"알겠습니다. 진행할게요."

그 이후 히로시의 태도는 생각 이상이었다. 변호사, 가정 재판소의 조사관과 몇 번이고 면담을 했지만 시종일관 친모의 친권 상실을 강하게 원한다는 걸 끊임없이 호소함으로써 자신이 얼마나 끔찍한 경험을 했는지에 대해 자세하게 설명해 갔다. 히로시의 이런 확신에 찬 신념에 가정 재판소도 혀를 내둘렀다.

2개월 후, 가정 재판소에서 친모 사토미의 히로시에 대한 친권이 상실되었다는 취지의 통지서가 날아왔다.

히로시의 강한 신념이 승리한 것이다.

친모의 친권이 상실된 것으로 사토자키가 작성한 28조 신청서는 또다시 빛을 볼 일이 없어졌다.

그리고 히로시가 마지막으로 한 선택은 수양부모와의 양자 결연이었다. 시설 입소나 수양부모 위탁이라는 제도도 있다고 사토자키를 비롯한 여러 사람이 몇 번이나 설명했지만 히로시가 바란 건 새로운 가족을 만드는 것이었다. 이제 만으로 열두 살인 어린이가 과거의 인생을 단호하게 버리고 뒤돌아보려고 하지 않았다. 스스로 자신의 새로운 인생을 새로운 가족과 함께 엮어 가기로 선택한 것이다. 지옥에서 빠져나온 히로시가 새로운 인생을 손에 쥔 순간이었다.

사춘기를 눈앞에 둔 어린이가 수양부모와 양자 결연을 맺는 것은 아주 미묘하고 걱정스러운 부분이 많다. 하지만 히로시의 경우는 그런 걱정이 필요 없었다. 히로시는 스스로 그린 스토리가 실현되는 게 기뻤던 모양이다. 수양부모와의 관계도 정말 좋았고 순조롭게 새로운 가족이 만들어졌다.

한 달 후 사토자키와 나카야마 계장이 가정 방문을 했을 때, 히로시는 완전히 수양부모의 아이가 되어 있었다.

"안녕하세요? 중앙 어린이 가정 센터에서 나왔습니다."

집 안에서 히로시가 달려 나왔다. 그 표정은 몰라볼 정도로 밝고, 어린이다운 멋진 웃음을 짓고 있었다. 사토자키는 마음이 뜨거워지는 것을 느꼈다.

"앗, 사토자키 선생님! 나카야마 선생님! 왔어요? 엄마! 사토자키 선생님하고 나카야마 선생님이 왔어. 빨리, 빨리."

"응? 누가 왔다고?"

"그러니까, 아상에서 사토자키 선생님하고 나카야마 선생님이 왔다니까!"

"어머, 정말? 어머, 어머! 선생님들 어서 오세요. 들어오세요."

보통 가족이 거기에 있었다. 피를 나눈 부모와 자식이 아니라는 건 상상할 수 없을 정도로 너무나도 자연스러운 부모와 자식 관계였다.

아니, 히로시에게 있어서는 이쪽이 진짜 가족인 것이다. 피를 나눈 부모 자식 관계인지 아닌지는 상관없었다. 그곳에 사랑이 있는지 없는지가 문제인 것이다. 그런 의미로 봤을 때 수양부모와 히로시의 관계는 진짜 부모와 자식 관계라는 걸 그 누가 부인할 수 있을까.

이 가족은 괜찮다. 사토자키는 그렇게 확신했다. 물론 앞으로 여러 문제가 생길지도 모른다. 하지만 그건 수양부모와 양자이기 때문에 생기는 문제는 아닐 것이다. 그리고 히로시와 수양부모는 그것을 가족애로 극복할 것이다. 사토자키의 눈에는 히로시의 밝은 미래가 보이는 것 같았다.

"잘됐네요. 나카야마 계장님."

"정말 잘됐어. 이것저것 괜한 걱정을 했네. 저 애는 우리 상상을 훨씬 뛰어넘었어. 진짜 강한 애야. 진심으로 행복해졌으면 좋겠어."

"교활한 나카야마 계장님도 역시 그렇게 생각하세요?"

"시끄러, 교활하다고 하지 마! 하하하하……."

"아니, 교활하잖아요. 나카야마 계장님도 이상도. 어린이의 행복한 미래를 손에 넣기 위해서는 수단을 가리지 않으니까. 역시 교활하다고요. 좋은 의미로. 하하하하."

최악의 상황에서 시작된 히로시의 케이스는 지금 최고의 상황으로 다시 시작됐다.

이것이야말로 아동 상담소 업무의 묘미라고 할 수 있다. 불행한 상황의 가족과 만나 일곱 번 넘어졌다가 여덟 번 일어나고, 마음을 태우고 걱정을 하면서도 결코 포기하지 않고 가족의 미래, 장래의 비전을 응시하며 행동을 계속한다. 조금이라도 좋은 상태로 만들어 가족을 재출발할 수 있게 돕는다. 불행한 만남을 행복한 여행으로 바꾸는 일. 그것이야말로 바로 아동 상담소가 추구하는 일의 본질이다. 그렇기 때문에 아동 상담소 직원은 아무리 괴로움에 몸부림쳐도 결코 포기하지 않는다.

하지만 텔레비전에서는 오늘도 어린이가 학대당하다 죽었다는 참혹한 뉴스가 나온다. 그리고 살해된 어린이의 이웃에 사는 주민들이 인터뷰에 이런 답을 한다.

"그거야 뭐, 항상 소리를 지르고 때리고 엄청나게 울더라고요. 정말 불쌍했어요. 그렇게 끔찍한 일을 하다니 지독한 부모네요."

사토자키는 마음속으로 중얼거렸다.

위선자들. 당신들도 공범이잖아. 어린이가 학대당하는 걸 알고 있었으면서 익명으로 전화하는 것조차 하지 않았잖아. 당신들은 그 어린아를 죽게 내버려 둔 거나 마찬가지야. 살려 달라고 온 힘을 다해 울던 어린이를……. 대체 사람들의 정의감은 어디로 가 버린 걸까? 미래가 있는 어린이를 다 같이 지키고 키워 가자는 정의감은 어디에 있냐고.

프라이버시라고, 개인 정보 보호라고 소란을 떨면서 자기만 생각하고 다른 사람은 돌아보지도 않고, 그렇지 않아도 핵가족화가 진행돼서 약화된 지역 사회를 급속도록 붕괴시키고 있다.

단 한 번의 전화로 구할 수 있는 생명이 있다는 것도 모르고, 스스로 자신들의 사회를 점점 살기 어렵게 만들어서 자신들의 목을 자신들이 조르고 있는 것도 모르고 있다. 학대당하는 어린이를 보면서 아동 상담소에 전화조차 하지 않는 주민들로 넘치는 이 나라에서 학대로 죽는 어린이를 줄이는 건 가능할까? 하지만 포기해서는 안 된다. 조기 발견이 얼마나 중요하고, 무관심이 얼마나 잔혹한 것인지 끊임없이 호소해야 한다. 결코 포기하지 않겠다.

사토자키의 마음은 안타까움으로 넘쳐흘렀다. 사람들의 무관심으로 잃은 작은 생명들이 떠올랐다. 금방 바꿀 수 없는 사회 구조 앞에서 자신의 무력감을 느끼며 마음이 무너지는 것 같았다. 그렇더라도 사토자키는 포기하지 않았다. 아니 포기할 수 없었다. 아동 상담소에는 포기하고 한탄만 하고 있는 사람은 단 한 명도 없었기 때문이다.

"사토자키 씨! 히노타니 어린이집에서 학대 신고가 들어왔어요. 전화 돌릴게요."

"뭐? 또 학대? 좀 쉬자. 여보세요? 케이스워커 사토자키입니다. 네, 네. 얼굴에 큰 멍이 생겼다고요? 본인은 아버지한테 맞았다고 하고 있고요? 알겠습니다. 지금 바로 가겠습니다. 그럼 20분 정도 후에 뵐게요. 하세베 과장님! 히노타니 어린이집에 있는 어린이가 얼굴에 큰 멍이 생겨서 온 모양이에요. 다녀오겠습니다."

"알았어요. 혼자서 괜찮겠어?"

"네, 우선 상황 확인하고 오겠습니다. 일단 직권 일시 보호도 염두에 두고 계세요. 다시 현장에서 연락드릴게요."

"응, 운전 조심해서 다녀와요."

"그럼, 다녀오겠습니다."

아동 상담소의 업무는 끝이 없다.

하나의 케이스가 끝나도 연이어 새로운 케이스가 들어온다. 상담소의 멤버가 바뀌어도 일은 계속 이어져 간다.

언제나 그리고 앞으로도 아동 상담소의 전화가 그치는 일은 없을 것이다. 전화를 든 순간부터 도움을 바라는 사람들과 불행한 만남이 시작된다. 그리고 동시에 행복한 목표를 향한 항해가 시작된다.

바다는 거칠다. 하지만 거센 바다를 지나면 잠잠한 바다가 있다는 걸 의심하는 직원은 없다. 잠잠한 바다를 향해서 직원들은 클라이언트와 함께 배를 탄다. 폭풍이 와도 노 젓기를 멈추지 않는다. 결코 노를 놓지 않는다. 잠잠한 바다에 도착하기 전까지는.

도움을 바라는 곳이 있으면 어디까지라도 달려간다. 그렇게 만난 클라이언트와 함께 한 발, 또 한 발 앞으로 나아간다. 때로는 천천히 걷고 때로는 전력 질주를 해서 각각의 목표를 향한다.

오늘도 달려라! 사토자키!

달려라, 아동 상담소!

어린이들의 미래를 위해서.

끝맺는 말 ✏

아동 상담소에서 다루는 케이스는 이 이야기에 등장한 케이스처럼 항상 뜻대로 굴러가지는 않는다. 아니 오히려 제대로 해결되지 않는 케이스가 더 많은 게 사실이다.

그렇지만 케이스워커는 결코 포기하지 않는다. 어떤 어려운 케이스라도 다각도로 검토하여 조금이라도 상황이 좋게 흘러갈 수 있도록 끊임없이 노력한다. 그것은 케이스워커가 틀림없이 선한 본성을 가지고 있기 때문일 것이다. 날 때부터 악한 사람은 없다. 환경에 따라 사람의 성격과 행동은 크게 좌우된다. 심각한 학대를 한 부모를 악당이라고 비난하는 것은 간단하다. 하지만 케이스워커는 학대를 당하는 어린이뿐만 아니라 학대를 한 보호자까지 구해야 한다.

케이스워커는 사람이 환경에 따라 좌우되기 쉬운 약한 생물이라는 것을 알고 있다. 동시에 자신을 진심으로 걱정하고 지지해 주는 사람을 만나면 정말 강해진다는 것도 알고 있다. 그래서 그들은 결코 포기하지 않고 한 발 한 발 케이스워크를 진행한다.

그러나 계속 증가하는 학대에 대한 대응책으로 아동 상담소에 너무나 많은 것을 요구한 결과, 아동 상담소는 지금 복지 전문 기관으로서 본래의 기능을 점점 잃고 있다. 그들이 오랫동안 쌓아 온 역할, 클라이언트와 제대로 마주하는 케이스워크가 어려워진 것이다. 아동 상담소 본래의 기능을 살리기 위해서는 어떻게 해야 하는지 현장의 목소리에 제대로 귀를 기울여야 할 때이다.

그리고 무엇보다도 사회의 구성원 한 사람 한 사람이 아동 학대를 자신의 문제로 인식하는 것이 중요하다. 누구든지 여건이 갖춰지면 언제든지 학대 가해자가 될 수 있다는 것을 명심해야 한다. 결코 남의 일이 아니라 언제든 자신도 학대를 하는 입장이 될 수 있다고 생각해야 한다.

그러면 아동 학대가 텔레비전 너머 먼 세계에서 벌어지는 남의 일이라고 생각하지는 않을 것이다. 가까이에서 일어나고 있는 끔찍한 일들에 지금처럼 무관심하게 있을 수는 없을 것이다.

아주 조금이라도 좋다. 아주 조금씩 정말 작은 마음이라도 주위 사람들을 위해서 쓴다면 이 세상은 더 따뜻하고 살기 좋은 곳이 되지 않을까. 그리고 학대로 목숨을 잃는 어린이의 수도 훨씬 줄어들지 않을까.

이 이야기에서 케이스워커가 클라이언트를 따뜻하게 바라보는 것처럼 독자가 다른 사람을 보는 시선이 조금이라도 달라진다면 그것보다 기쁜 일은 없을 것이다.

안도 사토시